"中华元典引读丛书"出版委员会

主 任：谢清溪
副主任：纪庆芳　展文婕
委 员（以姓氏笔画为序）：

　　　　　　马　博　仝一帆　阮林要　李亚涛
　　　　　　时　海　陈建恩　郑　鑫　胡玲霞
　　　　　　姜　畅　高枫叶　谌洪波

荀子引读

张曙光 著

河南大学出版社
·郑州·

图书在版编目（CIP）数据

荀子引读 / 张曙光著 . -- 郑州：河南大学出版社，2024. 12. --（中华元典引读丛书 / 李振宏主编）.
ISBN 978-7-5649-6073-5

Ⅰ . B222.6

中国国家版本馆 CIP 数据核字第 202434ZJ71 号

荀子引读
XUNZI YINDU

总 策 划	孔令刚
责任编辑	杨光辉　胡玲霞
责任校对	史艳利
封面设计	郭　灿
出版发行	河南大学出版社
	地址：郑州市郑东新区商务外环中华大厦 2401 号
	邮编：450046　电话：0371-86059701（营销部）
	网址：hupress.henu.edu.cn
排　　版	郑州印之星数字文化产业有限公司
印　　刷	河南印之星印务有限公司
版　　次	2024 年 12 月第 1 版
印　　次	2024 年 12 月第 1 次印刷
开　　本	889 mm×1194 mm　1/32　　印　张　12.375
字　　数	230 千字　　　　　　　　　定　价　52.00 元

版权所有·侵权必究
本书如有印装质量问题，请与河南大学出版社营销部联系调换。

序

中华元典创生于春秋战国的大变革时代。自夏以来的中国早期文明社会，到周代的分封制度达到成熟阶段，这一社会形态的国家政体是贵族制。以中央王朝的国君即天子为一权力主体，以公卿士大夫即贵族为另一权力主体，世袭国君和世袭贵族通过宗亲和姻亲血缘纽带组成一个统治网络，代代相传、永恒不变地占据着国家政治生活、经济生活和文化精神生活的中心。这样一个贵族制社会从夏开始，一直延续了一千多年，到公元前770年周平王东迁，终于走向了它的衰落和蜕变。平王东迁作为一个象征性事件，标志着一个新时代的开端。春秋时期，王室衰微，礼崩乐坏，历史表面的混乱局面，掩盖着深层的历史潜流，人们往往用"春秋无义战"来描述这个时代；但历史一进入战国时期，其演变的本质便显示出来。战国时期各国变法的主流揭示,从春秋开始的这场历史大动荡,预示着一个崭新的历史时代的到来,它是一场社会形态的变革,是中国历史从贵族政治向官僚政治的过渡。

大凡历史剧烈动荡的岁月,给人们的启迪也往往更加丰富和深刻。历史的大动荡,亵渎了一切传统的神圣的东西。传统的政治体制逐渐坍塌,传统的意识形态、社会观念、思想文化遇到了前所未有的挑战。历史何以会发生这样剧烈的变革和动荡,在动荡中崩溃的社会应该以怎样的模式重新塑造等等,一系列带有世界观、历史观、社会观性质的问题,逼迫着人们去思考,去回答。于是,在思想文化领域,展开了一场长达三百年的百家争鸣。正是在这场反省历史、洞察现实、描绘未来的思想运动中,古圣先贤们为我们提供了一批支配后世民族文化发展的中华元典。这批中华元典,诸如《周易》《诗经》《尚书》《春秋》《礼记》《老子》《庄子》《论语》《墨子》《管子》《商君书》《韩非子》等等,是夏商周以来古典传统文化的积淀和结晶,又是新旧时代交替的历史启迪;它既积累了中华先民两千年文明史的卓越智慧,又是对一个新的历史进程的揭示和预见,充当了一个新时代的号角和先声。

中华元典是春秋战国这个特定时代的产物。一方面,社会历史在政治、经济上所经历的深刻变迁,给当时的思想家们以深刻的历史启迪,使其著作具有其他时代所无法比拟的深刻性；另一方面，传统社会坍塌的剧烈震撼，促使人们从历史的根本点上思考问题，从而使当时人们所提出的问题，多具有世界观、历史观和人生观的性质，具有比较广泛的普遍性价值或意义。

三十年前，冯天瑜先生在《元典文化丛书·序》中说：

> 历史的辩证法反复昭示：发展不是简单的生长和增进，它往往不一定呈直线式进步，而是通过一系列螺旋式圈层实现的。这样"回复"便不总是重复往昔，而可能是一种上升的形式，是"唤醒"事物在其开端时即已蕴蓄着的可能性的一种形式。作为由具有自觉意识的人类创造的文化，也生动地展现着螺旋式的发展轨迹，如欧洲"文艺复兴"的崇尚古希腊、"宗教改革"的服膺《圣经》，便是对"元典精神"的发扬和再造，而欧洲文化正是在这种"回复"中赢得历史性进步的。这种向"文化元典"汲取灵感，获得前进基点的现象在中国也多次出现，著名的"古文运动"便是典型事例。考之以中国近现代思想文化史，这种"返本开新""以复古为解放"，即回归元典精神以求新变的情形也俯拾即是。

冯天瑜先生所讲人类思想史上这种不断发生的"返本开新"现象，佐证了元典的不朽性。的确，中国先秦时代

所产生的文化元典,就有其不朽性。大致说,元典的不朽性主要取决于两个方面:

其一,它所提出的问题具有普遍性意义,是不同时代人们所关注的共同性问题,处在不同历史条件下的人们,都能从元典的阐述中汲取智慧,都能使自己的思考追溯到人类智慧的最初观照。譬如在元典中一再提出的如下问题:"天人之辨"(人与自然的关系)、"人性之辨"(关于人的本性善恶的思考)、"义利之辨"(社会道义与经济利益的关系)、"刑礼之辨"(刑法治理与礼制教化的关系)等等,这些问题对于两千多年的传统社会来说,无疑都是不朽的课题,像"天人之辨""人性之辨""义利之辨"等,还具有普遍的人类意义。

其二,"中华元典"的不朽性,还在于它对以上基本问题的解决,给后人的思考提供了一种具有高度抽象性的哲理性回答,从而使人们可以从各种角度受到它的启迪。在人类认识的早期时代,人们还不可能对自然界和社会进行解剖、分析,自然界和人类社会只能被作为一个整体去观察,从而得出混沌的整体性认识。这种认识,一方面有它不精确不完善的特点,而另一方面则使它有可能包含了对自然界和人类社会整体联系性的不少天才猜测。例如《老子》中的"道",《周易》中的运动观、发展观、变易观,《论语》中孔子的仁学思想体系,等等,都是对自然变化之道，人的社会属性的整体性、哲理性把握；而这种把握，则是其后人们借以展开自己思想的重要基础。"中华元典"在后世人们借以发挥自己思想创造的过程中，一再证明着自己的生命力和不朽性。

然而，从历史唯物主义的观点看问题，"中华元典"也不可避免地具有其历史局限性，世界上没有任何一种理论观点、学说体系具有超历史的价值和意义。每一时代的理论思维，"都是一种历史的产物"，都有它所适应的、能够发挥其作用的历史环境；一旦历史条件发生了根本性的变更，它的作用就将丧失或者发生相应的改变。"中华元典"作为一种理论思维的历史成果，它的基本内容，它所提出的各种命题的具体内涵，都不能不具有这种历史性质。这个历史性，既是它在其后两千多年传统社会中能够发挥重要作用的原因，也同时决定了它的局限性。解读和阐释文化元典，就是发扬或转换其不朽性，而正视其局限性，以确保在文化传承中保持清醒的头脑，秉持科学的态度。

解读元典文化精神，研究、传承和弘扬优秀传统文化的工作，已经进行了很多年，有了颇为丰硕的成果。然反省其研究状况，还是存在某些缺憾。

一是研究大多还集中在知识精英阶层，而把对元典思想的阐释变成广大社会公众的精神食粮，还有许多工作要做。

二是就社会大众的元典文化阅读来说，所做的工作多是集中在直接的普及方面，侧重对元典文献的注释或翻译，以为社会大众借助白话读本就可以进入元典精神的世界，就完成了元典文化的普及，而这是有认识上的误区的。

三是社会大众直接阅读元典译本，并不能对元典文化的历史作用有深刻的认识，而研究元典文化或者普及元典文化精神，其最终目的是帮助社会大众认识我们的文化国情，使人们知道民族精神的来龙去脉，知道今人的思想、思维、价值观念、心理观念之来源，清醒而理智地看待传统文化，继承和弘扬优秀传统文化。

河南大学出版社策划出版的这套"中华元典引读丛书"，目的就在于弥补以上缺憾。这套丛书的特色是：读者一书在手，既可窥见一部元典的思想要旨，又可明了其全方位历史影响，进入元典文化生成与发展的历史世界。这是真正地认识中华元典文化精神的导读丛书，是写给普通读者的书。

既是为社会大众提供适宜的元典导读，就必须在著作的科学性、导向性上下功夫。我们力求用充分辩证的科学理性去阐释元典文化的基本精神，对元典著作积极的或消极的文化影响，都给予尽可能全面的历史评说，使普通读者懂得如何从积极的方面对传统文化进行扬弃和取舍。因此，冷静的历史思辨色彩，成为这套丛书在著述风格上的重要特色。此外，我们还要求作者从以往学术著作引经据典、旁征博引、烦琐考证的传统文风中解脱出来，采用夹叙夹议、以议论为主的散体笔法，无论是对元典内涵的揭示，还是对其历史价值或历史影响的阐述，都尽可能结合具体生动的历史事例来展开，力求做到深入浅出，引人入胜。

现在丛书就要出版了，作者们贡献了自己的辛勤劳动、学识和智慧，但是否真的能够实现丛书的编写初衷，它的效果究竟如何，就交给亲爱的读者去判断了。

李振宏

2023 年 12 月 10 日于开封

目　录

一　荀子与《荀子》/ 1
　　1. 荀子的生平 / 2
　　2.《荀子》一书的概况 / 12

二　《荀子》的主要思想内容 / 22
　　1. "明于天人之分"的天人观 / 22
　　2. "察乎人之性伪之分"的人性论 / 36
　　3. "明分使群"的社会观 / 65
　　4. "重本""裕民""富国"的经济论 / 88
　　5. "禁暴除害""以德兼人"的军事论 / 94
　　6. "大积靡"以成就"君子"的人才教育观 / 99
　　7. "节人之欲""饰人之情"的文艺观 / 106
　　8. "意物""征知""解蔽"的认识论 / 114
　　9. "制名指实""正名推类"的逻辑学 / 122

三　《荀子》与时代及诸家学派的关系 / 129
　　1. 历史的走向与荀子的选择 / 129

2. 荀学对孔子学说的继承和发展 / 145
  3. 荀学对其他学派的批判与汲取 / 178

四 荀学与中国君主专制社会（上）/ 200
  1. 荀学在先秦的境遇 / 202
  2. 荀学与秦王朝的关系 / 208
  3. 荀学对秦代学术的影响 / 223
  4. 儒学的独尊与荀学的落实 / 230
  5. 神学浊流中的一道清流 / 258

五 荀学与中国君主专制社会（下）/ 269
  1. 儒学的重振与荀学的复兴 / 269
  2. 历史的变迁与荀学的沉浮 / 288
  3. 荀学在明朝的地位与影响 / 325
  4. 封建末世下的荀学 / 342

六 结语 / 363
  1. 历史是割不断的 / 363
  2. 荀学的六大作用与影响 / 366
  3. 余论 / 373

再版后记 / 380

一　荀子与《荀子》

荀子是中国先秦著名的思想家,生活在战国末期。荀子生前曾为学界领袖式人物,身后的弟子门人,既多有传授儒家经典,使儒家文脉在秦火后得以延续并发扬光大者,也有成为法家的李斯、韩非辅佐秦统一天下,由此连累或推重荀子的。但是,无论后人如何评价,荀子的思想和学说都在当时起到了重要作用,在中国后世两千多年的社会历史上,也产生了广泛而深远的影响,至今仍然在许多方面发挥着影响和启示作用,则是毫无疑问的。荀子的思想和主张主要见于《荀子》一书,这本一部分由荀子本人著述,一部分为其弟子门人的笔记或记述(如《儒效》《议兵》《强国》《大略》《宥坐》《子道》《法行》《哀公》《尧问》等篇。但这基本上不影响我们对《荀子》一书宗旨及基本观点的认知与评价)的著作,被公认为儒家重要的典籍之一,也是先秦具有集大成性质的百科式论著。在儒学中反响强烈且褒贬不一的"荀学",就体现在《荀子》一书中。

就先秦重要思想家而言,除了孔子,荀子在后世的名声与地位沉浮升降最剧,其学说在传统学术和现代学术中都有很大的争议性。这一方面反映出荀子博采众长,兼容并蓄,重视经验与理性,主张"天人之分""化性起伪""隆礼重法",实现"天下一统"的思想体系;他将儒家礼法思想推向极致而似乎有了"法家倾向",致使站在不同立场的学者对其看法大相径庭。另一方面,也是更具有思想史意义的地方,荀学乃至于整个先秦儒学,作为中国第一个"轴心时代"的思想学术,显示出前所未有的"理性的突破"之开放性与普遍性,但是,它也必定具有当时的时代性(也是局限性),如同绵延的人类历史是由不同的阶段及其转折构成的,人的认知与思想学术,也是有阶段性和局限性的,因而需要我们批判地加以传承,即扬弃。所以,荀学的历史命运,也从侧面映射出中国社会的历史变迁以及变化着的评价标准,特别值得我们关注和研究。

1. 荀子的生平

荀子名况,字卿。因"荀"与"孙"字音相近,所以又称孙卿,战国时赵国郇邑(今山西临猗)人。关于荀子的生平事迹,史籍记载相当简略,其生卒年代难以确切判定，据《史记·孟子荀卿列传》、汉代学者提供的多有抵牾的判据与晚近学者说法不一的考辨，笔者认为下述推论较有道理，故加以采用，即荀子生于公元前328年，卒于公元前235年左右，大约享年94岁（梁启超认为荀子享年95岁，见梁启超：《荀卿及〈荀子〉》，上海古籍出版社1982年版，《古史辨》第四册，第109页。游国恩认为荀子活了98岁，见游国恩：《荀卿考》，上海古籍出版社1982年版，《古史辨》第四册，第104页。当代学者廖名春则认为荀子"年寿高达一百岁"，见廖名春：《〈荀子〉新探》，中国人民大学出版社2014年版，第29页。也有学者认为荀子享年不到80岁。至今，荀子生卒年月仍无定论，但基本不影响我们对荀子思想和学术的研究与把握）。

我们说荀子生活在战国末期，点明这个时期的意义极为重要。众所周知，推翻殷商并取而代之的西周，在政治体制上沿袭的是分封制，且更加完备，周天子作为"天下共主"分封诸侯，封邦建国，以藩屏周，诸侯有"国"，大夫有"家"。与之相伴随的，还有两大制度：一是嫡长子继承的宗法制；二是明确等级礼仪关系、责任与义务，且体现为文化艺术的礼乐制，所谓"礼以别异，乐以和同"。然而，血亲关系会随着世代的更替而疏远，在特定自然历史条件下形成的社会建制与文化样式，也会随着人们的实际能力及相互关系的变化而发生质的改变。从公元前1029年开始，经历公元前841年的"共和"执政，尤其是"烽火戏诸侯"的周幽王被戎人杀掉，出现"二王并立"局面，周平王为了争得王位的唯一正统性，不惜以大片成周之地赏赐晋、郑等诸侯，又把尚为部落的秦封为诸侯国。在确立了自身王位合法性的同时，却被迫于公元前770年从镐京（今陕西西安）东迁洛邑（今河南洛阳）。这标志着周天子的王权衰落，诸侯势力坐大，从此进入天下纷争的东周列国时期。

东周前期即公元前770年到前476年为春秋，此时周天子的权威已严重衰落，礼崩乐坏，上凌下僭，五大诸侯国相继称霸，"道术为天下裂"。然而，这却大大地激发了世人特别是士人的意识，为其带来了自由思考、聚徒讲学、论辩驳难、游说参政、著书立说的大好机会，于是学术渐趋活跃，诸子随之蜂起。以三家分晋为标志，历史进入公元前475至前221年的战国时期，权力越来越分化和下沉，天下进一步分裂，战争更加频繁，贵族的礼仪与精神已难以为继。与此同时，诸侯养士、办学之风愈加浓厚，形成了百家争鸣的局面，而儒、墨、道、法等大的学术流派则在频繁的思想竞争中胜出，成为显学，并大都主张天下"定于一"或"通于一"。尽管他们对"一"的理解各有不同，但基本的共识是，天下应重归大"道"，其社会表现就是消除战争，克服分裂，实现和平安定的局面。

然而，令人非常遗憾的是，学者们多从伦理道德、政治治理的角度，而少从商业贸易、文化交往的角度，来思考这种基于平等交换和普遍交往的天下统一。这本身就反映出那时的人，既要受自然历史条件支持，又要受其限制，由此造成社会与文化的某些特点。就社会与文化而言，可用孔子的话说："殷因于夏礼，所损益，可知也；周因于殷礼，所损益，可知也。其或继周者，虽百世，可知也。"(《论语·为政》)孔子心目中的"周礼"，其核心是"尊尊"与"亲亲"，前者要确立和维护的是等级性的尊卑关系，后者要强化的是血缘性的亲疏关系，这两种关系如同上下左右贯通的"十"字，构成中国传统社会的经纬。在汉代之后，昔日的周礼被重建为礼教，流行两千多年，由此不能不佩服孔子的先见之明。

在周礼向后来礼教转化的过程中，荀子起到了重大的思想理论推动作用。

生活在战国晚期的荀子，少年聪慧，好学深思，志向高远。他15岁就离开赵国，到齐国稷下游学。司马迁《史记》谓荀子"年五十始来游学于齐"，则"游学"当"访学"或"学术交流"解；而"年十五始来游学于齐"，"游学"当"求学"即"从学"解，但"始"字似有不妥。然而，如"始来"对应的是荀子在齐襄王时之"复来"，则"年十五始来游学"无不妥。目前学术界对此问题仍有争论（参见钱穆：《荀卿考》，上海古籍出版社1982年版，《古史辨》第四册，第115—116页。又参见路德斌、杨晓伟：《荀子行历述考及补正——以钱穆先生的考辨为主轴》，《中国哲学史》2020年第5期）。笔者暂从"十五"至齐求学之说。当时，齐国很强盛，在"战国七雄"中名列前茅。齐宣王为了保持齐国的霸权地位，扩大其思想、文化和政治的影响力，便继其祖齐桓公和其父齐威王在齐国都城临淄（今山东省淄博市东北）的西门即稷门，广置学馆，称稷下学宫，招揽天下的名士学者，给予优厚的礼遇，让其在稷下自由地讲学议政。于是，稷下成为当时颇为有名的文化学术中心。战国时期许多知名的学者，如孟子、慎到、田骈、淳于髡、环渊、宋钘等都先后在此讲学。一时间，稷下之学蔚然成风，声名远播。勤奋好学的荀子在稷下用了一二十年的时间学习，他在学问上收获之大，是可以想见的。

荀子自称是孔子和孔子的门徒子弓的继承人。据考，他曾是子弓门人的弟子，并师从过宋钘。（荀子的业师和荀子所推崇的子弓究竟是谁，学界颇有争议，也难以定夺。）从各方面材料推测，当时各家各派学者们的讲授，他能听的大概都曾聆听过；知名学者流传于世的主要观点，他也多有了解。如《荀子》一书涉及战国时期各学派的各类人物，特别是书中《非十二子》一篇，可从一个侧面说明这一点。

公元前286年左右，已经步入中年的荀子看到齐国险象环生，于是向齐相进谏献策，可是齐相没有理睬，他便离开齐国到了楚国。公元前284年，齐国果然在燕、秦、赵、韩、魏五国的联合进攻下，被燕将乐毅所败。曾一度与秦昭王并称东西帝的齐宣王之子齐湣王被杀，稷下的学士也风流云散。

直到公元前275年，即在齐收复了失地，齐襄王回临淄重整稷下学宫之后，荀子才又回到齐国。由于老一辈学者先后辞世，在学术上已有较大影响和地位的荀子，因此在学宫里"最为老师"，且"三为祭酒"，即三度担任学宫里最受尊重的年高德劭的主持人。荀子由此而成为稷下新的一代宗师。

齐襄王死后，荀子曾于公元前264年左右入秦，受到秦昭襄王与秦相范雎的接见。我们知道，生活在战国后期的荀子强烈地憧憬着天下的统一，后来正是秦扫灭六国统一了天下。那么，这两者之间有着什么样的关系？秦一统天下是实践了荀子的思想学说吗？秦是荀子所寄托的统一天下的正当力量吗？我们有必要就此问题多些引证，以便厘清基本的是非。

历史事实是，荀子入秦是在商鞅变法近90年之后，商鞅后来虽然被车裂而死，其法却得到相当彻底的实行。原来比较落后，甚至被中原人视为夷狄的秦国逐渐强大，并继续从各诸侯国招纳人才。秦国统治者对各家各派,应当都有一定了解,对重农抑商、奖励耕战、尊君崇法、弱民驭民的《商君书》更为熟知且依然信奉,如秦相范雎对商鞅就有极高的评价:"夫公孙鞅事孝公,极身毋二,尽公不还私,信赏罚以致治,竭智能,示情素,蒙怨咎,欺旧交,虏魏公子卬,卒为秦禽将破敌军,攘地千里。"(《战国策·秦策三》)可见,秦国统治阶层尊崇的依然是法家思想。法家的主张与讲仁义、仁政和王道的儒家,在治国理政之方略上,有着明显的抵牾,所以,秦昭襄王见荀子时,才会问:"儒无益于人之国?"荀子告诉他:"儒者法先王,隆礼义,谨乎臣子而致贵其上者也。人主用之,则势在本朝而宜;不用,则退编百姓而悫,必为顺下矣。虽穷困冻馁,必不以邪道为贪;无置锥之地,而明于持社稷之大义。"昭襄王问:"然则其为人上何如?"荀子曰:"其为人上也,广大矣!志意定乎内,礼节修乎朝,法则度量正乎官,忠信爱利形乎下。行一不义,杀一无罪,而得天下,不为也。"(《荀子·儒效》)这与孔孟高度一致的理念,自然不可能被秦王接受。

另据《强国》篇记述,在他与秦相范雎会见之前,荀子已对秦制形成基本判断,他说"力术止,义术行,曷谓也?曰:秦之谓也。威强乎汤、武,广大乎舜、禹,然而忧患不可胜校也,諰諰然常恐天下之一合而轧己也,此所谓力术止也。曷谓乎威强乎汤、武？"秦国之威令人惧怕，秦国之地广于舜、禹，然而却多有忧患，常恐天下诸国联合起来攻击自己。那么，问题何在？出路何在？荀子的解答是"节威反文。案用夫端诚信全之君子治天下焉，因与之参国政，正是非，治曲直"。可见，荀子当时已明确地看出秦国政治体制及国策的问题，那就是"尚力不尚义"，而出路在于"以义术主导力术"。故当范雎问他"入秦何见"时，他回答："其固塞险，形势便，山林川谷美，天材之利多，是形胜也。入境，观其风俗，其百姓朴，其声乐不流污，其服不挑，甚畏有司而顺，古之民也。及都邑官府，其百吏肃然，莫不恭俭敦敬忠信而不楛，古之吏也。入其国，观其士大夫，出于其门，入于公门，出于公门，归于其家，无有私事也；不比周，不朋党，倜然莫不明通而公也，古之士大无也。观其朝廷，其朝闲，听决百事不留，恬然如无治者，古之朝也。"

荀子不仅对秦国的山川形势、民风吏治给予赞扬，甚至称许秦接近"治之至也"。秦地偏远，民风淳朴；在实行法家的主张和政策后，依法治国，令行禁止；君主专制，如身之使臂，效率颇高，"听决百事不留"，给人以"其朝闲""恬然如无治者"的印象。然而，荀子作为一代大儒，思考岂会停留在这表面现象？他观察秦国得出的最基本判断，就是他旋即指出的："县（悬）之以王者之功名，则偈偈然其不及远矣。"意思是以称王天下的功绩名望来衡量,秦国差之甚远。何以言之?他明确指出:"其殆无儒邪?故曰:'粹而王,驳而霸,无一焉而亡。'此亦秦之所短也。"(《荀子·强国》)秦之短在于"无儒",既无儒学,又无大儒,由此带来的结果实在堪忧。所以他才力劝秦国最高统治者任用"儒者",止"力术",行"义术",用"王道"而非"霸道"统一天下。话语中既流露出他希望秦国按照他的主张承担起建立天下一统、长治久安的新型国家的历史重任,又担忧其长期行"力术"而难以行"义术"。事实上,秦国也不可能采纳他的主张和建议,他只好重返齐国。

返齐之后,作为稷下学宫的祭酒,荀子不仅讲学授徒,还为齐国的政治建言。但久而久之,他与齐国的统治者渐生嫌隙。据《荀子·强国》记载,他质问并批评"上则得专主,下则得专国"、处"胜人之势"位置的齐相:"胡不驱此胜人之势,赴胜人之道,求仁厚明通之君子而托王焉,与之参国政,正是非?""舍是而不为,案直为是世俗之所以为,则女主乱之宫,诈臣乱之朝,贪吏乱之官,众庶百姓皆以贪利争夺为俗,曷若是而可以持国乎?"因而遭到谗言攻击,不得已而于公元前255年到了楚国。春申君黄歇时任楚相,荀子便被他任为兰陵令。这之后,有人对春申君说:汤在亳,武王在鄗,地方不过百里,都成为天子;孙卿是贤人,你也给他百里之地,恐怕不好。春申君便使人辞谢荀子。荀子只好离楚回老家赵国。

赵国的平原君以荀子为上卿。公元前251年,平原君卒。在楚国,又有人劝春申君说:过去伊尹离开夏到殷,殷称王天下而夏则亡国;管仲离开鲁到齐,齐逐渐强盛而鲁则衰弱。只要有贤者在位,君主就会受尊崇,国家就能繁荣。当今荀子,天下贤人,您为什么辞而不用呢?春申君回心转意,又使人去请荀子。荀子致书辞谢,对楚政多有谏词。春申君更加悔恨,固请荀子,荀子乃回楚复为兰陵令。

公元前238年,春申君被害,荀子也被免兰陵令。年事已高的荀子便集中整理、修订自己过去的作品并撰写新的篇章。大约在公元前235年,荀子逝世,这就是司马迁在《史记·孟子荀卿列传》中所说的:"春申君死而荀卿废,因家兰陵。……序列著数万言而卒。因葬兰陵。"

和孔子、孟子一样,荀子虽然也有满腹经纶,宏图大志,一心期望施展其治国平天下的抱负,但却未得到君主们的赏识和重用,其终生秉持的儒家礼义的政治理想,也终未能在生前实现。荀子主张进取有为的人生,这种人生于他本人并未画上一个圆满的句号。然而,在他去世之后,他的思想和主张却通过其弟子门人流传开来,在后世长期发挥影响,甚至一度对社会政治文化起到支配性作用。秦,其兴也勃,其亡也忽,不正是应了荀子提出的"无儒"之短,只知行"力术"不知行"义术"的批评吗？而汉一方面承秦制，另一方面则大崇儒术，由此形成大汉强盛的文治武功。"外儒内法"（或"阳儒阴法"）也成了历代统治者的基本国策，从一定意义上说，不正是向着由荀子揭示的基本逻辑靠拢的结果吗？

2.《荀子》一书的概况

荀子废居兰陵后，对自己写于不同时期的著述进行了一番整理、修订，但后人仍然可以发现，一些篇章在思想观念上存在着差异，甚至可以区分为早期、中期与晚期三个时期。据说，《荀子》一书最初有322多篇，初经西汉刘向整理校定，去其重复的290篇，定著32篇，名《孙卿新书》。以后由于"编简烂脱，传写谬误"（《荀子序》），又由唐代杨倞为之订正注解，把32篇分为20卷，名为《荀子注》。

《荀子》一书，仿《论语》体例，始于《劝学》，终于《尧问》。大部分为荀子自著。其中，《儒效》《议兵》《强国》等篇应为其弟子的笔记，附于书末的《大略》《宥坐》《子道》《法行》《哀公》《尧问》6篇疑为弟子所记荀子语及杂录传记。

《荀子》的注本，除唐杨倞《荀子注》外，清王先谦《荀子集解》汇集清代学者的训诂考订成就，内容翔实，有较大影响。梁启雄的《荀子简释》综合诸家校释成果，尤重简易、简明、简要。北京大学哲学系《荀子》注释组以王氏《荀子集解》为底本，吸取前人和现代人的研究成果，作《荀子新注》。杨柳桥主要依据杨倞本和王先谦的集解作《荀子诂译》。王森的《荀子白话今译》、郭志坤的《荀学论稿》、方尔加的《荀子新论》、张觉的《荀子译注》、惠吉星的《荀子与中国文化》、廖名春的《〈荀子〉新探》、赵士林的《荀子》等书则于前些年问世。围绕荀子思想性质及其在儒学和整个传统文化中的作用与地位、荀子思想的当代价值与意义，特别是专题性的著述与讨论，更是蔚为大观。

统观《荀子》一书，可以看出它有一个宗旨、两大特点。一个宗旨是为统一的君主制社会的建立绘制蓝图。两大特点：一是在继承孔子主要思想的同时着重发展了孔子思想的"外王"事功——今人所说的"经济学""社会学"与"政治学"方面，二是在批评百家的同时兼采百家之"长"。也可以说，荀子的学说，一头关联着儒家，另一头关联着法家。正因为荀子被认为充当了从儒家转向法家的"桥梁"，或"引法入儒"，因而，当法家受到肯定和推崇时，荀子也连带地得到褒扬；而当法家被贬斥和名誉扫地时，荀子也难免遭到冷遇甚至被否定。并且，荀子的学说与孟子的学说，虽然都体现出儒学的基本理念和系统整体性，但由于双方各自推展了孔子学说的不同方面，既有思想基点的相同和相通之处，又在许多重要论点上有显著的差异甚至对立之处，因而在大一统之后的帝制社会的不同时期，所发挥的作用也不尽相同，其观念与主张的差异，也被历史性地放大，以至于被后人视为儒家内部的双峰对峙、二水分流。荀子与孟子的历史影响力与学术地位，也往往呈现出此起彼伏的状况。

然而，我们仅着眼于中国传统皇权社会两千多年间所实行的"阳儒阴法"的根本治国"道术"和实际上"家长式"的威权性格——传统中国以血缘乡土性的"家"为社会细胞和单元。"家长式权威"是以家庭意义上的父母，也可包括在家庭中处于主导地位的年长者或管事的嫡长子或家族长为原型建立起来的权威，而其所指称或象征的，则是一种扩展到整个社会的威权性格，表现为类似家长或族长对家庭或家族成员既"仁慈"又"严厉"的"管教"方式及"主从"式关系模式，特别是以放大的和制度化的方式，体现为历朝历代的君主制、官僚制与宗法制中"上对下"的统治关系和"下对上"的隶属关系。家长式威权性格，于普通家长或族长而言是一种自发形成的文化性格，而表现在政治统治和社会管理方面，则是有意识的"拟家长制"，乃至"超级家长制"，属于社会政治范畴。它又反过来强化、塑造了中国文化特别是政治文化的性格。

孔子奠基的儒家思想，上承西周的"亲亲""尊尊""尚贤"传统，以及后来逐渐形成的"仁"的观念，并创造性地将其转换为"仁学"，包括仁道、仁政、王道。从思想理论上解析，孔子的"仁学"可区分为两个层面：一是形上之本体性，经由人的自我觉悟、忠恕之道，最后达到天地万物一体之仁这一最高境界；二是现实之社会性，经由"修己安人""修己以安百姓"，特别是"君君、臣臣、父父、子子"的伦理规范要求，而达到"克己复礼""天下归仁"的社会良序。这两个层面，特别是第一个层面，对于建立在传统农业文明基础上的帝制国家而言，具有极大的理想性，并构成批评现实政治的重要思想资源。但由于孔孟儒家的社会思想土壤是家庭或家族这一血缘共同体及其放大形态，故仁学落实到社会规范中，发挥作用的主要是第二个层面。由此观之，儒家的"仁义"与法家的"严峻""刻薄"，其实构成互斥互补、相反相成乃至"一体两面"的关系，共同维护着传统农业文明和帝制社会的秩序。

在帝制时期，依据家庭这一血亲生命共同体的伦理原则，应当是儒家主导法家，是"儒主法辅"；但帝国毕竟不是家庭，而是高居于万千家庭之上的政治统治机构，尽管它以血缘皇族为其"肉身"，以"神圣"（"天地"）和"伦理"（"先祖"）为其统治的合法性根源，但它的基本规定性是专制政治，由此决定了它的政治原则只能是"阳儒阴法"，是"法主儒辅"。因而,尽管汉武帝时期提出"德主刑辅",但到武帝的曾孙汉宣帝那里,就对"柔仁好儒"的太子(后来的汉元帝)有了那句著名的训诫:"汉家自有制度,本以霸王道杂之,奈何纯任德教,用周政乎?"并叹息道:"乱我家者,太子也!"(《汉书·元帝纪》)我们须加深理解儒家学说一旦转化为君主制社会的制度设计,而必定带来的政治和意识形态问题。在今天,要建设现代法治社会,推动儒家的伦理道德和礼法思想发生现代性转换,就必须充分重视和尽可能具体地解析荀子思想理论的统一性、系统性及其内部矛盾。荀子早在稷下游学时,已为诸子百家所濡染。《荀子》一书,更体现出各家各派的诸多思想观点之融汇。尤其是《非十二子》《解蔽》等篇,一方面指名道姓地批评了墨家、名家、道家、前期法家和儒家的思孟学派,另一方面也直接肯定并吸取了符合荀子标准的包括道家、法家在内的各家各派的思想观点。郭沫若在《十批判书·荀子的批判》中写道:

> 荀子是先秦诸子中最后一位大师,他不仅集了儒家的大成,而且可以说是集了百家的大成的。……他是把百家的学说差不多都融汇贯通了。先秦诸子几乎没有一家没有经过他的批判。……这些固然表示他对于百家都采取了超越的态度,而在他的学说思想里面,

我们很明显地可以看得出百家的影响。或者是正面的接受与发展，或者是反面的攻击与对立，或者是综合的统一与衍变。

郭沫若的这一看法是有理有据、值得肯定的。荀子为总结百家争鸣和自己的学术思想而写的《荀子》这部著作，的确具有集先秦思想之大成的性质。但是，要注意的是，荀子不是杂家，不是儒家之外的任何一家（学界不仅有人认为荀子属于法家，还有人认为他属于黄老学派，参见赵吉惠：《荀况是战国末期黄老之学的代表》，《哲学研究》1993年第5期。但笔者认为这些结论都难以成立）。《荀子》虽然广采博取，综合百家，但其最基本的思想，却是孔子"仁"与"礼"思想的继承和推展，即"行礼义""成教化""治国平天下"。司马迁云："天下并争于战国，儒术既绌焉，然齐鲁之间，学者独不废也。于威、宣之际，孟子、荀卿之列，咸遵夫子之业而润色之，以学显于当世。"（《史记·儒林列传》）堪称的论，这可以从《荀子》以孔子最基本的范畴"仁"（"义"）和"礼"（"法"）作为全书的思想纲领看出。但更确切而言，应该说荀学主要是孔子"礼法""外王"思想的推展。

语出庄子而用来形容儒家理想的"内圣外王"，亦即成就内在圣贤人格和成就外在王道事功，是孔子所开创的儒学的大旨。如果说，孟子与荀子，基于各自个性的差异、所处历史阶段的差异及各自不同的思考与回应，孟子侧重阐发和推展了孔学的"内圣"维度与方面，那么，荀子则侧重推展了"外王"维度与方面。李泽厚先生在其《中国古代思想史论·荀易庸记要》一文中就此说道：

> 孟子固然有其光辉的一面，但如果完全遵循孟子的路线发展下去，儒家很可能早已走进神秘主义和宗教里去了。正是荀子强调人为，并以改造自然的性恶论与孟子追求先验的性善论鲜明对立，才克服和冲淡了这种神秘方向；同时由于尽量吸收了墨家、道家、法家中冷静理智和重实际经验的历史因素，使儒学的重人为、重社会的传统得到了很大的充实，从而把儒家积极乐观的人生理想提高到"与天地参"的世界观的崇高地位。……发展了孔子仁学的实用理性。

荀学的这一特点，对于中国古代思想文化，特别是体现在认识论中的经验主义、文化和政治观中的"现实主义"品格之形成与发展，产生了重要而深远的影响；其在传统政治上的作用亦相当重大。

和孔子、孟子一样，荀子是怀有强烈的"入世"和"经世"思想的大儒，只不过荀子更为注重社会现实及其思想在现实中推行的可能性与可行性，注重"治国平天下"的途径和方法，特别是今天人们普遍关注的规则与制度安排。然而，规则与制度并非人们可以随意设计和确立的，而是首先要体现人们实际生产生活的要求的；而这种生产、生活又必定产生于特定的自然历史条件即土壤之中，既为它所支持，又为它所制约。这却是荀子未予探讨的，甚至今天的诸多学者在强调制度的重要时，也未能明确而合理地将它纳入其理论之中。

《荀子》一书不仅大讲治国之道、为君之道和为臣之道，而且广泛地论述了天人、人性、认识、名实、学习、修养、礼乐、农业、工商、兵事等各个领域、各个方面的问题，为大一统国家的建立进行了总体上的设计。可以说，《荀子》一书是为统一的新型国家绘制的蓝图，这个蓝图与后来实际建立的大一统帝制社会，其实存在着重大差别，然而，前者又的确为后者提供了重要的思想资源和理论支持。

总之，《荀子》一书立足儒学、兼采百家、融会贯通、自成一说，推陈出新、承先启后，不仅成为先秦时期的重要典籍，在先秦诸子学说中占有重要地位，而且在中国帝制社会两千余年的历史上，尤其是在思想文化史上，发挥了重大的作用和影响。考察中国秦汉以来的政治制度、传统文化精神之形成，国民性格之塑造，我们足可以发现荀子之学所发挥的重大的，甚至一度是主导性的作用。中国跨入现代之后，《荀子》一书也仍然受到社会各方面不同程度的重视，为人们所引证和借鉴，包括受到这样或那样的分析、批判。除了出于某种政治需要的不容分说的褒贬抑扬，这都属于正常的也是必要的学术研究。

基于历史的眼光和普遍的视野，我们说，大自然中生物个体的存活与物种的繁衍，到了人类诞生之后，形成了各种社会组织与不同的文化价值形态。宏观的人类历史，不仅是无数个人的生命在自然选择、相互作用与代际生死嬗递中的生存和演化史，也是人类社会与思想文化的发生发展史。因而，人的历史总是处于变化和不同形态的循环往复之中，并在这种变化和循环往复中体现出生命的逻辑、社会的逻辑与文化的逻辑。就此而言，包括《荀子》在内的中国传统的典籍，作为中国思想文化传承的重要资源，与我们当今的社会生活乃至后人的生活，都存在着这样或那样的关联，不仅永远不会变成一堆废纸，更重要的，着眼于正确地看待和处理"传统与现代"的关系，着眼于当代世界亟需的"文化多样性"与"文明统一性"，它们阐发的许多道理，蕴含的优秀思想文化基因，都是有助于我们深入思考，解惑除蔽，面向未来建构新文明秩序的思想资源；而其在回应时代变化与解答时代难题时所产生的立场上的局限、认知上的偏差、价值上的偏好、思想理论上的缺陷、矛盾等问题，则足以提示我们，要作好探究真理并开显意义的人文社会科学的学术研究绝非易事，其中充满各种显性与隐性、主观与客观的障碍与遮蔽,以及难以避免或逾越的局限,只有诉诸公共性的讨论,并不断地反思与修正,才能在前人研究成就的基础上有新的发现和突破,越来越接近学术研究的崇高目标。

二 《荀子》的主要思想内容

《荀子》一书，视野广阔，内容丰富，论说有力，见解独到，自成一理论体系。我们依据《荀子》本身的内在逻辑，结合现代学术公认的范畴和类属，拟分天人、人性、社会、经济、军事、教育、文艺、认识、逻辑等九个专题，对《荀子》一书的思想内容给予撮要介绍，并基于历史及思想的视角，在"同情地理解"的同时，给予必要的解读和评析。

1. "明于天人之分"的天人观

中国传统思想的基本问题是天人关系问题。这一问题萌生于殷周时期，经过长期的社会历史演变，特别是人自身各方面能力的提升与经验教训的积累，到了春秋战国时期，人们关于"天""人"及其关系那原初的神秘与含混的意识，逐渐得到清理、分疏，并形成三种基本的理解：一是传统人格神主宰的理解，二是萌发于西周的不失神圣性的人文伦理性理解，三是偏于自然物质性的理解。这三种理解并非截然区分，往往有所区分而又相互联系或过渡，只是在不同的人群与学者们那里，其理解各有自己的重点或主导方面。

从荀子关于"天"及"天人"关系的一系列论述来看，他不仅承认"天"的本原性、无限性，也承认天有着"神性"即超越性或形上性的一面；他也不否定天人关系蕴含着人文伦理维度。但是，前人看待天人关系，往往是从"天"这一绝对神圣的存在出发，由天派生并主宰万物及人，而荀子在认可这一关系的同时，又重视天人关系相对的一面，并将其存在秩序转换成认知秩序，谓"善言天者必有征于人"（《荀子·性恶》）；因而，从人的生产、生活的角度，他着重阐发的是"天"的"自然功能"说。突出的是，天、人因职能相分而须相互配合。究天人之际，穷万物之理，是任何欲成一家之言的学者都不能不极为重视的基本思想课题。从一定意义上说，荀子的全部思想和主张都是从他对天人关系的基本看法中生发和引申出来的。天人关系问题重大而又众说纷纭，荀子上承前人思想脉络，又别出心裁，推展创新，在《荀子》一书中提出了不同凡响的独到之见。

（1）天"自然"且"有常"

"天"者何谓？

天广阔无垠，包罗万象，人们对"天"的认识是不断扩展和深化的。不同的时代、不同的学者，对天的理解和看法都会有所不同。我们且看荀子对"天"的理解。

"列星随旋，日月递炤，四时代御，阴阳大化，风雨博施，万物各得其和以生，各得其养以成，不见其事而见其功，夫是之谓神。皆知其所以成，莫知其无形，夫是之谓天。"（《荀子·天论》）人们都能观察、感知到各种自然现象，虽不知其缘由，却知其变化一切的功效，这就是神性的"天"。在荀子那里，关于"天"的意识或人心目中的天，首先出于感觉经验，而又超出感觉经验，有所见又有所不见，有所知又有所不知，需要人的直觉、想象，乃至无法想象，以"神"称之。

但是，天以"天行""天职""天功"的形式向人类展示，人由此体会并称谓的"天"，实际上是具有二重性，即既有神性又有物性，既有超验性又有经验性，既有实证性又有象征性的概念；它既有"自己如此""自然而然"的含义，又有今人所说的"大自然"和"宇宙"的含义。换言之，"天"是具有包括万物万象的实体性、过程性与功能性，且在终极意义上，又是人的认知不可能达到的"神性"存在。

那么，"天道"者何谓？

"天行有常",列星相随回旋,四时循环嬗递。"常"即天之周期性的运行常规、常道。所以,它不会因为有尧这样的圣君才存在,也不会由于有桀这样的暴君就消亡;它也不会因为人们厌恶严寒就废止冬季,也不会由于人们厌恶辽远就缩小本来广大的面积。自然无为而又造化一切,变化多端而又秩序井然,故可谓天自有常行之道也,亦即"天道"。

事实上,《管子》一书就指出:"天不变其常,地不易其则,春秋冬夏不更其节,古今一也。"(《管子·形势》)古代人对天与天道的了解虽然有限,但依据长期的观察、感受和合乎逻辑的思考,逐渐形成了天不是人格神,也不像一些人所说的那样神秘、怪诞。天与天道是没有灵魂和意志的,当然也不会决定人间的祸福与运命。荀子依据人们与大自然在长期的互动中所积累的经验与理性思考,从根本上否定了各种神秘主义和命定论。

流星坠落,社树发声,人们都感到奇怪、惊恐,其实,这不过是自然界的变化罢了。自然界的一些现象较为罕见,人们感到异常、奇怪,这可以理解,但惊恐、害怕,甚至以为有神有鬼,就大谬不然了。

诸如自然界中的日食、月食、刮风下雨、流星偶现等等,是任何一个时代都曾经出现过的,根本没有什么神秘的东西在背后指使。像天旱时祭神求雨,日食、月食发生时敲盘打鼓地呼救，用龟甲兽骨占卜吉凶等，都不过反映了人们的意识还停留在非理性的情感与想象层面，抑或有人用以文饰政事的把戏。祭神求雨而偏巧下了雨，这与不祭神求雨而下雨是一样的，又有什么神秘可言呢？

显然，荀子否定了殷周以来"人格神"的"天"，而凸显了天的自然本原性和物质实在性。基于人的感性经验与理性思考，不再是诉诸非理性的情感与想象的"祛魅"工作，虽然在春秋时期就开始了，但是到了荀子这里，才给出有理有据的具体论述，形成明确的结论。这在战国时期及后世都会发挥重大的思想解放作用。

"天地合而万物生，阴阳接而变化起。"(《荀子·礼论》)自然界依据自身的原因而变化，其变化又遵循它自身固有的法则。因此，人们对自然界所发生的一切都应当客观地、如其所是地看待，而不应当把自己主观的猜测和想象附加到自然界身上。

（2）人"天生"而"有为"

"人"者何谓？

"人"是人对自己的命名，是自己最为熟悉又常常感到纠结的存在。人有一定的对象性，有可以感觉到的处于时空中的肉身，可以把自己的能力外化到外部世界，还可以相互观察，但是，却难以把自己作为一般性客体给予完全客观的考察。因为人就是他自己，是"亲在"的"我"或"我们"，有先验的和非对象性的一面，所以人对自己的认识不可能离开自我感受与体验。并且，"人"作为集合概念与类概念，其具体存在形式是一个个有生命的个人，这些个人之间既要合作，又要竞争，因而，人在对自己的认识、反省、体验和直觉之中，就要有"自己"与"他人"的双重视角，在相互交往中形成关于人及人性的最基本认识，包括事实性与规范性两方面，以便形成或制定出人人都要遵守的普遍的行为规则与制度，促成共同生存、和睦相处的社会。

荀子指出，"天地者，生之始也"，一切生物皆天地氤氲化成，天地是一切生命的本原，因此也是人的本原。然而，人又不同于一切非人的东西，于是他接着从"人"与"物"比较的角度，给出了人作为"类存在"的一般界说，如其所言："水火有气而无生，草木有生而无知，禽兽有知而无义。人有气，有生，有知，亦且有义，故最为天下贵也。"（《荀子·王制》）人不仅同天地间其他物类一样，有"气"这种统一的物质基础，而且人的形体与禀赋，也都是自然造化和繁育的产物。正是天地自然的化育，成就了人的形体；人的形体具备了，人的意识或精神活动便随之产生和展开。

值得注意和称道的是，荀子关于"人"的这一段界说，不仅如实承认了人的生物学方面，突出了人所以为人的主导性方面即"义"，而且体现出一定的自然演化或进化的思想，这在当时是难能可贵的。人"最为天下贵"，固然可以说是人之自贵，但这一自贵与其说基于人的主观意愿，不如说体现了人的价值自觉，可揆之于人的行为并印证于"天下"，即发挥自主自觉的功能，参天地，赞化育，创造出真、善、美、圣的文化，并由此处于最为优越的地位。

显然，荀子上述论断的关键词是"义"，并且是通过"人"与"物"的比较而明确的。那么，应当如何理解这个"义"？

"义"在先秦是个含义丰富的单音词，在《荀子》一书中，语境不同，其含义也不同。在这段陈述中，"义"应当主要指人后天形成的"义理"，即有道德意义的理性自觉，人不仅"善假于物"（《荀子·劝学》），而且"能群"即"明分使群"（《荀子·富国》）。这直接关乎礼义规范。由此，人得以借助工具和群体性的力量与智慧，在天地万物中胜出，为自己营造出文明的世界。结合荀子有关的论述，可以说人"最为天下贵"的命题，不仅肯定了人的自觉自为，还蕴含着唯有人能够认识和掌握自己命运的思想，这一思想在先秦应当说是很大胆、很有首创性的。具体言之，天下万物都自然地生长，不做而有成，不求而有得，是谓"无为"；无为之物的命运也一任自然。人则不然。人有意识，能够发挥主观能动性，认识自然，适应并改造自然，是谓人为、有为；有为之人的命运不是一任自然，而是直接取决于自己的作为，特别是学习和修养的程度。由此人过上属于人的康乐、文明的生活，成为最为优越的存在，并有资格说自己"最为天下贵"。

据此可知，人"最为天下贵"之"义理"，当是认知理性、道德理性与社会理性的合一，而"知"即认知理性在此具有基础作用。故此，源于天地万物的人类，能够与天地万物形成相对即相互对待的关系，通过了解并依据自然界的变化与功能，主动地加以应对，即适应、改变和利用自然环境及自然物，使其满足人们共同的需要与愿望。荀子用极为生动形象的话说："天行有常，不为尧存，不为桀亡。应之以治则吉，应之以乱则凶。强本而节用，则天不能贫；养备而动时，则天不能病；修道而不贰，则天不能祸。故水旱不能使之饥渴，寒暑不能使之疾，祆怪不能使之凶。本荒而用侈，则天不能使之富；养略而动罕，则天不能使之全；倍道而妄行，则天不能使之吉。故水旱未至而饥，寒暑未薄而疾，祆怪未至而凶。受时与治世同，而殃祸与治世异，不可以怨天，其道然也。"（《荀子·天论》）这清楚地表明，荀子认定虽然人是天地万物发展的灵性形态，但人也须臾不能离开天地。人自天生，亦靠天养，人之所谓天养也是既要依靠天地万物，也要依凭人自己的作为。天能生物，地能生财，天地是人的生活资料的源泉，但人只有发挥自己的聪明才智,开发和利用这个源泉,才能养育和发展自己,成为世间万物发展的最高形态。因而,"人道"源自"天道",但又不同于"天道"。

在荀子看来,要正确地认识自然,就决不能将人们自己想象出来的神秘的性质视为自然界本身的性质,而要尽可能如实地了解自然界固有的变化与秩序,了解自然万物的性能和用途,这当然就要黜情绪,少幻想,分主客,辨名实。但要注意的是,荀子在表达这种认识和理解时,由于其"天人之分"的原则,强调人不能把主观之见投入天地之中,更不能与天地"争功""争职",结果,他也不赞成人们对天地生成万物的"所以然"苦思冥想,穷根究底。荀子的说法是:"不为而成,不求而得,夫是之谓天职。如是者,虽深,其人不加虑焉;虽大,不加能焉;虽精,不加察焉:夫是之谓不与天争职。天有其时,地有其财,人有其治,夫是之谓能参。"(《荀子·天论》)人须参赞天地化育,却不是自己也像天地那样去化育;人的能力之于天地化育的功能,是"辅助"而非"主导"。既然如此,也就无须去探求和思考天地万物"功用"背后的那些根源性的东西了。这种重实际和实效的观念,不独荀子有,当时和后来的许多学者也都作如是观,这的确反映了中国人源远流长的实用性思维。

荀子在当时提出的"明于天人之分"(《荀子·天论》),

可谓独树一帜,在中国思想史上影响甚大,且往往被视为是与中国主流思想所主张的"天人合一"相反的观点。其中不无简单化的问题,我们在下面进一步给予辨析和论述。

(3)"明于天人之分"与"制天命而用之"

众所周知,中国传统思想关于天人关系的主流观念,是"天人合一"。而荀子似乎与之相反,主张"明于天人之分"或"天人相分"。近代以来,它又被许多学者解读为西方近代认识论的"主客二分"。应当说,这种理解存在着对荀子天人学说的误解,因为荀子强调"明于天人之分",是要明确天道与人道、天职与人事的功能性区分;也正因为天、人各有不同的功能和作用,所以才需要双方的配合、合作,亦即顺乎天道并勤于人事。所以,荀子的"天人之分",便为他所强调的"制天命而用之"提供了必要性。

那么,难道荀子"天人之分"的观点,不包含与西方近代认识论"主客二分"相近的思想成分吗?其实是包含的。我们上节的论述已涉及荀子的认识论思想,只不过荀子的认识论与他的社会礼义观密切联系,此即我们前面所说荀子的"义理",是认知理性、道德理性与社会理性的合一,因而其认识论并没有得到独立的发展。我们知道,在先秦,"天命"的概念比"天行""天功""天职"等概念更具超验性和神秘性,而荀子既然认为人不能与天"争功""争职",何以竟然提出"制天命而用之"(《荀子·天论》)?这不是既惊世骇俗又突破了自己关于天、人职能区分的原则了吗?对此,学者有不同的解释,笔者认同两点:一、这里的"制",不是"制服""规制"的意思,而是"裁度""裁取"之义,接近我们现代汉语的"认知""掌握"的意思;二、也是更重要的,在荀子之前,"天命"多被理解为皇天的意志,或由上天所主宰的万物的命运,荀子的理解已基本上摆脱了这一含义,而主要指大自然运行的法则,表现出来就是天职、天功。

请看《荀子·天论》原文:"大天而思之,孰与物畜而制之?从天而颂之,孰与制天命而用之?望时而待之,孰与应时而使?因物而多之,孰与骋能而化之?思物而物之,孰与理物而勿失之也?愿于物之所以生,孰与有物之所以成?故错人而思天,则失万物之情。"即与其高喊"惟天为大"而仰慕它,不如把天看作自然的现象而借助它;与其"顺天从命"而畏惧它,不如掌握天的规律而利用它;与其盼望天时坐待天赐,不如因时制宜地利用天时;与其听任万物的自然增长,不如施展人的才能促进万物的化育繁殖;与其空想物类为自己所用,不如治理物类以便得到充分合理的使用;与其穷究万物所以生长的原因,不如去促进已经生成的万物更好地生长。也可以说,荀子坚信:天无绝人之路,人有应天之道。

下面我们不妨再从《荀子》中选取有关内容,用现代白话文给予较全面的陈述。

国家能否得到治理,民众生活能否实现富庶,关键在于人自己的所作所为。所以,加强农业生产,节省各种费用,则天不能使人贫穷;活动适时,给养充足,则天不能使人生病;遵循天道并持之以恒,则天不能使人遭受祸殃,举凡水涝干旱、严寒酷暑、异兆怪象,都不足以陷人于凶险之境。

相反,农业生产荒废,开支奢侈浪费,天也不能使人富裕;活动违时,给养不足,天也不能使人健全;违背天道,胡作非为,天也不能使人吉祥,并且,水涝干旱、严寒酷暑、异兆怪象即使尚未来临,人就已经陷入凶险的境地。适应天道进行治理,人就会吉利;以不合理的措施对待自然,人就要蒙受灾难。道理就是如此,怨天怨地是没有意义的。

在世上已经发生的事情中,人为的怪现象最为可怕:耕作粗劣,伤害庄稼;锄草粗糙,影响收成;政治险恶,失掉民心;田野荒芜,粮价昂贵,百姓饥饿,路有死人。这些怪现象都是人自己乱来造成的。自然界的怪现象则另当别论:君主贤明政治稳定,则自然怪象即使在这个时代都出现,也不会造成什么伤害;君主昏庸政治险恶,则自然怪象即使在这个时代都不出现,也不会有什么好处。

天地时空，对于大禹这样的圣君和夏桀这样的暴君，本来是一视同仁的，但大禹能使天下安定，夏桀却使天下混乱，这不是天地做得了主的，而全在于人为。故可以说，君子重视自己的修养和努力，而不指望自然的恩赐；小人舍弃自己的修养和努力，一心指望自然的恩赐。君子日益进步而小人日益退步，原因正在于能否明于天人之分。

可见，荀子的所谓"天人之分"，主要是指人与周围自然界有了相对的区分，也是各自特点、职能的区分，如同人们之间有分工、有合作，天地与人类的关系也是如此。所以，荀子才会既提出"明于天人之分"，又认为人发挥主观能动性就可以"制天命而用之"。天不会自动地满足人的愿望和需要。人舍弃自己的努力而指望天的恩赐，其实背离了自然万物本身的道理。主动而妥善地借助物，利用物，转化物，使物为人所使用，而非人为物所役使，这是"人（为）"与"天（然）"的真正区别所在，也是人比物优越、高明的地方。故梁启超称赞荀子关于"天论"观念："《荀子·天论篇》说：'天行有常，不为尧存，不为桀亡。'天按照一定的自然法则运行，没有知觉感情，我们人对于天的态度应当拿作万物之一，设法制他，所以《天论篇》又说：'大天而思之，孰与物畜而制之？从天而颂之，孰与制天命而用之？'荀子认天不是另有主宰，不过是一种自然现象，而且人能左右他。这些话，从'乾元统天''先天而天弗违'推衍出来的,但是比较更说得透彻些。儒家对于天的正统思想,本来如此。"(《梁启超全集》第十七卷,北京出版社1999年版,第4999页)

总之,天地生养人,人治理天地;人凭借自己的体力、智力及其分工合作,可参与、配合天地的造化,开发、利用自然万物,"尽其美,致其用",人自身生存与发展的需要,就有了根本的保障。《荀子》中所阐发的这种"天人观",在先秦时期堪称真知灼见,在后来两千多年的农耕社会中,也产生了深远影响。用现代语言可以说,它既是高扬人的生产主体性的唯物主义自然观,又是贯彻客观性原则的社会人生观。

立足现代,我认为应当注意和辨析的是:一方面,在终极意义上,荀子并不主张"天人二分",他强调的是人通过对天地万物恰当的应对活动,让天与人两方面的功能结合起来,从而造福于人类。这种"天人结合"的方式,学界多借助荀子的"天地生之,圣人成之"(《荀子·富国》),概括为"天生人成"。后来,柳宗元的《天说》和刘禹锡的《天论》,都继承并发展了荀子的思想。另一方面,他的这一区分又限制了他的认识论思想独立地、充分地展开,甚至反对对事物给予"所以然"的特别是"根源性"的探究。这样,他虽然特别强调人发挥主观能动性,对天地万物加以治理和使用,但人的主动性和实际活动既然不包括人对自然万物穷根究底的探讨、研究,所谓"唯圣人为不求知天"(《荀子·天论》),那么,人对大自然的认识和利用,也只能是经验性、功能性的。事实上,农业社会的人们生存所凭借的,主要是自然界本来就有的植物与动物,这些植物和动物只能生长于特定的地域与季节,其生长都有特定的周期,而人力所发挥的主要是辅助性作用,不能揠苗助长。因而人们必定讲究顺应天时地利,即不违农时,因地制宜。荀子的上述思想也是当时人们这一生存性状的反映。

问题在于:其一,荀子作为学者士人,认识也止于此,那他就难以产生新的超越性信仰,也不会意识到独立的知识论研究亦即"科学"研究的重要;其二,农业社会人们的生产生活实际上也是需要由事物的表观性功能深入其内部性质与结构的,如要熟练掌握包括陶器、青铜器与铁器等生产与生活资料的制造工艺,这就涉及物理学变化和化学变化的知识。学者们如果大都对此无甚兴趣,不予重视,那么,对大自然就不可能展开独立的科学研究,产生系统的科学理论。而缺乏科学理论的指导,技术与工艺也难以突破手工经验形态不断地提升和普遍化。

2. "察乎人之性伪之分"的人性论

在上面所论荀子的"天人"观中,既包含着关于天地万物之"性"即基本性质与功能的思想,原则上也包含人性的思想。说人有"气"有"生"有"知"且有"义",就是对人性多方面、多维度的论述,实际上涉及人与生俱来的生物性与后天形成的文化特性,关乎自然与社会之过渡。然而,由于荀子的人性说似乎是在与孟子性善说的论战中充分阐发的,《荀子》中又有《性恶》篇,于是荀子的"人性"论就被归结为性恶论。学者们对荀子思想的研究及不同看法,也往往围绕着这一观点展开,结果,本来颇有原则性提示意义的上面的界说,反而被人们忽视了。

众所周知,人生在世,不仅要和自然界及自然物发生关系,而且还要有内部的分工与合作,要和他人与社会打交道,并以自身的存活与族群的繁衍昌盛为生命的起点和终点。而人类的一切活动以及所有的经济、政治和文化的创造,都与人性内在相关,或由人性的需求出发,或受到人性某一方面的支持或限制;而人类的活动及其产物,又会反转来作用于人自身。这就需要人对自己和他人的行为及支配这行为的性情,给予事实性认知和价值性评判。

在漫长的自然选择与自身生存与繁衍的生命取向中形成的人性,本来是复杂的、立体的或全方位的,可以说混合着人自己给予判别和命名的"善""恶",及不能归于善、恶的内在合理性、多维性与多向性。然而,古人由于生存能力较低,生活环境相对严酷,不得不从"利害"出发看待问题,故古人对人性最为重视的是"善""恶"。善、恶既与群体的生存及利益相关,又指向普遍的价值规范乃至纯粹和完美的状态,从而使人性有了两极化的问题。人性是善是恶?抑或又善又恶?抑或非善非恶?周人世硕以为人性有善有恶;孔子说"性相近也,习相远也"(《论语·阳货》),没有明确地把人性归结为某种性质;告子主张人性无善恶之分;孟子则倡性善说。

那么,荀子在人性问题上又作何主张?

《荀子》一书既讲人的天性"本始材朴"(《荀子·礼论》),又明谓人"性恶",似有矛盾之处。学界对荀子的人性论极为重视,理解上则多有扞格,甚至不乏针锋相对。笔者认为,荀子的人性论原则上基于他的天人关系说即"天人有分",然而,许多具体的论证又是在批判孟子性善说的过程中展开的,故我们要完整理解荀子的人性论,并正确分辨各种论说的是非曲直。下面,我们循此加以论述。

(1)"性善"说与"性""伪"之分

前面已指出,荀子关于"人有气,有生,有知,亦且有义,故最为天下贵"(《荀子·王制》)的论断,就既包含了人性中与生俱来的天性或生物性,又关联着人后天形成的义理部分即社会道德性。但荀子对"性"的理解属于当时的成说——"生之谓性"(《荀子·告子上》)、"性者,天之就"(《荀子·正名》)。他直接而明确地讲人性的部分,又是针对孟子性善说而发的议论,故我们也不妨从孟子的性善说谈起。

《孟子》一书关于人性有多处论述,其中通过批驳告子人性"无善无不善"而阐明的性善说最值得关注:"告子曰:'性犹湍水也,决诸东方则东流,决诸西方则西流。人性之无分于善不善也,犹水之无分于东西也。'孟子曰:'水信无分于东西,无分于上下乎?人性之善也,犹水之就下也。人无有不善,水无有不下。'"告子认为"生之谓性",孟子质问:"然则犬之性犹牛之性,牛之性犹人之性与?"——这是否定,否定一般化的"同一"之性,而旨在肯定人性异于物性之特性。诚然,如果关注特殊,那么,每个人的人性也各有特点,如性情、性格都有所不同。但对于孟子要申论的问题而言,重点是人有别于物,有别于禽兽的人之普遍性和优越性,故孟子要强调的普遍的人性即人的共性,同时也是人自己肯定和赞尚的"善"性或"德"性。于是,有了另一段著名的论断:"恻隐之心,人皆有之;羞恶之心,人皆有之;恭敬之心,人皆有之;是非之心,人皆有之。恻隐之心,仁也;羞恶之心,义也;恭敬之心,礼也;是非之心,智也。仁义礼智,非由外铄我也,我固有之也,弗思耳矣。"(《孟子·告子上》)这几段话,前者用"水性"(就下)来形容、类比"人性"之"善"是天性如此;后者则直截了当地认定人性之善即仁义礼智"非由外铄"，而是人"固有之"。

孟子不仅以"水之就下"的比喻来形容人性之善，还特别以舜为范例，说"舜之居深山之中，与木石居，与鹿豕游，其所以异于深山之野人者几希。及其闻一善言，见一善行，若决江河，沛然莫之能御也。"（《孟子·尽心上》）人见贤思齐，到了"若决江河，沛然莫之能御"的程度，既可理解为人缺少什么就需要什么，"野人"也不例外，也可理解为这属于人性的基本需要，属于生命力的尽性发挥和自我实现，只要有条件或现实之可能，野人亦不例外。只不过这种生命力的发挥和实现，当有益于"亲亲而仁民，仁民而爱物"（《孟子·尽心上》）。然而，这主要是君子特别是统治者应当做到的。

《孟子外书》中还有《性善辨》篇专门论述人性善，但学者们公认《性善辨》等四篇（《性善辨》《文说》《孝经》《为政》）为孟子门人所撰，未经孟子亲自修订，与孟子本人的思想有一定差距。学界也曾有孟子主张的是人"性善"还是人"性向善"之辨，我以为这是不懂人性之为"人性"所致。因为人性虽然经历长期的内化、积淀并可以遗传，具有稳定性，但其不同于物性之处，其一在于它是活性的、活生生的，有生命的趋向性或合目的性，一切生物都有"趋利避害"的本能，何况人这一灵性的生物？其二在于它是未完成的或需要实现的，其潜能中总是包含着多种维度、多种可能性。人性的所谓"固有"或"本有",是天生或与生俱来之意,并非一经形成就固定不变,相反,它总要通过"向着"某个对象而显现出来。这一点,古人或许没有今人认识清楚,但观其论说,是明其大意的。

荀子对孟子性善说的反应,是直截了当地加以否定。但他不是依据孟子的上述言论,而是针对"外书"即门人整理的《性善》篇,申"性恶"之说。两人的人性论似乎完全对立,其实两者不仅有相通之处,也可以相互校正和补充。我们来看荀子关于人性的解说。

荀子写道:"生之所以然者谓之性。性之和所生,精合感应,不事而自然谓之性。""性者,天之就也。"(《荀子·正名》)在《性恶》篇,他对"性"给予了更多的扩展性论述:"凡性者,天之就也,不可学,不可事。礼义者,圣人之所生也,人之所学而能,所事而成者也。不可学、不可事而在人者,谓之性;可学而能、可事而成之在人者,谓之伪:是性伪之分也。今人之性,目可以见,耳可以听。夫可以见之明不离目,可以听之聪不离耳,目明而耳聪,不可学明矣。……今人之性,饥而欲饱,寒而欲暖,劳而欲休,此人之情性也。"又云:"若夫目好色,耳好声,口好味,心好利,骨体肤理好愉佚,是皆生于人之情性者也。感而自然,不待事而后生之者也。"人有耳就可以听,有目就可以看,人的听觉和视觉不是学来的,这难道不是很清楚吗？所以，凡是不学而会、不为而成、天生如此、自然而然的性质，就称为"性"。这里的性还无关作为社会评价的善、恶，是中性的。荀子认为人"情"也属天性，故时常"情性"并称。他还进一步说到"欲"，如其所言："性者，天之就也；情者，性之质也；欲者，情之应也。"（《荀子·正名》）一方面，这种关于人之"性""情""欲"的中性化看法，在先秦较为常见；另一方面，从"性"到"情"，再到"欲"，毕竟表明人是从内在的到外显的，从相对固定的到关乎行为的，一句话，从"天生"到"人成"，荀子便从其人性说出发，为"化性起伪"的提出，作出了理论上的铺垫。

综上可知，荀子的人性论虽然针对孟子的人性论，但是他并非执意要与孟子唱反调，而是既出于他对人"性"乃"天生自然"的基本看法，又强调后天人为教化、礼义规范的根本作用。所以，荀子的人性论，虽然看起来只是关于人性天生之"本有"或"实然"，只是事实性描述，更接近后人概括的"趋利避害"——其实是一切生物共有的本能，而无关人的价值自觉与选择，然而，荀子的思想旨趣，却是要指向"义"即人"最为天下贵"的目的性。显然，既然人性如同物性一样，谈不上好坏，那人之所以"最为天下贵"，就既不能直接从人性推断出来，又必定与人性具有某种转折或转换性关系，故他所论人实然之

"性""质",就必须且必定包含着转向人作为社会成员之"应然"的道德规范性要求即"仁""义"之可能。

而真正值得关注的,就是上面提到的荀子关于"性""情""欲"的论说。荀子说人性,虽然似乎只是就其天性或本性而言,说的只是实然,但人性又体现着生命的内在要求,是人之所"好",好即"喜欢",这就是"情"与"欲";有意识有对象有行为,这实然也就涉及"目的"与"应然"了,也可用孟子的话,是"可欲"。那么,"可欲之谓善"(《孟子·尽心下》)吗?荀子发现,如果人们喜好什么就去做什么,别人和社会也不加阻止,反而纵容,那么,这人性到头来就会损人甚至害己,从而表现为"恶"。他是这样说的:"今人之性,生而有好利焉,顺是,故争夺生而辞让亡焉;生而有疾恶焉,顺是,故残贼生而忠信亡焉;生而有耳目之欲,有好声色焉,顺是,故淫乱生而礼义文理亡焉。"(《荀子·性恶》)人生下来没有不贪图私利的,如果顺着这种本性,就会出现争夺而看不到彼此谦让;人生下来没有不忌妒别人的,如果顺着这种本性,就会出现互相伤害而看不到忠诚信用;人生下来就有各种欲望,喜好乐声美色,如果顺着这种本性,就会滋生淫乱而见不到礼义秩序的存在。——如果说这些是讲的"事实",那么,与其说是自然事实,不如说是人的"经验事实""生存事实",即人出于本性的生命活动的事实,是欲望发动的行为，因而属于人"从自然到社会"的"价值取向"。

的确，每个人的经验都可以告诉他：人生下来就目好看五色，耳好听五声，口好食五味，身好安逸快适，心好追求广为占有。难道不是这样吗？只要放纵人的本性，顺从人的情欲，势必要造成争夺，出现违反名分等级，破坏社会秩序的事而导致暴乱，这难道不是人们经常看到的事实吗？——显然，荀子不是简单地列举一些经验事实，而是要说明就人的活动和行为而言，其实不存在"事实"与"价值"、"实然"与"应然"的截然二分。而人的活动与行为又本能地来自其天生之性，故人性也不完全是中性的、无辜的。可见，即使荀子认为人性作为与生俱来的生物性官能，属于"本始材朴"，但问题在于这种"本始材朴"，有如食草动物本能地吃草、食肉动物本能地吃肉一样，对于被吃的对象而言，却属于"恶"而非"善"。

由此，荀子断然认为，孟子主张人性善是不知"性""伪"之分。人性本来是恶的，后天向善是圣人教化的结果："圣人化性而起伪，伪起而生礼义，礼义生而制法度。"(《荀子·性恶》) 圣人变化改造人性之恶，兴起造就人为之善；人为之善兴起，礼义法度也就得以生成确立了。由此，荀子在对人性及其社会表现给出价值评价时，更要辨析"天生"之性与"后天"人为，即"性"与"伪"的本质性区别及转换枢纽之作用。这完全符合我们前面所论述的荀子主张的"天""人"基本关系。

荀子说人性是天之所就,不可学,不可事,这当然是指人性之"实然",即本来如此。然而,如同我们前面所述,荀子认为,人固然有非生物和生物所有的"气""生""知"等"性"能,而人"最为天下贵",尤在于人有"义"。"义"为道德,非天然生就,但人之所以为人,则"理应"具有"义",如荀子所言,"义"载之以经、礼,"不可须臾舍也。为之,人也;舍之,禽兽也"(《荀子·劝学》)。荀子肯定人可以在天生之性情的基础上,通过人为的学习与修养,亦即人"有意识"(心)的作为,而萌生出或转化出"善"这一应然之德性。所以,荀子大讲"伪",即有意识的"人为"。他把凡是通过学习而会,经过人为而成,经由人后天的努力而具有的能力和本领,统称为"伪"。换言之,人的感官接触外界并不自然产生,一定要等到人后来有意识地努力才能获得的属性与能力,就出于人为。可见,即使荀子针对孟子之性善说,强调人之"性"天生如此,与生俱来,却不认为人性是固定不变、不能教化、不可改变的。

这正好说明了"性"虽系天生,却不等于"生",即单纯的出生、生命;"性"字是有"心"字旁的,从"心"从"生",这表明人性不仅寓于人身之中,也与人心内在相关,并由此生发出人的良知良能。这一点,应当说孟子比荀子的认识要明确得多。人作为灵长类动物,本来就有能动性、自为性，由于心意的介入与引导，人不再单靠本能生存，生物性需要变成了不断提高的欲望，人也有了在各种可能性和目标之间的选择，而这意味着人可以为善，也可以为恶；可以做好事，也可以做坏事，端看自己的行为取向与自觉意识。于是，人开始以自己为对象，对自己的活动、行为结果给予预测，加以评判，如"行有不得"，则须"反求诸己"（《孟子·离娄上》），乃至"吾日三省吾身"（《论语·学而》）。这其实就是人对自己表现、发挥出来的"性"（情），加以内在省视，检讨其优劣长短，然后有针对性地学习与修养，"注错习俗"（《荀子·儒效》）的规范和积累，最后达到自我完善。古人认为，人唯有在自己一切言行的源头处自行审察，自我规范，才能限制自己的一意孤行、胡作非为，避免人世间的各种灾难，给自己带来福祉。故荀子才会强调："性也者，吾所不能为也，然而可化也；情也者，非吾所有也，然而可为也。注错习俗，所以化性也。"（《荀子·儒效》）又说："性之好、恶、喜、怒、哀、乐谓之情。情然而心为之择谓之虑。心虑而能为之动谓之伪。虑积焉、能习焉而后成谓之伪。"（《荀子·正名》）

"性"由"心"与"生"结合而成。但荀子对"性"遵从的是当时的主流看法，即人与"生"俱来的禀赋或特点；虽有此遵从，荀子毕竟意识到人性内在关联着人心，它们都是人的生命的根本性构成。而"心"远比"性"（情）

自主、灵动,是人的生命的"灵明"所在,所谓"心有征知"(《荀子·正名》);"心者,形之君也,而神明之主也,出令而无所受令"(《荀子·解蔽》)。心当然可作用于"性"(情),对其功能的发挥给予定向,乃至转化。如果说,荀子的"天人之分"旨在引向天、人的配合,那么,他强调"性伪之分",则要给出从前者过渡到后者的通道,这一通道就是具有区分是非善恶的"知(智)虑"心。徐复观就此写道:"谨按由现在可以看到的有关性字早期的典籍加以归纳,性之原义,应指人生而即有之欲望、能力等而言,有如今日所说之'本能'。其所以从心者,心字出现甚早,古人多从知觉感觉来说心;人的欲望、能力,多通过知觉感觉而始见,亦即须通过心而始见,所以性字便从心。其所以从生者,既系标声,同时亦即标义;此种欲望等等作用,乃生而即有,且具备于人的生命之中;在生命之中,人自觉有此种作用,非由后起,于是即称此生而即有的作用为性;所以性字应为形声兼会意字。此当为性字之本义。"(徐复观:《中国人性论史·先秦篇》,上海三联书店2001年版,第6页)此说可以参考。

(2)归结为"性恶"还是归结为"性朴"

从历史上看,荀子的人性论主"性恶"说,似为无可置疑的公论,且评价多为负面。然而,学界对荀子之性恶说其实有疑义,近世尤甚。如有学者就认为荀子的人性论不是"性恶"说,而是"性朴"说,还有学者提出"性恶""心善"说等。

笔者认为,道理比较充分的是"性朴"说。有学者提出这一论点,依据的不仅是荀子所说人性"本始材朴",更是基于对《荀子》的《性恶》篇,与《劝学》《礼论》《天论》《正名》《荣辱》等篇章中有关论点加以比较的结果。经由这一比较,学者们发现"性恶"与上述各篇观点上存在不一致,从而认定《性恶》篇非荀子之作,而是主张性恶的后学所为。应当说,这一论断有相当的理据支持(参见周炽成:《荀韩人性论与社会历史哲学》,中山大学出版社2009年版,第17—36页;另参见林桂榛:《天道天行与人性人情——先秦儒家"性与天道"论考原》,中国社会科学出版社2015年版,第240—276页。后者考证辨析尤详)。荀子既然首先是在人之天性或生命本能的意义上看待人性的,则此人性就不可以"恶"简单概括。

依据荀子自己的一些说法,把他的人性论概括为性恶说,的确会有简单化之嫌。因为荀子首先是从实然的角度看待"人性"的,故往往以"物性"来类比人性,认定无论尧、舜还是桀、跖,"其性一也"(《荀子·性恶》)。同时,荀子一方面把天生之人性与后天之人为明确区分开来,另一方面又主张这两方面的统合,如其所言:"性者,本始材朴也；伪者，文理隆盛也。无性则伪之无所加，无伪则性不能自美。性伪合，然后圣人之名一，天下之功于是就也。故曰：天地合而万物生，阴阳接而变化起，性伪合而天下治。"（《荀子·礼论》）在上面这段具有代表性的话中，荀子不仅明确说人"性"乃"本始材朴"，是中性的，非善非恶，而且认为"性""伪"应当也能够结合。如果性恶而伪善，似乎两相冲突，则何以谈得上"合"？

然而，问题在于，在荀子那里，"性恶"与"性朴"并非不可通约，甚至不是曲通，而是直通。当荀子说无论尧、舜还是桀、跖，"其性一也"，"人之生固小人"（《荀子·荣辱》）时，就明确地把性朴与性恶贯通起来。至于性恶而伪善，体现的正是人在礼义规范下的自我否定这一根本性的社会化转向。

事实上，在荀子之前，诸子中既有"性善"与"性无善无不善"的主张，也有关于人"性恶"的思想或接近性恶论的说法，如《墨子·尚同上》有言："古者民始生，未有刑政之时，盖其语，人异义。……是以人是其义，以非人之义，故交相非也。是以内者父子兄弟作怨恶，离散不能相和合。……天下之乱，若禽兽然。"《商君书》也有类似的或接近的看法。我们知道，荀子虽然秉持儒家基本理念，但也受到包括墨家与法家有关思想的影响。

如果考虑到荀子自己思想的变化，尤其是他身处乱世，对世间各种尔虞我诈、败德乱伦的现象多有所感,故更容易理解荀子何以认为性朴之人却往往做出性恶之事。事实上,在失去公序良俗的情势下,支配着人的行动的往往是其求生本能,是"顺"着利己的方向走,如荀子所言:"人之生固小人,又以遇乱世,得乱俗,是以小重小也,以乱得乱也。"(《荀子·荣辱》)这种现象,可谓循环往复、古今相同,我们今天也不陌生。

由此,荀子在依据自然之天及万物之天性,所指认的人性之"本始材朴",并非没有任何内容、任何规定性的纯粹空洞说辞,而是蕴含了人的生物学需要和生命欲望,因此,他也就容易结合人在乱世所突显的求生本能,到处可见的自私自利、损人利己的行为和表现,给出人"性恶"这一听起来较为刚性的论断。也正是有此判断,他才必定要强调"化性起伪"在人生及其社会良序建构中的根本作用。

问题在于,这种有可能是荀子本人的概括,成了关于人性的"全称否定判断",而与孟子"性善"说之"全称肯定判断"对立起来,就导致了传统人性论的简单化评价。这种非善即恶、非好即坏的简单化评价,成了关于人性的模式化思维,长期主导着中国思想文化。结果,把人的生命之"合理的利己"——本能地维护个体存活与族群繁衍,以及自身应得的社会利益的正当性给否定了。且由于性善说在历史上长期居于主导地位,西方人早就关注到的人性之"阴暗""缺陷"或"弱点",也就不为我们中国人所看重。

荀子认为性恶之人大都向善,用《性恶》篇的说法,即"凡人之欲为善者,为性恶也。夫薄愿厚,恶愿美,狭愿广,贫愿富,贱愿贵,苟无之中者,必求于外"(《荀子·性恶》)。——正因为人的本性是恶的,而人们又意识到恶的危害,所以才想为善。人们本来就有的,就不必外求;假如本身没有它,就一定要从外面求取。已经富裕了就不再贪财,已经尊贵了就不再慕势。相反,薄的希望变厚,丑的希望变美,狭小的希望变广大,贫穷的希望变富裕,卑贱的希望变高贵。以此观之,人之所以想要为善,正是源自人的本性之恶。

有学者认为这是"可怪之论",其实,这种看法是相当有道理的,且并非荀子一人独有。其一,它指出了人性从来是有缺陷或缺失的,且至今亦然。没有肉身的匮乏,就不会有物质的需求;物质生命的需要满足了,又会强化精神方面的追求。其二,它实际上否定了人性的单一性或同质性,肯定了人性的多维性、复杂性与自主选择权能,并非"要么全有,要么全无"。换言之,人性既不可能皆为善,也不可能皆为恶,那样的话,人既不必倡导善,也无从祛恶扬善。

其实,"善""恶"这两个属于人们后天价值评价的范畴,就其社会性而言,本来就是相对的,如老子所言:"天下皆知美之为美,斯恶已;皆知善之为善,斯不善已。"(《老子》第二章)只不过人们从自身及所在群体的利益出发,以"是非""善恶"的区分和命名,来判断和规范自己与他人的言行,既表明人们具有追求健康富足,获得别人与社会承认的内在需求及能力,也表明人由天生的趋利避害的本能,转向经由共同生活的合作默契、耳濡目染与礼义规范,过健康而又幸福的生活。当然,在这一过程中,人们也会造就、积淀出人之德性情操,并确立为一种超越性的信念,即形上的取向乃至终极的信仰。——这意味着,包括孟子和荀子在内,无论是对人性作非善即恶的全称否定或全称肯定判断,还是陷入相对主义,对是非善恶取无所谓的态度,都是不可取的。

而着眼于荀子与孟子的文本及思想旨趣,笔者认为应当走出荀子与孟子根本对立的立场,故倾向于对荀子人性论取"性朴"说,这既有荀子文本的依据,也更符合人性实际。"性朴"说虽然偏于中性,但其包容性更大,维度与向度也更多(现代生物学、人类动物学等学说,也表明人先天就有所谓"善""恶"的萌芽形式或基因,即所谓"自利"与"利他"等诸多维度),因而人们后天的"环境"之作用亦愈显重要,"人为"的价值选择与人文教化也就更应当受到人们自己的重视。如同荀子所言:"干、越、夷、貉之子，生而同声，长而异俗，教使之然也。"又说："蓬生麻中，不扶而直；白沙在涅，与之俱黑。""故君子居必择乡，游必就士，所以防邪僻而近中正也。……故言有召祸也，行有招辱也，君子慎其所立乎！"(《荀子·劝学》)并谓："材性知能，君子小人一也；好荣恶辱，好利恶害，是君子小人之所同也。若其所以求之之道则异也。……人之生固小人，无师无法则唯利之见耳。"(《荀子·荣辱》)他由此强调了环境和教育的极端重要性。

不过，值得辨析的是荀子下面这段话，即："'涂之人可以为禹。'曷谓也？曰：凡禹之所以为禹者，以其为仁义法正也。然则仁义法正有可知可能之理，然而涂之人也，皆有可以知仁义法正之质，皆有可以能仁义法正之具，然则其可以为禹明矣。"(《荀子·性恶》)——荀子认为人性"本始材朴"，"其善者伪也"，但他却认为人有"可以知"仁义法正之"质""具"，这表明荀子关于人性的看法，其实不是单维的，也不是静止的和完成的，人的"质"与"具"有着向善（仁义法正）之潜能、素质，而"善"（仁义法正）则具有被人认识和践行之理由，故人人皆可以成为像大禹那样的圣贤。

然而，"质""具"难道不属于人"性"吗？孔子有言："质胜文则野，文胜质则史。文质彬彬，然后君子。"(《论语·雍也》)广义的人性理应包括质与具，荀子即使不知道孔子的这句话，在当时"质"的这一关乎人的含义，也应当流行于世。这只能说，荀子为了突出后天"伪"即人为的根本作用，亦即突出"文"的作用，不惜把"人性"与"人为"给予完全对立的二元化处理：既然就人的本性而言，人天生都充满了小人的欲望，以小人的本性再加上乱世的恶俗，人就更容易成为小人了，于是从人性"容易作恶"这一命题出发，就势必得出人性必须改造、必须接受君师教导和礼法约束的结论了。

但荀子由此对人性进行了纯粹实然的也是非常狭义的界定，这不能不说是荀子人性说的一大局限或失误。而如果"可以知""可以能"的"质"与"具"不属于先天的人性，那就属于他所说的"心"这一最具灵性的范畴了。

以上引证和辨析，表明荀子人性论的根本点，与其归结为"性恶"说，不如从方法论上重视以下两方面：一是首先从经验的角度，从人的现实表现特别是不良表现出发，反推人生来固有之性情，尽量作出事实性描述，界定"性"为人的生命本然，而非自觉人为，接近我们说的人的生物学官能或生命本能，亦即我们常说的所有生物趋利避害的生命需要；二是接着从应然或社会规范的角度，对人的天生之性，来一个"否定"，将人性引向或造就有别于、优越于禽兽之性的德性和文明上来。在荀子看来，人"性"虽然非人为所成，也谈不上善，但其"质"与"具"却有

向善、为善之可能,

上述引证与概括,也清楚地表明,孟子与荀子两人虽然都使用人的"性"这同一词汇,但在赋义和理解上,却既有相同之处,又有很大的区别。相同之处在于孟子与荀子都认为,人性天生"固有"而"非外铄"。区别则在于,人天生固有的"性",在孟子看来应是人之特性,足为人异于禽兽之标识,固是各种"善端",虽属"端倪",但也体现了人有别于其他生物的价值意识或自觉;而在荀子看来,人的天生之性有类于物性,是一般性的生命本能。就孟子所列之"恻隐""羞恶""恭敬""是非"而言,可以说有人类在长期演化中形成的生命潜因,却主要是后天的共同生活与人文教化的结果。荀子于是抓住这一点,批评孟子未能把"性"与"伪"即天生和人为区分开,把后天人为习得的东西,当作人的本性、天性,从而错误地主张人性善。如果人性本来是善的,那人就应当一出生就知道礼义、谦让,就像事物固有的素质就是美的,固有的材料就是好的;有"目"就能看,有"耳"就能听一样。但是,人生下来并不知道礼义、谦让。孟子说什么现今人性本来是善的,由于丧失了善的本性,所以变恶了。这恰恰把事情弄颠倒了。荀子的这一批评不可谓无的放矢。

如果联系孔子说的"吾未见好德如好色者也"(《论语·子罕》),"富与贵,是人之所欲也""贫与贱,是人之所恶也"(《论语·里仁》),那么,与其说人性向善如"水之就下",不如说人之"好逸恶劳""嫌贫爱富"之与善相悖的性情如"水之就下",更符合事实也更有说服力。就此而言,荀子的下述批评就更有其道理。

事实告诉人们,现今的人性就是饥而欲食,寒而欲暖,劳而欲逸。至于自己虽然饥饿,见了长辈不敢先去吃而让长辈先吃;自己虽然劳累,见了长辈不敢偷闲却要替长辈劳动:这些行为应该说是违背人的本性且背离人的情欲的。但是,孝子却宁可违背人天生的性情,持守孝道,这显然不是顺从自己的天性而是学习并遵循礼义的结果。

历代学者对荀子的人性论之"性恶"说,多有批评。如苏轼在其《荀卿论》中结合荀子的弟子李斯,对荀子下了如下一番断言:"昔者常怪李斯事荀卿,既而焚灭其书,大变古先圣王之法,于其师之道,不啻若寇仇。及今观荀卿之书,然后知李斯之所以事秦者皆出于荀卿,而不足怪也。荀卿者,喜为异说而不让,敢为高论而不顾者也。其言愚人之所惊,小人之所喜也。子思、孟轲,世之所谓贤人君子也。荀卿独曰:'乱天下者,子思、孟轲也。'天下之人,如此其众也;仁人义士,如此其多也。荀卿独曰:'人性恶。桀、纣,性也。尧、舜,伪也。'由是观之,意其为人必也刚愎不逊,而自许太过。彼李斯者,又特甚者耳。"朱熹在《孟子集注》中引北宋理学家程颐所说:"荀子极偏驳,只一句'性恶',大本已失。"这种评价在属于思孟一系的学者中,几成定论。但实事求是地说,这类评价也可谓"太过",其理据并不充分。

那么,荀子关于人性的界说及其对孟子的批评,就没有问题吗?有不小的问题。其一,在人性论上,荀子与孟子并不完全对立,而所关注的侧重点殊不相同,荀子突出的是生物学官能,孟子突出的却是超生物学官能的"良知良能",故荀子对孟子的批评并不准确。其二,就人性而言,固然有其生物学前提,有与生俱来的一面,与生命本能密不可分,然而,人性毕竟不同于物性,也不同于其他灵长类的动物性。人生下来,经过父母或其他成年人一两年的教育,牙牙学语,倾听模仿,就能被唤醒孩子的天性之灵明,懂得一些事理,形成孟子所说的"恻隐""羞恶""恭敬""是非"等良知良能;而对幼儿时期的猿猴,给予同样的教育则远远达不到这个效果,遑论其他动物。应当承认,人类在长期的生命演化与文化环境中形成的性格、禀赋,都具有一定的生物学遗传性。

荀子不以"性"而以"质"与"具"说明人可以为善人,然而,前面我们以孔子的话为佐证,已说明人性必定包含"质"与"具",且既然称为"人"之"性",那么,还应当涵盖人后天习得的属性,乃至包括人的一生之基本品行,此之所谓人的"第二天性"。所以不能把人性完全归结为、等同于人与生俱来的生物学官能即生命"本能",而无视人在后天形成的性情。就此而言,荀子在人性论上产生了以偏概全的问题。

笔者基于荀子与孟子根本对立的立场,认为取"性朴"说应当更符合人性实际且更具有解释力。上面我们已引证荀子的有关论述,这里不妨再引述下面这段:"'涂之人可以为禹。'曷谓也?曰:凡禹之所以为禹者,以其为仁义法正也。然则仁义法正有可知可能之理,然而涂之人也,皆有可以知仁义法正之质,皆有可以能仁义法正之具,然则其可以为禹明矣。"(《荀子·性恶》)荀子旨在强调,尽管人可以为尧、禹也可以为桀、跖,可以为工匠也可以为农夫、商人,然而由于行为举止和风俗习惯长期积累之不同,因而也就成了大不相同的人。所以,人成为什么样的人,具有何种品行,从事何类职业,处于何等地位,不取决于人的本性,而取决于人后天的努力和社会环境的熏陶,特别是规则制度的规范作用。

有学者极其笃定地认为:荀子就是性恶论者,这不仅不是荀子思想的弊端,而恰是他的根本性洞见,荀子关于社会政治的全部论述,皆建立于此论之上。之所以这样说,在于荀子的性恶主张,是既关注现实,而又由此追溯人性之本原的逻辑产物,即:"荀子的人性论同样是出于人在现实中可能产生的争夺而言,亦即是建立在资源的稀少性下所产生的争夺行为，进而去检视人性的内涵。当私有田制使人产生对财富的追求与独占的私欲成为事实，荀子必然要承认人有'好利''疾恶'与'耳目之欲'的冲动。也就是说，除了在外部现象去理解人类为了生存而产生争夺的行动，荀子更往前去思考人的本质——亦即让人产生争夺行为的内在根据。因此，他看到了人'好利''疾恶'与'耳目之欲'的原始欲求。"（参见曾昞杰:《性恶论的诞生：荀子"经济人"视域下的孟学批判与儒学回归》，万卷楼图书股份有限公司2019年版，第134页）显然，把荀子的人性论置于假设的"经济人"视域下，当然可以作出这样的解读和引申。然而，将荀子放在他生活的时代，尽管荀子较其他儒者更重视经验现实，也明确地意识到因人多财少导致的争夺，他却尚未形成近现代经济学的思想视野，其人性论与当代人熟知的"理性人"假说，存在很大的距离，因而上述解读和引申，应属过度诠释。

的确，即使将人性主要理解为人的天性或本能，也是极其复杂和丰富的，蕴含着多种可能性，包括古往今来人们所重视的"善""恶"和其他向度的根苗。我们今天的认知比荀子那时的认知要深广得多，且永无止境。人性的哪些可能性得到实现，这端在于人们所处的自然和社会环境，端在于人的制度设计及自我选择。然而，有意思的是，或许正因为荀子的人性论存在上述问题，却更加支持和强化了他关于人应当也能够"化性起伪"的论述。

（3）向"善"既是人的群体生活之必需，也是圣人的礼义规范

如果与孟子作比较，应当承认，荀子对一般人的内在道德自觉的相信和重视程度，远不如孟子，当然也就缺少所谓"内在超越"的论述。但这不意味着荀子不相信人的道德自觉，相反，荀子认为一般人甚至可以成为圣贤，如其所言："涂之人百姓积善而全尽谓之圣人。彼求之而后得，为之而后成，积之而后高，尽之而后圣。故圣人也者，人之所积也。"（《荀子·儒效》）即使圣贤，也非天生异禀，而是后天"学习"与"积靡"的结果。换言之，圣人出生时与常人并无两样，而终异于常人者，全在于自己后天的努力，从而达到"本仁义，当是非，齐言行，不失毫厘"（《荀子·儒效》），"端而言，蝡而动，一可以为法则"（《荀子·劝学》）。在荀子看来，圣人制定礼义规范，而常人接受这种礼义规范的教化，这不仅具有道德意义，即常人由此懂得了做人做事的基本道理，尊老敬贤，相互谦让，亲邻和睦，还有经济政策的意义，即依据礼义进行财富的分配，以"养人之欲，给人之求。使欲必不穷乎物，物必不屈于欲"（《荀子·礼论》）。这才能真正实现天下平安。

我们更应当关注的，是荀子并不把人的道德自觉视为

"心性"之学的范畴，或者说，荀子不认为人的学习与修养是单纯道德的事情、个人的事情，更不可能在离群索居的情况下做到。因为荀子强调人是"合群"的生物，每个人的行为总是关乎别人与社会，而别人与社会又构成每个人生存的环境。这既基于他的礼（义）起源论，又见之于他的修养论。

荀子原则上认为"涂之人可以为禹"，"百姓可以为圣人"，但在现实世界，却是圣人极少而常人甚多，这是经验反复证明了的。于是，重视经验的荀子基于上述社会现实，就必定会重视极少数圣贤的以身作则及教化作用。这当然不是忽视一般人的道德自觉，事实上，凡当过教师的，都知道开启学生的自觉性，何况荀子这样做过"祭酒"的大儒，其《劝学》《修身》《荣辱》等篇，都可见其对人内在良知良能的重视与开显，如其所言："自知者不怨人，知命者不怨天；怨人者穷，怨天者无志。失之己，反之人，岂不迂乎哉？"（《荀子·荣辱》）又云："见善，修然必以自存也；见不善，愀然必以自省也。善在身，介然必以自好也；不善在身，菑然必以自恶也。"（《荀子·修身》）这里的"自存""自省""自好""自恶"，都是强调的人的内在"自""己"，即人由于自我意识而具有的内在的自明、自省和自觉性，当然通向人的道德主体性。

只不过人的道德主体性是社会地形成的，从个人来说，它源于人的"自省""自好"之自觉；从社会来说，它又是人们共同生活的要求。

所以，荀子总是将人的成己、成君子，与爱人、学习、交友、尊师、循礼、崇法等为人处世的行为，密切地关联起来，由此而阐发了儒学者喜欢讲的"做人"与"做事"统一"功夫"论。他说："好法而行，士也；笃志而体，君子也；齐明而不竭，圣人也。人无法，则伥伥然；有法而无志其义，则渠渠然；依乎法而又深其类，然后温温然。"（《荀子·修身》）遵循礼法，身体力行，且能在这一反复进行的实践活动中，深谙法度之普遍性，而又明了关乎事物类别的具体准则，然后就能做到得心应手、泰然自若，故他又说："故君子者，信矣，而亦欲人之信己也；忠矣，而亦欲人之亲己也；修正治辨矣，而亦欲人之善己也。虑之易知也，行之易安也，持之易立也，成则必得其所好，必不遇其所恶焉。是故穷则不隐，通则大明，身死而名弥白。"（《荀子·荣辱》）

我们知道，孔子就是在"人己"关系中论仁、论忠恕之道的，而荀子更突出人的社会交往与环境之于人成长、成为君子的意义，他对人的内在自省、治气养心与外在行为及环境之间的关系，给出了一种"循环"性的解释，这种循环的关键在于人自己基于意志的努力，这种努力产生并体现于做事与做人相互转化的功夫之中。他举例说：如同从事陶器生产的人用水调合黏土制作陶器，陶器产生于制陶人的努力而非产生于制陶人的本性；木工砍削、加工木材做成木器，木器产生于木工的努力亦非产生于木工的人性。在荀子看来，尽管君子与小人的本性本无两样，但区别在于，君子坚持不懈地做人做事，终至积善成德，小人却不肯为此而努力。故小人可以为君子而不肯为君子，君子也可以为小人而不肯为小人。君子的努力达到最高、最充分的状态，熟知人事，深谙大理，积善而全尽，就成为圣人。礼义法度就产生于圣人明澈的智慧，天生的"小人"们都只能经由圣人制定的礼义的教化规范，化性起伪，才能成为合格的社会成员。

荀子反复论述的上述观点，显然产生于古代社会历史现象，并服务于他认定的只有"礼法"才能重建秩序的目的。其合理性在于：一方面，由于经济和文化都普遍落后，只有极少数人能享有文化成果，受到良好教育，成为有教养的"知书达理"之人，因而人们也就有了文化道德意义上"君子"与"小人"之分；另一方面，从原始社会直到分封制社会的解体，所有的群体性组织中都有首领人物给予领导或管理，而传说中的"尧、舜、禹"以及"周公"又被后世加以极大的美化，以寄托人们关于自身及社会的美好理想。荀子虽然也知道人们普遍"向善"，既有内在的"质"与"具"作凭借，亦是群体性社会生活之要求，但他迫切希望天下由"乱"到"治",故特别强调圣人的作用。

然而,荀子由此也把首领人物高高地置于广大民众之上,不仅把首领人物理想化、权威化,也从整体上看低了普通百姓的生产生活经验与自身觉悟的可能,结果没有看到百姓在日常生活和相互交往中,事实上形成着社会生活的规则与秩序,并表现为"风俗习惯"。荀子由于无批判地接受崇圣的传统,又迫切地期待改变社会的无序状态,因而把天下统一的希望寄托于杰出的统治者身上,因而强调的是良好政治制度的"人为""设计",这与今人所批评的"理性建构主义",显然不无相通之处。

总之,首先"察乎人之性伪之分"(《荀子·性恶》),然后经由圣人"化性起伪",使人性之"本始材朴"变成人为之善,这就是《荀子》中的人性论。而这种以强调圣人制定礼法,普通民众接受遵循礼法做人做事,"化性起伪"的人性论,势必联系着一种特定的社会观。事实上,人性既有源远流长的生物学根源,又在人类社会历史中得到开显、推展和新的塑造,变得愈来愈丰富、复杂,充满矛盾;而在漫长的自然选择与社会历史中形成的人性,既有最为基本的生物学的规定性,也有生命及其意识参与的多维性和多种可能性,并体现为动态的方向不一的趋向性活动。活的"生"物性之所以不同于"死"物性,在于它是有方向的"矢量",而不是无方向的"标量",这是今天我们在研究和审视荀子人性论时需要给予重视的。

3."明分使群"的社会观

荀子以其天人观与人性论，考察人类生存形态特别是群体性生活方式，就产生了"明分使群"的社会观。

中国古代汉语中并无"社会"一词，这个概念是日本学者根据汉语单音字的"社"与"会"组合而成。其原始含义偏重于男女在"社"（祭祀神祇之坛）旁的桑林里自由地"幽会""欢会"。就其意指人际关系、相互交往与结合而言，与今日"社会"概念有相通之处，但以血缘、地缘为主要纽带，社会分工相对简单的传统社会，与分工发达、个人独立、实行法治的现代社会大不相同，前者，"社会"与"文化"还难以区分，社会关系从人的血缘氏族关系推展和转化出来的过程，密切地伴随着文化器物与价值观念的形成；后者，"社会"与"文化"则有了明显的区分，这区分是相对的，领域与路径各有不同，并构成相互作用和转换的关系。《荀子》未言"社会"，但有"群""世""国""天下"等十分接近"社会"的用语，其所论礼义、法度，讲的是社会的文明与政治法律规范及制度；其所论君臣父子，讲的是社会的等级名分与秩序。所以，《荀子》中有显著的社会观，它既包含时下人们重视的社会规则与制度，也蕴含着荀子看重的人文价值即文明的观念。荀子的社会观还难以称得上"社会科学",但他在那个刚进入铁器时代的农业社会,能够依据经验和现实的致思态度,产生关于人类社会基本结构与制度安排方面的理性思考,阐发不少创见,在今天来看,尽管存在着严重的不足及缺陷,但在他生活的那个时期却实属不易,可以成为我们理解自西方传入的现代社会学与社会科学的中国思想资源。

(1)人"能群"与"礼义之分"

天与人相分,人与物有别。万物同宇而异体,虽无固定用处却能为人所用。人显然比任何物类都高明。

人高明就高明在他有气、有生、有知且有义,故"最为天下贵"。然而人,"力不若牛,走不若马,而牛马为用,何也?曰:人能群,彼不能群也。人何以能群?曰:分。分何以能行?曰:义。故义以分则和,和则一,一则多力,多力则强,强则胜物,故宫室可得而居也。故序四时,裁万物,兼利天下,无它故焉,得之分义也。故人生不能无群,群而无分则争,争则乱,乱则离,离则弱,弱则不能胜物,故宫室不可得而居也,不可少顷舍礼义之谓也"(《荀子·王制》)。

值得关注的是,荀子说人之"能群",有一个重要的思想出发点,即人何以能"胜物"。胜物,指与自然万物及自然环境打交道的人,能按照自己的意志役使物,利用自然力，还能在一定程度上抵御自然灾害。其实，人能"胜物"的见解，已在原则上包含在荀子"察乎人之性伪之分""化性起伪"的人性论中：人生下来的自然禀赋"力不若牛，走不若马"，这属于"天之所就"的人性范畴；以"牛马为用"，则属于人为的社会与文化范畴。进言之，"人性"属于人的"自然状态"，那么，"礼义"则属于人的"社会文明与政治状态"。

显然，荀子认为人们需要具体地面对和说明的，是一个基本的事实性问题，即人"力不若牛，走不若马，而牛马为用，何也？"。荀子的解释是，人们可以在技术意义与社会政治意义上，形成明确的分工合作、分化整合。这不是简单地说人们能相互结合，组织起来。我们知道，许多动物都有本能的分工合作，甚至在进行群体捕猎活动时，还会用"计谋"。而荀子认为，人有超出本能，制定"礼""义"规范的能力，有了礼义规范，人才真正超出生物本能，形成社会性的分化整合系统。而这不限于单纯的技术性的分工合作，而关乎人们的等级名分，分工，分职，分等级，彼此之间又构成互相依存、互相补充的关系，彼此协同，相互合作，并形成富有道德和文明意蕴的共同体。

故此，人之群体不仅成为一种能够发挥强大整体功能的有机体，而且成为一种组织有序的社会与文化共同体。换言之，人类不仅在能力上称得上强大的超级动物，胜过各种物类，而且超越动物界的自然规定，成为自然界不曾出现的文化生命，能够顺应四时，参赞天地，食膏粱，衣锦绣，居宫室，听声乐，兴教化，扬伦理，设礼仪，隆君威，使天下安定，四海如一家，由此成为可称道的"最为天下贵"的人类，而这也才是人类应有的文明状态。

可见，如同荀子所说，"义以分则和"，这里的关键是"分"（"别"）或"明分"，"分"或"明分"包括人的劳动分工，但荀子更重视人们所属的名分、职级、等级，即属于"礼义"范畴的关乎人们生活的技术、经济、政治和文化各方面；即通过社会性的分工合作、职级的分化与整合，形成并主导人们的生活共同体。荀子的这一论述，显然属于一种社会形成及性质功能的论说。

在儒家之前，古人关于人的社会生活本原与秩序的观念，是"自天佑之"，西周统治者则有了"以德配天"的观念。孔子与孟子，则主要从伦理与仁义出发，解释礼乐文明或社会的良序，这可以说是人文主义的思路，或文化观念学的思路，由此展示出人类社会的应有状态，直至理想状态。荀子虽然也重视人伦，但他试图做的，是"客观"地"说明"人性谈不上"善"的人类，何以形成正常的人类社会，不仅获得对物的主体性即"胜物"，也有了伦理道德的规范，如其所言："人之所以为人者，非特以其二足而无毛也，以其有辨也。夫禽兽有父子而无父子之亲，有牝牡而无男女之别。故人道莫不有辨。辨莫大于分,分莫大于礼,礼莫大于圣王。"(《荀子·非相》)——"分"或"辨"才是社会之道的根本所在,亦即君臣、父子、夫妻、长幼、贵贱、尊卑的分辨、分别。与其说这是人文主义的思路,不如说是经验主义或理性主义的思路。但殊途同归,荀子与孔子、孟子都同样得出了人类社会的应然状态。

"人道莫不有辨"之"人道",固然是人文之道,但它更是社会之道,最大的分辨是等级名分的区别。等级名分的区别最重要的是体现了礼义的原则,礼义的原则最根本的一条是尊崇制定礼义的圣王。这就是人类形成秩序井然、融洽相处的社会群体的根本所在。

"圣"与"崇圣",这一在荀子之前就称得上源远流长的社会文化观念,被荀子进一步推展为对"礼法""圣王"和"君主"的尊崇,其是非长短,我们放到本章第三部分再讲。

(2)"生而有欲"与"明分使群"

我们知道,西方古代关于人类社会与国家的本原性说明,是神创说和神授论;在16世纪之后,学者们受欧洲社会生活与基督教中早已有的契约、人与上帝立约的启示,并依据自然法与人性论,在政治国家建立问题上,逐渐摆脱了神创说与神授说,还预设了人在"自然状态"与"社会状态"下的本质性区别。荀子"以礼义分之"亦即"明分使群"的社会政治观,也与这些学者的观点有接近之处,即认为"人性"在本能的自发的状态下与礼义教化状态下有本质区别。除了前述"能群""胜物"的论断,下面这段前面引述过的话,更直接地源于他的人性论,即:

> 礼起于何也?曰:人生而有欲,欲而不得,则不能无求;求而无度量分界,则不能不争;争则乱,乱则穷。先王恶其乱也,故制礼义以分之,以养人之欲,给人之求。(《荀子·礼论》)

可以说,这是荀子关于社会与国家(虽然还不是现代意义上的国家)起源的最根本见解。这一见解的重要性在于,他是从直接关乎人的生存的"经济"来看"政治"之产生与功能的,即是从人人都有的生命欲望——生物学需要经由意识而成为欲望——的满足出发,来说明人的求生本能,自发地把人引向生存竞争的。这种竞争的结果是无序的乱与穷。那么,人如何解决自己的本性或本能行为造成的这一局面呢?

其实,荀子在提出先王"制礼义以分之"的《礼论》篇前面的《富国》篇,已明确提出了"明分使群"的概念,他说:"离居不相待则穷,群而无分则争。穷者患也,争者祸也,救患除祸,则莫若明分使群矣。"

可以说，在先秦思想家中，虽然也有重视"分"之重要性的学者，但对生产劳动分工、社会等级和职能分化，以及社会组织和政治制度之根本重要性，给予多方面论述的，当数荀子。在荀子大量的论述中，蕴含着社会科学的萌芽。

依据"礼义明分使群"，重要的方面固然是上下等级的区分，但也包括各种行业、各种职能的分工。士、农、工、商的区别就是这样的社会分工。那么，为何要有这样的社会分工呢？

荀子已经认识到，每一个社会成员的生活需要都是多方面的，都不是一种技能、一种工作的成果所能满足的。而一个人只能精于一技，不能兼精数技；只能从事一种工作，不能同时从事多种工作。这样，就必须按照分工的原则把他们区别开来并组织起来，使他们互相协作，互通有无，合居而相待，多样又统一，这才能满足每个社会成员的生活需要。

于是，农民分田而耕，以力尽田；商人分货而贩，精心理财；百工分事而做，巧为器物；士大夫分职而听；诸侯分土而守；三公则对国家的大政方针用心讨论决定。如此，社会就会消弭争斗，和谐安定，君主就可以拱手等待事业的成功了。所以,不必担心人基于欲望的争财夺利,"先王"即那时的圣贤及时觉察到这一问题，制定礼义，依据人的才能划定身份，合理地分配财富，从而"养人之欲，给人之求"，社会由乱到治，民众由穷而富。

有了名实相符的等级名分，社会的整体利益与秩序就有了保障。相反，没有等级名分的区分，也就是人人都没有身份、职责，无组织，无规范，完全凭求生的本能活动，不仅造成社会的混乱，还将让社会陷入丛林状态，这当然是人生之大害。因此，要避免或消除这祸患，根本的举措就是确定上下等级和职分的差别来组织社会，这就叫"明分使群"。荀子还基于他的人性论，把问题故意推向极端，说道：人的本性决定人人都希望贵为天子、富有天下，但如果顺从人的这种私欲，则情势不能容许，货物不能满足。古之圣人因此而制定礼义把人区别开来，使贵贱有别、长幼有差、智愚有分，有能与无能都显示出不同，然后使他们各自承担起与自己相称的事务，并使其收入的多寡厚薄与之相平衡。这就是使社会上下之间协调一致的根本原则。

可以说，荀子提出的"明分使群"这一属于社会学、政治学的原则，是他从人性出发，从文化、经济和政治三方面考虑社会问题的结果。荀子传承西周以来并被孔子儒家所推崇的圣人"制礼作乐"的观念，进而认为礼义是圣人为了解决人们的生存争斗，为了"养人之欲"而制定的良法，并强调就人的本性而言，人天生都充满了小人的欲望。以小人的本性再加上乱世的恶俗，人就更容易成为小人了。但人仍然可以为尧、禹,也可以为桀、跖;可以为工匠,也可以为农夫、商人:其差异全在于行为举止和风俗习惯长期积累之不同。因此,人成为什么样的人,具有何种品行,从事何类职业,处于何等地位,不取决于人的本性,而取决于人后天的努力和环境的熏陶。从人性容易作恶这一命题出发,就势必得出人性必须改造、必须接受君师教导和礼法约束的结论。

揆之中国上古时代的历史及传说,荀子的这种观点既有一定的事实依据,又有严重的偏失。

我们知道,在原始时期,氏族的酋长发挥着引领作用,氏族发展为部落特别是部落联盟,酋长转化为"王"。这些王作为首领人物,既有善于打仗的英雄式人物,也有对内拥有威信、对外代表"我"邦的德才兼备的人物,他们在组织与协调内部关系,办理和处置公共的生产生活问题,解决外部争端中,显然发挥着关键作用。原来"上帝"及上帝"命令"的观念,在西周转换出"皇天无亲,惟德是辅"(《尚书·蔡仲之命》)的道德观念;经由孔孟儒家的影响,"仁"与"德"进一步成为中国古代政治观念和政治文化的重要构成成分。荀子的推进,不仅在于对"礼法"的重视,更在于他从人的基本生活需要与经济的角度看待"礼"。这与西方古代的政治观念及政治文化的确形成重大区别。中国古代没有类似希腊城邦"公民"及"自由民"

的个人身份，没有明确的"自然法"概念，因而也没有基于个人独立平等的"正义"概念，但有"德治""民本""天下是天下（人）之天下"，以及老庄"道法自然""无为而治"和"功成身退"的观念。很长时期，中西双方接近的是欧洲中世纪的"君权神授"与中国古代的"君权天授"，只不过中国古人在理解"天"意时，大都联系民心、民意。至于认为国家及君主权力源于社会成员"让渡"出全部或部分权力的观念，在西方也是近代才出现，不必以此要求先秦学者，何况双方自然历史条件本来差异很大。

那么，荀子的社会政治观就没有问题吗？有，问题还不小。我们下面一并论述。

（3）"隆礼""重法""尊君"的政治观

社会不是抽象的，而是现实的。进入文明时代之后，社会就以政治国家的形式存在着。建立什么样的政治国家，实行什么样的治国方略，可以说是儒家最为关心的问题，而此问题在荀子那里，不仅有了系统的思考，并且其主张具有非常鲜明的现实性。《荀子》中的政治观既有对孔子政治观的传承，又有荀子自己独特的理解和推进，其"隆礼""重法""尊君"，三位一体，儒法兼备，构成了荀子治国安邦的纲领，把儒家外王事功的思想推向极致并变为行动路线，直接服务于建立统一的君主制国家这一政治目标，只不过这种君主制国家必定是"金字塔"结构，并会强化人们重视"上下尊卑"的价值取向。

在荀子看来，"隆礼"是治理天下的最高准则。那么，何谓"礼"？

中国传统社会的"礼"源自周公"制礼作乐"，是配合分封制、宗法制的，包括权力分配与文明规范的一整套制度化安排，体现为关于人的贵贱贫富与其等级地位相称的规定，特别是天子、诸侯与大夫在祭祀活动、国事活动和日常生活中的各种待遇与行为规范。三者相互配合，共同实现敬天保民、国祚长久的目的。

在荀子看来，"礼有三本：天地者，生之本也；先祖者，类之本也；君师者，治之本也"（《荀子·礼论》）。荀子没有说"仁"是"礼"之本，而是着眼于"生""类"与"治"，从礼的起源与社会治理的需要出发，更为始源性地也是客观地归结为"天地""先祖"与"君师"。"天地"作为一切"生"（命）之本，始源性地、客观地支持也约束着人类的活动，并随着人类活动能力的变化和提升而变化其作用；"先祖"作为"（人）类"之本，人猿揖别，走出纯粹的本能状态，历尽千难万险，将人类带入文明的门槛，也为后人留下宝贵的历史经验与启示。然而，它们都不能直接规定后来的社会形态和政治制度。于是，"君师"作为具有社会管理与政治统治双重意义上的"治"之本，便不言而喻地成为主导力量。然而，君师并非天生的威权人格，而是位格与职能的化身，这主要体现为"礼"的制定与实行。

然而，周礼讲世袭，而荀子推崇的礼不讲世袭：既贤且能，虽出身于百姓也可以为上卿；无贤无能，虽出身于王公贵族也可以降为庶民。在荀子看来，礼对于社会和国家的作用，就好比秤是事物轻重得以衡量的标准，绳墨是木材曲直得以校正的尺度，规矩是制定方圆的工具，因而礼也是从事政治的人能够具体运作的规范法式：礼以财物作为行礼的费用，以贵贱装饰的不同来体现礼的文饰，用多和少体现行礼的差异，以恰当运用隆重或简省的礼仪为枢要。礼要通过崇敬爱慕的仪式，使人们养成按照礼的规定待人接物、为人处世的美德。所以，教化百姓要用礼，节制臣下要用礼；礼还要求谨慎地对待生死，谨慎地对待吉凶；还要在祭祀时强烈地表现出来。君主真正地遵礼而行，对内可以求得百姓安顺、事业兴旺，对外则可以求得恩威远播，天下归顺。因而，"礼"这一治国的标准一旦确立起来，任何人都要受它的约束，谁想放纵自己恶的本性，搞欺骗，行邪辟，就行不通了。

礼使人与禽兽从根本上区别开来，从而形成社会，建立国家。从消极的方面，可以说"人无礼则不生，事无礼则不成，国家无礼则不宁"（《荀子·修身》）；而从积极的方面，则可以说礼是国家强大坚固的根本，是威望盛行天下的途径,是建功立业的总纲,是治理天下的最高准则。礼的作用重大,它关系人生的祸福穷达、社会的安危治乱、国家的存亡和兴衰。

在荀子看来,"隆礼"就要"重法",重法是隆礼的推展和辅助,两者不能区分开:礼是"治之始",法是"治之端",二者由此达彼,相辅相成。

礼和法虽然都是外在的规范,但又各有其特殊性。礼通过规定等级名分而使人们建立基本的社会关系,法则通过庆赏刑罚进而巩固这种社会关系,所以法是礼的强化和推展。

对于安于等级名分的人要待之以礼,对于不安于等级名分的人则要待之以刑。通过礼义的教化达到不用庆赏而人民努力工作、不用刑罚而人民心悦诚服,这当然最好;但社会上总有礼义所不能教化的人,对于这些人就要用法治的刑罚。既然对坏人要动之以刑罚,对贤者就要行之以庆赏。

不教化而诛杀,那么刑罚就会不胜其烦而终于法不责众;单靠礼义的教化而尽废诛杀,则奸邪之徒就得不到惩处而愈益猖獗;只行诛杀而不行庆赏,则忠顺勤恳之人就会得不到鼓励而变得心灰意冷;赏罚不当,人们会疑惑不满;赏过分而刑滥施,就会使小人得便宜而君子受伤害。

故此,要治理好国家,既要隆礼行教化,又要重法行赏罚；赏必当功，赏当功则贵；罚必当罪，罚当罪则威；有赏有罚，赏贵罚威，则贤人可得而任用，小人可得而罢免，对有能力和无能力的人都可以因材而用。如果做到了这些，则一切事情都会得到顺利办理，人民和国家都会得到平安吉祥了。

在荀子看来，隆礼、重法，就要崇圣尊君，因为后者特别是君主既是礼法的制定者，又是礼法的执行者。尊崇前圣先王，是儒家都认同的价值传统，有学者认为，在孔子那里，"圣"与"王"是分开的，圣似乎端在"道"，是立法垂范者；王似乎端在"政"，是循法治理者。但是，依据《尚书》《吕氏春秋》和《庄子》等关于上古传说的记载，自三皇五帝、尧舜禹到三代之治的谱系，其实是在塑造古代杰出人物的"帝王"形象，只不过这种塑造也是将帝王从"神化"到"圣化"，甚至"天命"从"天道"到"王道"的重构，由此在整个社会确立起帝王"既圣且王""圣王合一"的社会观念和价值观念。

"圣王"一词在《左传》中就出现，《尚书》更是如此称颂"王"与"王道"："无偏无陂，遵王之义。无有作好，遵王之道。无有作恶，遵王之路。无偏无党，王道荡荡。"儒家与道家虽旨趣大不同，但老、庄、孔、孟也都认为，"圣"固然是最为尊崇的称谓，是对那些创业垂统、教化民众、"立德、立功、立言"之最高成就者而言的，但圣人立法也执法、主政也治理，故圣人之道也是王者之道。如老子言："是以圣人之治，虚其心，实其腹，弱其志，强其骨。常使民无知无欲，使夫智者不敢为也。"（《老子》第三章）子贡曾问孔子："如有博施于民而能济众，何如？可谓仁乎？"孔子回答："何事于仁，必也圣乎！尧舜其犹病诸！"（《论语·雍也》）墨子亦有言"圣人以治天下为事者也"（《墨子·兼爱上》）。

到了荀子这里，不仅更明确地称颂"圣王"，还进而把英明"君主"也纳入圣王的行列，如其所言："圣也者，尽伦者也；王也者，尽制者也。两尽者，足以为天下极矣。故学者，以圣王为师，案以圣王之制为法，法其法，以求其统类，以务象效其人。"（《荀子·解蔽》）荀子把历史上能在"天下"行令的称为"王"，在"一国"行令的称为"君"。到了战国，周王已无号令天下的权威，"近者境内不一，遥者诸侯不听，令不行于境内，甚者诸侯侵削之，攻伐之"（《荀子·正论》），实际的政治权力已经转移到诸侯手里，他们在相互竞争中称王称霸,这无疑提升了"君主"的社会地位与影响力，成为士人学者依附或游说的对象。荀子将统一天下的希望，寄托于效法先圣、志向远大的君主身上，并认为君主是隆礼重法的权威保障，也就不奇怪了。然而，由此一来，他就在政治与道德、权力与文化双重意义上，在君主与百姓之间确立起一种垂直式的、向上仰望的价值观念。

诚然，荀子认为："天之生民，非为君也；天之立君，以为民也。"（《荀子·大略》）人间政治权力的形上根源在天，民为天之所生，天当然要人间的政治权力为民服务。然而，"民"本身既有天生小人的欲望，又良莠不齐，在自然状态下，只能导致无序的竞争与混乱，因而需要圣贤用礼义、礼法加以教化、区分与管理，此即前面提到的君师"治之本"的依据。而就当时而言，本来是往圣先贤创立的礼义早已陷入礼崩乐坏的境地，重新制定、贯彻和维护礼义、礼法的责任与任务，便落到了当时英明君主与师傅的身上，特别是掌握政治权力的君主身上，故荀子由此提出"隆君"的主张。

他依据历史上的经验教训，这样说道："君者，国之隆也；父者，家之隆也。隆一而治，二而乱，自古及今，未有二隆争重而能长久者。"（《荀子·致士》）"隆"在这里既是形容词也是动词，有最为高贵、权威并受到最高的尊重和遵从之义。荀子以家喻国，以家长喻君主：父亲是家庭的最高权威，君主则是国家的最高权威；君主身居最高之地位，掌握最大之权力，颁布天下之礼法，决定天下之治乱，故天下必须崇拜君主。并且，最高的权力与意志只能体现在一人身上，君主只能一人独尊，这就是政治的一元化，这也是古代人的集体意识："天无二日，土无二王，

国无二君，家无二尊。"(《礼记·丧服四制》)

我们知道，在西方中世纪，也是既讲君权神授，还用父子关系比喻君臣、君民关系，这种将血亲伦理与政治关系故意混同的类比，到了洛克时才给予严厉批判。荀子在先秦最为系统地论证了君主既是政治权力的化身，要在政治上实行集权，还是文化与文明的最大体现者。本来重视劳动分工、社会分职的荀子，却为了天下一统和形成文明秩序，而将政治与文化的成就统统集中于君主身上。无论是古代的"天子"，还是荀子心目中未来的"天子"，都应当在一切方面都独一无二、至高无上，简直就是"天"的化身："天子无妻，告人无匹也。四海之内无客礼,告无适也。足能行，待相者然后进；口能言，待官人然后诏。不视而见，不听而聪，不言而信，不虑而知，不动而功,告至备也。天子也者，势至重，形至佚，心至愈，志无所诎，形无所劳，尊无上矣。《诗》曰：'普天之下，莫非王土;率土之滨，莫非王臣。'此之谓也。"(《荀子·君子》)荀子对君主的推崇和羡慕之情，跃然纸上，且达到无以复加的地步。

如果说以上主要是就人主的政治权威和自主意志而言，下面则突出人主应当尽享荣华富贵、文明成果："知夫为人主上者不美不饰之不足以一民也，不富不厚之不足以管下也，不威不强之不足以禁暴胜悍也。故必将撞大钟、击鸣鼓、吹笙竽、弹琴瑟以塞其耳，必将雕琢刻镂、黼黻文章以塞其目，必将刍豢稻粱、五味芬芳以塞其口，然后众人徒、备官职、渐庆赏、严刑罚以戒其心。使天下生民之属，皆知己之所愿欲之举在是于也，故其赏行；皆知己之所畏恐之举在是于也，故其罚威。赏行罚威，则贤者可得而进也，不肖者可得而退也，能不能可得而官也。若是，则万物得宜，事变得应，上得天时，下得地利，中得人和，则财货浑浑如泉源，汸汸如河海，暴暴如丘山，不时焚烧，无所臧之，夫天下何患乎不足也？"（《荀子·富国》）

荀子如此隆君，不仅让君主拥有至高的权威，且尽享天下的富贵，即使他并非要为君主的骄奢淫逸制造理由，但既然君主及其王朝的一切开销，都来自百姓的赋税与劳役，君主带头铺张奢侈，岂不加重天下百姓的负担？他所谓使"生民之属"，"皆知己之所愿欲之举在是于"，"皆知己之所畏恐之举在是于"，不过是让君主以身示范，利用人性"趋利避害""恶贫贱爱富贵"的特点及弱点，引导民众遵礼守法，成为顺民；至于民众能否做到家给人足，却取决于包括君主能否轻徭薄赋在内的诸多条件，绝不是只要勤劳即可。诚然，荀子为天下人设计的上述价值导向，在他心目中一定不是权力的任性，而是文明的昭彰，然而，他作为汲取诸子百家的大儒，赋予君主无限的权力，却未想到从法律上切实保障百姓的权利，因而，他的理论也只能助长整个社会围绕世俗的功名利禄而明争暗斗。其"赏行""罚威",果然能使"贤者"进"不肖者"退吗？真正的贤者往往淡泊名利，而不肖者却趋炎附势，所以依老庄的观点，那结果恐怕也是恰好相反的。

为了维护君主的最高权威，荀子要求，臣子的一切言行都要有利于君；言行对君有利还是有害，这是区别良臣和贼子的标准。"从命而利君谓之顺，从命而不利君谓之谄；逆命而利君谓之忠，逆命而不利君谓之篡；不恤君之荣辱，不恤国之臧否，偷合苟容，以持禄养交而已耳，谓之国贼。"（《荀子·臣道》）

荀子还进一步要求："事圣君者，有听从，无谏争；事中君者，有谏争，无谄谀；事暴君者，有补削，无挢拂。"（《荀子·臣道》）如此"为臣之道"，较之孟子关于君臣关系的论述，应当说是退了一大步。当然，荀子所讲的为臣之道在于尊君，而尊君是为了推行礼义于天下，不是说君主可以为所欲为，谋一己之私利。

荀子也提出了"为君之道"，他说："君子者，治之原也。官人守数，君子养原，原清则流清，原浊而流浊。故上好礼义，尚贤使能，无贪利之心，则下亦将綦辞让、致忠信而谨于臣子矣。"（《荀子·君道》）荀子以君主为社会政治及治理的源头，提出"原清则流清，原浊而流浊"，显然是让君主负起绝大的责任，作全社会的表率。他告诫道："故有社稷者而不能爱民，不能利民，而求民之亲爱己，不可得也。民不亲不爱，而求其为己用，为己死，不可得也。民不为己用，不为己死，而求兵之劲，城之固，不可得也。兵不劲，城不固，而求敌之不至，不可得也。敌至而求无危削，不灭亡，不可得也。"（《荀子·君道》）荀子这番话，真可谓循循善诱、语重心长。荀子还借用古语强调：君主好比舟，民众好比水；水可载舟，亦可覆舟。君主虽然尊贵，道义又高于君主，君主若与道义相背离，臣民就应当"从道不从君"。对于桀、纣一类的君主，则人人可以得而诛之。

荀子关于"为君之道"的观点，原则上说，是他"明分使群"的社会观在政治上的最高体现，如其所言："君者何也？曰：能群也。能群也者何也？曰：善生养人者也，善班治人者也，善显设人者也，善藩饰人者也。善生养人者人亲之，善班治人者人安之，善显设人者人乐之，善藩饰人者人荣之。四统者俱而天下归之，夫是之谓能群。不能生养人者人不亲也，不能班治人者人不安也，不能显设人者人不乐也，不能藩饰人者人不荣也。四统者亡而天下去之，夫是之谓匹夫。故曰：道存则国存，道亡则国亡。"（《荀子·君道》）这段关于君主职责的话，也可以说是他基于儒家立场统一天下的设想。

荀子还认为，尊君固然要尊当世之君即所谓"时王"，更应尊崇历史上的"圣王"。"圣王"是"圣人"与"君主"的合一，是精通自然万物和社会原则、精通治国安邦和礼义法度的人。这样的人是天下人的最高标准,以这样的人为师表,学习他的法则,效法他的制度,才能成圣成王。

原则上,对历史上的圣王都应当加以尊崇,但先王时代久远,事迹简略,难以考订,不如近世的后王之迹粲然可鉴。王者之制、治国之道,不超过夏、商、周三代。治国之道超过三代谓之渺茫,具体法度与后王相悖谓之不正,所谓"天地始者,今日是也;百王之道,后王是也"(《荀子·不苟》)。

那些脱离现实、穿凿附会地谈论先王而舍弃后王的人,犹如背己之君而事人之君。这些人吹捧先王不过是为了欺世骗人混饭吃。只有那些懂得师法后王、总括礼义、统一制度,能够以浅持博、以今持古、以一持万,凭借礼义法度对一切都应付裕如的人,才是智慧而贤明的大儒。任用大儒,很快就能使国家安定,诸侯称臣,天下统一。

荀子上述"为臣"与"为君"的道理,特别是"从道不从君",以及"圣王""后王""大儒"的论说,讲得头头是道,有些类似柏拉图所主张的"哲学王"。然而,问题在于:第一,谁是"圣人"?谁有权力"判定"和"推举"圣人做一国之君主乃至天子?第二,如果说享有盛誉的当代"大儒"接近圣人,那么,大儒是直接做君主,还是做君主的师傅或首辅?第三,也是更重要的,如果说"道义高于君主",而又认为君主"至高至贵",这不矛盾吗?

君主处于最高的地位,所掌握的生杀大权实实在在,而"道义"只是软道理,荀子并未考虑以制度的形式给予体现和保障,则他所说的"道义高于君主",就只能是一理想化原则。如果说君主"一身二任",既是圣又是王,那臣工们更是"只能听从,不能谏争";即使事实上君主都难以做到君师合一,但君主以此自诩,即使是那些做了"帝王师"的大儒,看到君主的言行完全称不上明君,想到"从道不从君"的儒家教诲,欲犯颜直谏,却要冒掉脑袋的危险,甚至祸及九族,怕也要三思而行。我们知道,秦朝就有"谏议大夫"一职,后世也继承下来,虽然位阶不高,但可"讽朝政之得失,谏皇帝之功过",应当说发挥了一定作用,在某些朝代和某些君主那里,甚至发挥了重要作用,如魏徵之敢谏和李世民给予最大限度的容忍,还在历史上传为佳话。然而,这正表明其为难得一见的少数事例。除了宋朝有"不杀士大夫"之说,谏官们完全知道"伴君如伴虎"的道理,如谏议什么,以及谏议的结果,都要看皇帝之好恶和心情。后世的历史再再说明了这一点。

从一定意义上说,荀子主张的"法后王"属于"进步史观",或者说是依据历史变迁而改变治国方略的"现实主义"政治观。这种"唯现实是从"的政治观在商鞅那里表现得最为充分,如其所言:"圣人苟可以强国,不法其故;苟可以利民,不循其礼。"(《商君书·更法》)看来,说荀子引法入儒,的确有事实根据。但是,我们不能因为商鞅如此讲,就认定无道理,这里关涉着历史的变与不变,以及变法的目的与内容。商鞅重视的是历史变化甚至"断裂"的一面,所以他在与人辩论时以反问的语气,申明了自己变法的理据:"前世不同教,何古之法?帝王不相复,何礼之循?伏羲、神农教而不诛,黄帝、尧、舜诛而不怒,及至文、武,各当时而立法,因事而制礼。礼、法以时而定,制、令各顺其宜,兵甲器备各便其用。臣故曰:'治世不一道,便国不必法古。'汤、武之王也,不循古而兴;殷、夏之灭也,不易礼而亡。然则反古者未必可非,循礼者未足多是也。"(《商君书·更法》)然而,这毕竟只是基于"变(更)"的视角看问题,看到的只是历史变化的一面,至于"变中的不变"或"变化之道",都被他忽略了。而荀子虽然主张"法后王",却是由于先王之道彰显于后王,因而绝未否定儒家的"一以贯之之道"。这就与商鞅等法家有了原则性区别。

隆礼、重法、崇圣、尊君、尚贤使能、法后王、统礼义、一制度,这些构成《荀子》一书外王事功路线的基本要素,乃至行动路线,是荀子统一天下的法宝。从某种意义上说,一千八百多年之后问世的霍布斯《利维坦》,是《荀子》一书政治思想特别是为拥有无限权力的君主制设计的英国版。二者根本性的差异在于,西方有自然法和个人主义的思想文化传统,霍布斯所推崇的君主的无限权力,只能来自所有人天赋人权的让渡，也就是说，君主权力的来源既非上帝，亦非他自身的威望与超常能力，而是所有的个体；而荀子让君主处于至高地位，拥有无限权力，却是依据圣王的传说和政治与武力在社会现实中越来越突显的支配性作用，因而，他对现实的政治趋势认同有余，而思想的想象力和批判性都不足。

4. "重本""裕民""富国"的经济论

古汉语的"经济"一词，不同于今人所说的农业经济或商品经济的概念，而包括经济、政治乃至杰出人物的抱负情怀在内，有"经世济民"和"经天纬地"两大含义。我们这里主要从经济学意义上来看荀子的经济思想。经济是人类及其社会赖以存在的基础，经济活动是人类及其社会最基本的活动。欲使民富国强，就要大力发展经济。但由于古代的经济活动特别是农业经济活动，必须依赖自然地理条件，借助风调雨顺，并且以家庭为本位来展开，因而既要考虑人们的需要、工具、技术与劳动分工，还要关注这种经济活动方式与伦理道德、政治制度之间直接或间接的关系。荀子为了实现建立大一统封建强国的目标，高度重视经济活动亦即农业生产以及工商活动。他关于经济的大量论述，成为《荀子》一书的重要内容。

（1）经济"欲求"论

人类为什么要有经济活动？为什么必须高度重视经济，研究经济问题？从根本上说，这是因为人作为生物，天生就有对物质资料的需求，并且这一需求在人类的社会活动中还不断扩展，成为不断变化和提升的社会历史需要并表现为物质利益。

荀子认为，人生下来都有自然生理的欲求，饥而欲食，寒而欲暖，劳而欲息，这在君子和小人那里都是一样的。由于意识的渗透与社会的影响，人的这种欲求还从生理性的发展成社会性的，有了追求名利、贪图享乐，甚至无限扩张的特点：目好美色，耳好声乐，口好重味，心好安逸；食要有细粮和肉，衣要有文彩，行要有车马，居要有宫室，财富占有得越多越好，甚至人人都想像天子那样地尊贵和富有。

然而，要满足每个人这种几乎是无限的欲求又是不可能的，所以就要通过礼义法度给予一定的区分和限制。而从长远来看，还是要发展生产，使人们的欲求和满足欲求的物资相对平衡，既不要让物资被人们的欲求所耗尽，也不要使人们的欲求因为物资缺少而得不到满足。

（2）"重本""强本"的农业经济论

荀子与当时的多数学者一样，也认为就经济而言，农业生产和与之相结合的家庭手工业是"本",因为这解决的是人生吃穿住的基本问题;工商业虽然不是无关紧要的"末",但重要性只能排在农业之后,排在第二位。

农业生产须放在第一位。加强农业生产又节约各种费用,大自然就不会使人陷入贫穷。如其所言:"今是土之生五谷也,人善治之则亩数盆,一岁而再获之,然后瓜桃枣李一本数以盆鼓,然后荤菜百疏以泽量,然后六畜禽兽一而剸车,鼋鼍、鱼鳖、鳅鳣以时别,一而成群,然后飞鸟凫雁若烟海,然后昆虫万物生其间,可以相食养者不可胜数也。夫天地之生万物也,固有余足以食人矣;麻葛、茧丝、鸟兽之羽毛齿革也,固有余足以衣人矣。"(《荀子·富国》)总之,自然界的植物与动物所在多有,加上人们的种植与饲养,足够满足人们的生活之需。而事情的关键在于人们要勤劳并善于生产,还要有相应的措施来保障农业生产的发展。

例如,兴修水利、保护山林、因时因地制宜地开展生产活动,就是十分重要的。草木正在生长时切不可进山乱砍滥伐,鱼虾繁殖时切不可下湖乱捕乱捞。只有保证草木繁荣,鱼虾生长,人们才能得到成倍的收获。春耕、夏耘、秋收、冬藏,注意时令,不违农时,农业生产才能正常发展,人们的吃穿问题才能解决。这就是按照农业生产的规律办事。

加强农业,不是不要工商业。

有工匠制造各种工具、器皿,才能使人们有高质量的生产资料,才能满足人们的各种生活需要。就是"雕文刻镂""锦绣綦组"等奢侈品的生产,也有使贵贱有别,使人们重视礼义、崇尚文明、赏心悦目的作用,不可废止。

商业更为重要。有商业,货物才能流通,才能将各个地区的人们连为一体。北方出产的良马好狗,中原地区可以得来畜养使用;南方出产的羽毛、象牙、犀牛皮、铜精和丹砂,中原地区可得来加工成有用的东西;东方出产的麻布、鱼和盐,中原地区可得来作衣食;西方出产的皮革和牦牛尾,中原地区可得来制作用品。

通过商业活动,住在不同地区、从事不同职业的人,他们的需要都可以得到满足。住在水边的人,可以买到大量木材使用;住在山里的人,可以买到足够的鱼吃;农民不做木工活,不做铁器、陶器,也可以得到器械用;工匠、商人不种田,也可以买到足够的粮食吃。总之,有了商业,就能使地之所承载、天之所覆盖的所有物品,通过交换而为人们所利用。萧公权指出,荀子"发孟子所未道者,当以其流通财物之说为最著。荀子设为经济合作之理想,欲令天下之物产,以有易无,互相供给。故'泽人足乎木,山人足乎鱼。农夫不斫削不陶冶而足乎械用,工贾不耕田而足乎菽粟'。于是'四海之内若一家',百姓皆得养而安乐。吾人更当注意，荀子对人性虽悲观，而对经济生活则乐观。荀子相信裕民之政策可使物质生产作无限度之增加，故富国之关键不在减低要求而在扩张供给。……荀子于此所持之观点颇有与近代西人相似之处"（《中国现代学术经典　萧公权卷》，河北教育出版社1999年版，第90—91页）。

在荀子看来，工商业虽然有上述重要作用，但其一，直接满足人们吃穿住的物品来自大地，来自农业生产；其二，工商业的原材料也来自大地，包括动植物，还有盐土、沙石等等，所以也离不开农业生产，因而工商业不是"本"。所以从事工商业的人不能太多，工商业活动不能超过农业生产活动。否则，国家就将陷入贫困。

（3）"民富"才能"国富"的经济观点

荀子认为，治国者节省用度，让百姓家给人足、生活富裕，并把多余的物资妥善地储藏起来，这是使国家富足的途径。

人民富足了，就能把田地管理好，把农业经营好，粮食就能成倍增加。官吏依法征收赋税，不违法搜刮；人民都按礼法规定节约用度，开支与收入相称，这样就会使社会财富增加起来。

不仅如此，要使人民富裕，还要有好的政策。减轻田地的赋税，公平地征收集市的税收，减少商人的数量，少兴劳役,不夺农时,开发好农业生产这个财货的本原,保护好农业的自然资源,节约国家和各级官府的开支,这就叫用政事使人民富裕。这也是安抚民心、使人民安居乐业的好办法。

人民富裕了,国家才能富裕,这是一个很重要的道理。之所以如此,是因为农业是财富之本,"垣窌仓廪"是财富之末;百姓从事农业生产是财富之源,按等差纳税入库是财富之流。

人民努力生产,生活富裕,有了积蓄,才有力量、有兴趣投入生产,把田地管好、庄稼种好,粮食就能成倍成倍地增长。国家和官府才能征收更多的赋税,储藏更多的财物,使仓廪实、府库满。

如果反其道而行之,只管征收赋税,不管田地荒芜;只管国库充实,不管百姓贫困:就会使财富的源泉枯竭,国家到头来就会陷入困境。这种舍本逐末、断源求流的做法,是英明的君主所不为的。所以说:"下贫则上贫,下富则上富。"(《荀子·富国》)国家和人民"上下俱富"了,百姓就会拥戴君主,君主就能够实现结束诸侯纷争、统一天下的宏图大志。

由此,亦可以得出这样的结论:君子首先看重的是"义",小人首先看重的是"利"。君主和官员只有先义而后利才能得到利和荣耀,先利而后义不仅得不到利反而会受到屈辱；君子凭借的是"德"，小人凭借的是"力"，力不能胜过德，德却要役使力。这就是目光长远的经济利益观。

所以在荀子那里，经济发展之道，正是他的治国之道——"礼义法度"——的体现。

5. "禁暴除害""以德兼人"的军事论

春秋战国是一个战争不断、军功显赫的时代。荀子生在战国末期，以民富国强、一统天下为志向；"兵"，这一对内可保家卫国、对外可攻城略地的利器，便自然进入荀子的视野。荀子对当时齐、楚、秦、赵诸国的军事，进行过详细的考察和认真的研究总结，所以荀子对战争、军事的论述，便构成《荀子》一书的重要内容，并与孔孟之"不言兵"区别开来。

（1）兴"仁人之兵"在于"禁暴除害"

儒家主张仁者爱人，如何看待兴兵打仗呢？

在荀子看来，儒家并不一概反对兴兵打仗。因为仁者爱人，爱人所以憎恶害人之人、之事；义者循理，循理所以憎恶乱国之人、之事。兴兵打仗，就是为了禁绝强暴，灭除害人，而不是为了争城夺地。这就是兴兵打仗的目的。

能够达到这个目的的军队必然是"仁人之兵"。仁人之兵是行仁政的君王统率的,体现的是王者的志向而不是霸者的志向,崇尚的是仁义而不是武力。

仁人之兵上下一心,全军同力,臣子对君主、下级对上级,就像儿子侍奉父亲、弟弟侍奉哥哥一样,就像用手臂保护头和胸一样,所以仁人之兵不可能行欺诈,也不必凭借有利的形势。重视权术计谋和有利形势是诸侯国使用的方法,是仁人之兵所不屑于采用的。

仁人的军队就像宝剑镆铘一样锋利,无论谁与之为敌都会被摧毁。行军打仗所向披靡,安营扎寨坚如磐石,这就是仁人的军队。仁人的军队驻守的地方能实现大治,所经过的地方人民都能受到教化。

且看当年尧讨伐驩兜,舜讨伐有苗,禹讨伐共工,汤讨伐夏桀,文王讨伐崇国,武王讨伐纣王,都是用仁义之师通行于天下的。军队用不着流血打仗,远近的人都来归附。可见,仁人之兵行仁义,人民便拥护欢迎。至于残暴的君主多行不义,天怨人怒,谁会帮助他打仗呢?暴君的军队遇上仁人之兵,必然一触即溃。即使是小国,只要行仁义,修礼法,举国统一,上下一心,也足以保持独立,足以抗击强暴的大国。

(2)行"礼义之道"就要"以德兼人"

仁人之兵的根本在于礼义之道。推行礼义于天下,就会赢得人民的拥护、归附，这就叫"以德兼人"。

所以，兵力强大不一定胜利在握，高城深池不一定牢不可破，政令严厉、刑罚繁多不一定威震四方，只有遵循礼义之道才能稳操胜券、通行天下。礼义之道既是治国的大政方针，也是军队的政治和军事路线。

行礼义之道，人民就会齐心，民众就会归附。"民齐者强，民不齐者弱"，"爱民者强，不爱民者弱"。(《荀子·议兵》)善于获得人民的拥护，这是治军用兵的要领。而能否搞好军队和人民的关系，根本在于是否行礼义之道。

正因为如此，用兵打仗以禁暴除害，就不是"以力兼人"或"以富兼人"，而是"以德兼人"。仁人之兵行仁义，名声好，德行美，人民就会心悦诚服前来归顺。这样，仁人之兵就会更加强盛，敌人众叛亲离，就会很快土崩瓦解。如此，战胜敌人、扩大版图、统一天下的目的就可以达到了。

（3）军队的特殊要求与活动准则

当然，军队作为一个特殊的战斗组织，它还有自己特殊的要求，可以概括为以下三个方面：

首先，军队必须纪律严明、集中统一。军队必须实行严格的法令，这样才能威武雄壮；必须有严明的赏罚，这样才能体现出公平信义。作战时，大将至死不能中断指挥，驾驭兵车的人至死不能丢掉缰绳，各级官员都要死守各自的战斗岗位，士大夫至死不能离开士卒的行列。

统一指挥，令行禁止，立功受赏，违令受罚。这样的军队才会有强大的战斗力。同时，军队作战时还要遵守不杀俘虏、不糟蹋庄稼、不擒拿放下武器的敌人、顽抗者不赦等军事纪律和规定。

其次，军队要特别注意任用统帅和选拔将才。作为大将，要具备智、行、事三方面的才能。智慧一定要过人，一定要达到决疑胜算的要求；行动不能发生过错，保证军事活动胜利完成；做事要坚决果断，不能犹豫反悔。将领还须掌握"六术""五权""三至""五无圹"的原则。

"六术"即战争中的六项战术：军队中的各种制度命令要严厉而有威望；奖赏刑罚要坚决而讲信用；修筑营垒收藏财物要坚固而周密；军队的转移进退要安全而迅速；侦察敌情要秘密而深入，并要反复分析和验证；与敌人决战时，要按照自己了解清楚的情况去行动，不要没有把握地盲动。

"五权"即五种应当权衡的情况：不要只想到保住自己的将帅地位而唯恐失掉它；不要急于求胜而忘记了失败的可能性；不要只重视内部政令威严而轻视外敌；不要只看到有利的一面而忽视有害的一面；考虑事情要深思远虑，奖赏财物不要吝啬。

"三至"即三项最高原则：宁可被杀也不能使防守的

地方不完备；宁可被杀也不可让军队去打不能取胜的仗；宁可被杀也不能使军队去欺骗百姓。这三项最高原则也就是将领自主决断、不接受君命的"三不受命"。

"五无圹"即五种事情不可松懈疏忽：谋略成事、进行战争、对待下属官吏、对待士兵、对待敌人都要慎重从事，不能疏忽大意。

能够做到以上这些要求，就可以做大将，统帅军队而用兵如神了。

（4）作战计谋务必合乎实际

在进行谋略和战事时，不能凭主观愿望，而必须从客观情况出发制订切合实际的作战计划。

为此，就要重视调查研究，注意分析和掌握战事的规律。符合实际的计谋胜过主观意愿就会顺利，主观意愿压倒合乎实际的计谋就要遭殃。聪明的将领是不会采用想当然而无把握的作战计谋的，不会无视实际情况单凭主观愿望指挥战争的；与敌军作战时，也必须按照已经判明和掌握的情况行事，而决不可情况若明若暗、心中将信将疑就贸然指挥作战。

要在作战之前做到知己知彼，关键在于战前对敌情的侦察了解。为此，战前须派出少量侦察人员潜入敌人之中，探明敌情。获得情报后要认真地加以分析和比较，从中得出正确的判断和结论,这样打起仗来才能心中有数,稳操胜券。

在整个作战过程中,将领都要"慎终如始,终始如一"(《荀子·议兵》),时刻不放松对情况的研究和分析,及时掌握战局的发展变化。取得成功切不可骄傲,更不能因急于求胜而忘记了失败的可能,只看到有利的一面而不顾及有害的一面。

还要切记,"兼并"易而"坚凝"难,即攻取易而巩固胜利成果难。以"力"或许能兼并别国,要坚凝,就只有靠"德"靠"仁义"了。秦国兼并别国的土地而又唯恐被别国所夺走,正说明它不是"以德兼人",而是缺少仁义。

政治路线与军事路线、军事路线与战略战术的一致,构成了荀子不同于兵家之就"兵"言"兵",而是以政治论兵事、以道御器、以德率力的富有远见的军事战争思想。这填补了儒学一大空白,其影响甚至远及现代的军事和战争。

6. "大积靡"以成就"君子"的人才教育观

富国强兵、统一天下要靠人才。有了大量既贤且能的人才,政治、经济、军事等各种社会活动才会有合适的人选来领导、来从事。既贤且能的人才是长期教育培养的结果,荀子对此有深切的认识。于是,在《荀子》一书中,我们便可以读到他对人才和教育的大量的精当论述，并从中体会到他的具有时代特色的人才观、教育观。

（1）人才是"人主之宝""王霸之佐"

人才问题关系到治国安邦、平定天下，君主不可不给予高度的关注和认真的考虑。

一个国家有了好的政治制度，又有贤能的人才来辅佐，这个国家就能治理好；与制度相比，人才更为重要。历史上有法制良好国家却混乱的例子，没有君子理政国家混乱的例子。

所以，对于治理国家的君主来说，实行什么样的政治制度固然重要，而尤为关键的，则在于能否做到对人才的"尚贤使能"。

首先，能否选择德才兼备的人任宰相，至关重要。这是因为宰相掌管着国家的大政方针。周文王访贤求才，访得姜尚为相，结果灭纣兴周；齐桓公不计前嫌，任用管仲为相，结果使齐国成就霸业。而吴国有伍子胥这样的人才却排斥他，反而信用太宰伯嚭，结果吴国为越国所灭。历史从正反两方面说明了宰相人选的重要性。

其次，能否大量地任用贤能之人做官理政，亦不容忽视。一个国家的政治法度是否清明，风俗民情是否朴实，主要在于是否有德才兼优的人制定和执行好的政策法令，尊崇和推广礼义。如果卿相士大夫都是由有道德、有才华的人来充任的，那么，国家就一定会兴旺发达。

要言之，人才是君主的法宝、霸之业的辅佐，对他们一定要做到尚贤使能、量才录用。

（2）贤能的人是教育的结果

人才并不是天生的，而是普通人经过后天长期的学习、修养而陶冶、造就出来的。人才陶冶、造就的过程，也就是培养教育的过程。

教育的必要性，源自人性之恶，只有通过教育才能使人变恶为善。如果人不受贤师的教导，不学习礼法，那么他天性聪明就会成为窃贼，天性勇敢就会成为强盗，有才能就一定作乱，有明察就一定会发奇谈怪论，善于言辞就一定会诡辩。如果人有贤师的教导，又学习礼法，那么他有智慧就会很快通达，有勇就会很快树立威风，有才能就会有成就，有明察就能懂事理，善于辩论就能作出正确的判断。

犹如弯曲的木头一定要待人工的矫正才能挺直，锈钝的刀剑一定要磨砺之后才能锋利，所以，培养人才，重在教育。教育就是改造人本性的恶而兴起人为的善，就是以善来教导、引导人走上正道。

那么，凭借什么来进行教育呢？凭借《诗》《书》《礼》

《乐》《春秋》等儒家经典。

《书》是记载上古政事的文件汇编;《诗》是收集了符合乐章标准的诗歌;《乐》能培养和谐一致的感情;《春秋》微言大义,包含着深刻的道理;《礼》是确定法律的总纲,是以法类推的各种条例的纲要。

《书》《诗》的学习是教育的始点,《礼》的学习则是教育的终点。学习达到礼,且真正地符合了礼的要求,一个人就具备了最高的道德。但是,只靠学习经典还不够,经典并非教育的唯一内容,仿效良师益友,就是简便而可行的学习途径。

教育是老师、师傅所从事的事业,因此,重视教育就要尊崇老师、师傅。"国将兴,必贵师而重傅,贵师而重傅则法度存。国将衰,必贱师而轻傅,贱师而轻傅则人有快(指放肆),人有快则法度坏。"(《荀子·大略》)兹事体大,不可等闲视之。

(3)教育是"大积靡"的过程

教育的过程体现为受教育者的学习和修养。学习和修养都有一整套的方法和途径,如果用一句话来概括,就是"大积靡",亦即长期的文化知识积累和身心两方面的磨炼。

先说学习。学习要广博,内容包括儒家的经典、良师益友的言谈举止和一切有用的知识,诸如政治、经济、军事、文艺、自然、逻辑等等，凡于国于民于己有利的，都在学习之列。

学习时则应安静、虚心，以求专一不二，这样，才能学懂，学深，学一点得一点。学习的过程则应当由浅入深，循序渐进，先学习那些容易理解和掌握的浅近的知识和道理，然后学习那些意义重大、意旨深远的知识和道理。这就要求学习务必持之以恒，长期积累。

积土成山，积水成渊，积善成德，积跬步至千里。只有坚持不懈、一心一意地在学习的道路上攀登，才能最终成为具有真才实学的君子。

君子有了真才实学，目的在于身体力行，"君子之学也，入乎耳，著乎心，布乎四体，形乎动静。端而言，蝡而动，一可以为法则。小人之学也，入乎耳，出乎口，口耳之间则四寸耳，曷足以美七尺之躯哉！"(《荀子·劝学》)，因此，在学习上一定要反对华而不实的学风。

君子学习是为了提高自己，小人学习是为了给别人看。君子努力学习，只求自己身心修美；小人学了一点东西就到处卖弄，讨人欢喜，真是可鄙又可笑。要倡导"君子之学"，取消"小人之学"。

再说修养。修养主要指人的品德性情的修炼。学习和修养是统一的，因为学习是为了让人们成为有真才实学的君子，而君子无一不是有良好品行的人；作为学习内容的经典，也是人们进行品行培育的教材。学习和修养，还都需要老师的教化和引导。但修养又自有其特点，因为修养主要是从品行上修身养性。

修养的基本途径和方法是"治气""养心"。治气是调理气血、性情，养心是培养正确的思想、意念。人如果气血刚强，则用心平气和加以改变；如果思虑深沉而不明朗，则用坦率忠直给予要求；如果勇毅凶猛，则相应地给予疏导；如果行动浮躁莽撞，则予以恰当的节制；如果气量狭小，就拓宽他的胸怀；如情趣卑下，就激发他的志向；如才能低下散漫，就用良师益友变化改造他；如自暴自弃，就让他明白后果；如愚昧混沌，就用礼乐和思考开通他的心窍。

"治气""养心"，最直接的途径是按照礼去做，最关键的是得到好的老师，最能发生神妙作用的是专心一志，最为重要的是长期的积累和磨炼。

（4）培养"君子"是教育的目的

把人们都培养成儒家的君子，这是教育的目的和实质。

君子的培养，既包括各种知识的学习，更包括意志的锤炼、品德的修养、性情的陶冶和人格的塑造。

君子并不一定什么都懂、什么都会，但君子知道学识不全面、不纯粹是不足以称为完美的。所以，总是反复学习以求达到前后联系，用心思考以求达到融会贯通，效法良师益友身体力行，除掉有害的东西而培养有益的学识、品行。

君子"志意修则骄富贵，道义重则轻王公，内省而外物轻矣"（《荀子·修身》），故君子支配外物而小人则受外物的支配。君子力行恭敬而心存忠顺，遵循礼义而性情仁爱，他走遍天下，即使得不到重用而困处于山野及边远之地，也会得到人们的敬重。具体而言，"大儒"和"雅儒"就是这样的君子。大儒和雅儒都是遵循礼义、熟悉法制、掌握治国之道且具有远大抱负和坚定意志的儒家君子。他们是治国安邦的最佳人选。

除大儒和雅儒之外，具有较广博的知识，又能遵循礼法、切实肯干的一般知识分子，称为"法士"。法士是接近于达到君子人格的人才。

而另有一些只有一知半解的知识，招摇撞骗以求混口饭吃的所谓"儒"，不过是"俗儒""陋儒"。这些"俗儒""陋儒"距真正的儒者甚远，对他们应加以贬退。

总之，只有达到君子的标准才是人的最高境界。天地生养君子，君子治理天地。君子与天、地并列为三，最可宝贵。而君子是人们长期学习、修养的结果，亦即教育的结果，可见教育是多么地重要。

《荀子》中的这些论述，至今犹能给人以极为重要的启迪和教益，值得我们认真地领会和实践。

7. "节人之欲""饰人之情"的文艺观

众所周知,由于西周的"礼乐"制度为中国古代的礼仪文化和音乐艺术提供了保障,奠定了基础,中国古代的文化和艺术在整个周王朝几乎都呈现出发展和繁荣的态势,并形成了重视社会规范和人文教化的特点,儒家学者也更看重这一点。因而,我们这里虽然采用了"文艺"一词,但它并不是我们狭义的文艺,应作广义的理解,它与礼义一致,与礼仪相通,是人文教化的重要内容,也是君子美德的象征和表现。文艺因而是社会生活的一个重要组成部分,在社会生活中发挥着独特的作用。由此,文艺便成为《荀子》一书以浓墨重彩描述的一个重要对象,并且从一个方面展示出荀子的人文价值观,亦即其文明和文化观。

(1)"乐者","人情之所必不免也"

文艺有很多形式,如音乐、诗歌、舞蹈、绘画、雕塑等,并且表现在社会生活的各个方面,如从各种仪式、服饰、车马、饮食、居室等活动和事物中,都不难发现文艺的因素。那么,人们的社会生活为何离不开文艺?文艺又缘何而起呢?

试以音乐、舞蹈为例来说明。

音乐、舞蹈是人们感情的流露、表达,是人天生的性情所不可缺少的。人有快乐的感情,就一定会流露于声音中，表现在行动上，而做人的一些基本道理和声音、动静、思想、情感的变化，都表现在音乐、舞蹈之中。

音乐缘起于并表达着人的感情，也最能影响、陶冶人的感情。音乐对人的影响很深，改变人的感情很快，人人都喜闻，并且不知不觉便陶醉于其中。如果人有好恶，情感却不能以正确的形式加以表达而乱说乱动，陷入混乱，人类就没有什么文明可言了。

（2）"乐中平则民和而不流"

人天生的感情并不是善的，音乐要影响、陶冶人的感情，它本身就必须与礼义一致，合乎中道，这样才能辅助教化，使人向善，起到移风易俗、亲和百姓、安定社会的作用。

先王憎恶混乱的局面，所以制作雅乐和颂乐给予引导，使乐声完全能够表达喜乐的情感却不淫乱，使乐章完全能够显示乐曲的含义却不邪僻，使乐声既回旋曲折又清晰饱满、节奏得当，足以感动人的善良之心，使那些淫邪污浊之气无法接触到人的善良之心。这就是先王设置音乐的原则。

可见，乐和礼是相配合、相一致的。乐和礼的总体，管束着人的全部思想感情：从根本上改变人的性情，是音乐的本质；表现真诚，去掉虚伪，是礼的原则。

乐声中正平和，人民就和顺而不淫乱；乐声严肃庄重，人民就团结一致。在宗庙里，君臣上下一起聆听音乐，相互之间就会和睦相敬；在家庭里，父子兄弟一起聆听音乐，相互之间就会和睦亲爱；在乡里同族中，长者和少年一起聆听音乐，相互之间就会和睦顺从。

音乐足以统率人们为人处世的基本原则，足以调整人们各种思想感情的变化。由于雅乐、颂乐舒畅宽广、慷慨激昂，能够激励斗志，协调情感，所以还适于军队的操练和征伐。

总之，音乐对内是为了礼让，对外是为了鼓舞士气、征伐杀敌。对内礼让，人们就会服从；对外征伐杀敌，人们就会勇气倍增。这样，音乐就完全能够使天下人的行动整齐统一，音乐就成为使人的性情完全符合礼法要求的总纲。

（3）"乐者"，"美善相乐"也

强调音乐和礼义一致，用和礼义一致的音乐来影响、陶冶人的性情，从消极的意义上讲叫作"节人之欲"，即节制、规范人的欲望、私欲；从积极的意义上讲叫作"饰人之情"，即修饰、美化人的感情。

音乐是快乐情感的表现，君子快乐是因为道德修养得到了提高，小人快乐是因为个人私欲得到了满足。用道德修养来控制私欲，那么就不会产生混乱；只顾满足私欲而忘掉了道德修养，那么就会迷惑而不快乐。所以音乐既能培育德行又能引导感情。

君子用钟鼓引导志向，用琴瑟陶冶性情，用盾牌、斧头起舞，用野鸡翎和牦牛尾做装饰，用箫和管伴奏，于是，乐声像天空一样明朗，像大地一样宽广，一俯一仰一旋一转像春夏秋冬四季一样有规律地变化。这样，音乐流行而志向纯洁，礼仪完美而德行无缺，人民就会快乐，天下就会和谐。

为此，就要禁止"淫声""邪音"。淫声、邪音有"三乱"。

一曰乱民。妖冶的打扮，郑、卫两国的民乐，会使人心颓废、淫荡。

二曰乱俗。奸声邪音会助长歪风邪气，一旦形成风气就会败坏社会风俗，造成父子兄弟"不和亲"，乡里邻居"不和顺"。

三曰乱国。乐声妖艳邪僻，人民就会放纵散漫、卑鄙下贱。放纵散漫就混乱，卑鄙下贱就争斗。混乱又争斗，国家的兵力就衰弱，城池就不坚固，敌国就会趁机来进犯。礼乐废而邪音兴，是国家遭受耻辱、陷入危亡的重要原因。

因此，奇装异服、男扮女装、内容邪恶而辞藻华丽的文章，与淫邪之音一样，都是乱世的象征，都应加以反对、取缔。

荀子的这些观点，在当时有反对权势者奢靡之风的针对性和正面的意义，但也反映出儒家"礼"教强行把世人的言行纳入一个威权系统的"教化—规训"双重性，其作用与影响可谓利弊参半。

（4）文艺要体现等差

为了推崇礼义，分别等级，使人们知道善美之所在、富贵之所存，从而有所追求、趋赴，还应当使文艺恰当而充分地体现在社会生活的各个方面。衣冠、居室、车马以及婚丧嫁娶，其装饰、色彩、纹理，皆应体现出等差。

君主是德最高、威最重、权最大的人，所以必须用最好最美的装饰、色样来表现他，用最美好的语言、声音来歌颂他，从而显示君主"不富不厚之不足以管下"，"不威不强之不足以禁暴胜悍"，"不美不饰之不足以一民"。因此，天子穿红色的龙袍，戴礼帽；诸侯穿黑色的龙袍，戴礼帽；大夫则穿戴次一等的衣帽；士戴白鹿皮的帽子，着便装。

天子乘坐的车子也要十分讲究：车前有一根雕绘花纹的横木，用来满足天子的目欲；车身插的龙旗有九条彩带，用来树立天子的神威；车轮上画有卧着的犀牛和蹲着的老虎，车子的门窗挂着丝织的帘子，车耳上画着金色的蛟龙，这些用来显示天子的威严。

至于让天子穿华丽的衣服，吃美味佳肴，乘宝贵的车马,使用丰厚的财物,统治整个天下,并不是要制造荒淫和骄横,只是为了推崇礼义,治理天下。

撞钟、敲鼓、吹笙、弹琴,人民就会感到乐声悦耳;用雕金琢玉的器具,穿锦绣华美的衣服,人民就会感到色彩悦目;吃用肉类细粮做成的食品,人民就会感到爽口;置仆从,设官职,重奖赏,严刑罚,人民就会知道自己所希望和自己所畏惧的东西了,因此就有了追求的方向和禁忌的对象。这样一来,人们都知道抑恶向善,天下不就治理得井然有序而且越来越发达富强了吗?

而如果像墨子提倡的那样,节俭衣食,刻苦生活,减少仆从,削减官职,废除礼乐,摒弃繁华,谁还会感到礼义的崇高、君主的尊贵、生活的幸福?人们没有希望,没有追求,辛苦度日,社会不就要倒退,国家不就要瓦解吗?

荀子的上述观点,站在统治集团立场或基于政治主宰一切的观念,固然有其道理,但是,如果立足民众且真正贯彻儒家道统思想,那就需要批判地看待了。

(5)为诗为文"务白其志义"

与礼乐一致、美善相乐的音乐观相同,荀子对诗与文的看法,也是从属于他的政治路线的。

荀子认为,"《诗》者,中声之所止也"(《荀子·劝学》),亦即同《诗经》所搜集的诗歌那样是符合乐章标准——中和之声的；并认为："《诗》言是，其志也；《书》言是，其事也；《礼》言是，其行也；《乐》言是，其和也；《春秋》言是，其微也。故'风'之所以为不逐者，取是以节之也；'小雅'之所以为'小雅'者，取是而文之也；'大雅'之所以为'大雅'者，取是而光之也；'颂'之所以为至者，取是而通之也：天下之道毕是矣。"（《荀子·儒效》）意思是说，《诗经》所言其是，乃圣人的志向；《书》所言其是，乃圣人的政事；《礼》所言其是，乃圣人的行为；《乐》所言其是，乃圣人的和谐；《春秋》所言其是，乃圣人的微言大义。所以，"风"之非放荡的作品，因为选取的诗篇有节制；"小雅"之所以为小雅，因为选取的诗篇有文采；"大雅"之所以为大雅，因为选取的诗篇可以光大之；"颂"之所以达到极致，因为选取的诗篇以道贯之：天下的正道全都在这里了。

说到文章，荀子进一步认为："彼正其名，当其辞，以务白其志义者也。"（《荀子·正名》）即认为文章要用正确的词语、恰当的字句，力求说明白自己的思想。至于文章的内容，则正如诗歌一样，要合乎道，以圣人的言行及其经典为准绳。

对于文学，荀子则以"玉之于琢磨"类比，意即要经过琢磨才能成器，经过锤炼才能成文。荀子还以和氏璧为例说明这个道理。

文章如此，人也如此。荀子假借孔子之口说道："夫玉者，君子比德焉。温润而泽，仁也；栗而理，知也；坚刚而不屈，义也；廉而不刿，行也；折而不桡，勇也；瑕适并见，情也；扣之，其声清扬而远闻，其止辍然，辞也。故虽有珉之雕雕，不若玉之章章。"（《荀子·法行》）意思是说，君子以玉比喻美好的品德，玉柔润而有光泽，好比君子的仁；坚实而有纹理，好比君子的智慧；刚毅而不萎靡，好比君子的义；有棱角但不伤人，好比君子的品行；可折而不可弯，好比君子的勇；瑕疵和美丽互见，好比君子的性情；敲击它，声音清脆悠扬，传播辽远，不敲击它，声音戛然而止，好比君子的言辞。所以在似玉的美石上雕琢花饰，还是比不上玉的本来光洁。

君子不仅以玉比德，还以"水"比喻君子所应具备的"德""义""道""勇""法""正""察""善化""志"（《荀子·宥坐》），并且君子认为"不全不粹之不足以为美"，而一旦达到"全""粹"之美，则"天见其明，地见其光"。（《荀子·劝学》）

总之，荀子的文艺观与他的政治观、道德观是内在地统一的，他的文艺美学思想尤其体现了他关于君子人格的主体观。

8. "意物""征知""解蔽"的认识论

人们对于自然、人生、社会、国家、政治、经济、军事、教育及文艺的一切观点、看法,都属于广义的认识范畴,都是人们对于包括自身活动及相互关系在内的社会和自然现象观察和认识的结果。人们能否认识自己生存于其中的世界,能否对世界形成正确而全面的了解,《荀子》对此进行了肯定的回答。严格说来,中国古代的思想与西方古代的思想,既有接近之处,又有显著的区别。如中西两方的古人都有对人类认识(包括感性与理性)现象的反思,都没有形成独立的认识论,认识论往往混淆在本体论中;中国没有西方近代那种自我证成的认识论。《荀子》一书对于人们如何才能解除来自主观和客观两方面的遮蔽、蔽塞,达到没有错误和偏见的正确而全面的认识,以及认识的目的和归宿,都有较系统的论说,因而,既关乎本体性的"道",也关乎人们的行动和生活,也可以称之为古代的"广义认识论"。

(1) "天官意物"和"心有征知"

人之所以能够认识事物,这是由人和物两方面的性质与特点所决定的。

人有气有生有知而且有义,是普天之下进化程度最高的生物。人天生富有能够认识事物的本性,而物则能够被人所认识,这是物自身所具有的道理。人有主观认识能力,物有能够被认识的道理,所以,人的主观认识能力与客观事物相接触,就会发生认识,形成知识。

具体地说,人的认识源自感觉经验,而人的感觉经验又起于人的感觉器官与客观事物的接触。自然的变化成就了人的形体,人的形体具备了,人的精神活动就会产生。人的形体包括人的耳、目、鼻、口、身五官。五官各有不同的感触外物的能力,彼此不能取代。

黑白、美丑、大小等色和形的差异,眼睛可以分辨;声音的清晰与混杂、和谐与不和谐,耳朵可以分辨;甘苦、咸淡、辛酸以及各种特殊的味道,口舌可以分辨;芬芳的与腥臊的气味,鼻子可以分辨;热冷、滑涩、轻重、痛痒,身体可以分辨。人的五官接触外界事物,直截了当地产生出不同的感觉,形成关于事物的感觉印象,这叫作"天官意物"。

人不仅有"天官",还有"天君"。喜、怒、哀、乐、爱、恶、真情、假意、欲望等,则要靠心来分别加以把握,这叫作"心有征知"。"征知",就是心对由五官得到的各种感觉材料进行辨析、整理、验证。

没有感官形成感觉材料,心就无从征知;感官形成感觉材料而没有心的征知,就形不成知识。人心不在意,甚至会"白黑在前而目不见,雷鼓在侧而耳不闻"(《荀子·

解蔽》)。可见,"天官意物"与"心有征知"是紧密联系、相互贯通的。人的认识秩序首先是通过感觉器官与外界事物接触,获得相应的感觉材料,然后感觉材料经过心的辨析、整理和验证,形成概念和思想,作出正确的推理和判断。这才算达到了真知。

"天官"和"天君"是人们形成认识的两种基本官能——感觉器官和思维器官,因此,人们应当好好地对待这两种官能,"清其天君,正其天官"(《荀子·天论》),使作为思维器官的心经常保持清明状态,使作为感觉器官的五官经常保持正常状态。

(2)认识之"蔽"与解蔽之"道"

人们要形成关于客观世界正确的、全面的认识,并不是一蹴而就、一帆风顺的。相反,人们的认识往往是肤浅、片面甚至错误的,这就是人的认识之"蔽"。

认识之"蔽"既可能来自外界事物,又可能来自人的认识与语言本身的弊端。因此,解蔽、去蔽就成了认识的重要任务。

一般人认识上的通病,就是被事物的一个方面局限和蔽塞,而弄不清全面的道理。认识之"蔽"有许多表现:有欲望造成的蔽塞,有厌恶造成的蔽塞;只看到事物的开端是蔽塞,只看到事物的终结也是蔽塞;只看到远处的事物或只看到近处的事物，只看到过去的事物或只看到现在的事物，都是蔽塞。世上的一切事物都有差异，只看到事物的这一面而看不到事物的那一面，或只看到这一事物而看不到那一事物，认识的片面和局限就产生了，这是人的思想方法上共同的毛病。

就君主而言，夏桀和殷纣是这方面的典型。夏桀只看到妹喜、斯观，而不知信任忠臣关龙逄，所以导致思想的迷惑和行为的昏乱；殷纣只看到妲己、飞廉，而不知信任哥哥微子启，也同样导致思想的迷惑和行为的昏乱。

就臣下而言，唐鞅、奚齐是这方面的典型。唐鞅权欲熏心而驱逐了戴子，奚齐企图夺取政权而陷害申生，结果都落得身败名裂。

就学者而言，墨子只知实际功用而不知礼乐的重要，宋钘只看到人的欲望少的一面而未看到人的欲望多的一面，慎到只看到法的作用而不明白贤人的作用，申不害只了解权势的重要而不了解智慧的重要，惠施只知玩弄逻辑而无视事物的实际，庄周只讲人服从天而看不见人的力量，孟子则只看到人性善而不知人性恶，等等，这都是认识上的片面。

唯有圣人懂得人的这种思想通病，了解由此而造成的祸害，因而对于欲、恶、始、终、近、远、古、今等诸方面，都不是只看到一个方面，而是同时把握事物的各个方面，把握事物的全体。譬如见到所喜好的事物，就一定要思前想后考虑它令人憎恶的地方；见到有利可图的事物，就一定要思前想后考虑它有害的地方。兼顾两方面来衡量，深思熟虑，然后才决定自己是喜好还是憎恶，是获取还是舍弃。这样，就能够最大限度地避免过错和失误："君子博学而日参省乎己，则知明而行无过矣。"（《荀子·劝学》）

因此，要克服认识的表面性和片面性，最重要的是要"兼陈万物而中县衡"（《荀子·解蔽》），即不但从各个方面全面地观察事物，而且要根据正确的标准对各个方面的观察作出判断。那么，这个正确的"标准"是什么呢？就是"道"。

道本身不变但能穷尽事物的一切变化，时间和空间中的任何一个方面都不足以概括它，所以道就是事物发展变化的规律，就是事物各个方面的相互依存、相互渗透的关系。离开道这个客观的正确的标准，从自己的主观愿望出发，任意地对事物作出抉择，就会看不清事物矛盾着的关系；只有掌握了道，才能不为事物矛盾着的关系互相遮蔽而全面地把握事理。

孔子之所以道德与周公相匹，名望与夏禹、商汤、文王相类，就是因为他全面地认识了道，并且能够依道而行。

(3)"虚壹而静"可达"大清明"

那么,怎样才能认识道呢?要认识道就必须在感觉经验的基础上,发挥理性思维的作用,尤其要做到"虚壹而静"。

"虚"就是虚心。不要先入为主,不因已有的认识妨碍将要接受的认识。"壹"就是专一。不要因为能够同时认识多种多样的事物,就妨碍对某一确定的对象的认识。"静"就是平静。思想不集中就会胡思乱想,不让胡思乱想来干扰你清醒冷静的思考。总之,"虚壹而静",指的就是虚心专一、清醒冷静地思考这样一种精神状态。

思想处于这种状态,就达到了"大清明"的境界,就能确保"心"认识"道"而避免任何蔽塞,就能做到"万物莫形而不见,莫见而不论,莫论而失位。坐于室而见四海,处于今而论久远,疏观万物而知其情,参稽治乱而通其度,经纬天地而材官万物,制割大理而宇宙理矣"(《荀子·解蔽》)。

就是说,人们一旦达到"大清明",亦即在认识上达到毫无偏蔽、透彻明白,那么,对于万物,就没有有形而不可以被发现识别的,没有能够被发现识别而不可归类论说的,没有能够被归类论说而搞错位置的。坐于室内而可以洞察天下,生活在当今而能够谈论远古,通观万物并掌握它们的实际情况,考察社会的安定与混乱而通晓它的法度,治理天地而利用万物,掌握全面的规律,宇宙间的一切就都有头有绪,都能得到适当的治理了。这样,人们就能够遵循正道,禁绝邪道。

(4)"学至于行之而止"

荀子探讨和论述认识,既是为了客观地了解外部自然和人自身的属性,也是为了解决"知与行"的关系。在荀子看来,认识的最高目的就是行正道;简要地说,就是为了"行"。

"不闻不若闻之,闻之不若见之,见之不若知之,知之不若行之,学至于行之而止矣。"(《荀子·儒效》)学习和认识最终落实到行动上,就算完成任务了。这是一种关于认识的目的论的看法,行是认识的目的,知自身没有独立的价值,这是今天仍然很有市场的观点。我们先说其中认识论的一般次序。

从感觉经验前进到理性知识,再从理性知识达到身体力行,这是认识的正常秩序。舍此正确的途径,只是道听途说,自己没有亲自观察,听得越多越容易陷入荒谬;自己虽然亲自观察了,却不能形成关于事物的真知,即使有了某些所谓的看法,也势必流于虚妄;有了真知却不去付诸实行,尽管求知非常勤勉,也必然会糊涂一盆。

并且，认识是否达到了真知，亦需要实际的验证。所以喜欢谈论古代事情的，必须要有当今的事实与之相应；喜欢谈论自然的人，必须要有人类社会的事情做验证。这就是荀子的名言："善言古者必有节于今，善言天者必有征于人。"（《荀子·性恶》）一种正确的认识或理论的可贵之处，正在于有证明，有根据，合乎实际，坐着可以谈论，站起来可以布置安排，推广开来就可以施行。

所以，知引导行又以行为归宿，行依赖于知又高于知。知与行构成了人们认识事物、为人处世的两个主要环节，两个基本层次。知达到明察与洞见，就能够认识事物的道理和规律，如此，行才不会有过失；而只有将知落实到行，才能使"道"得到切实的履行和体现。

《荀子》中这种重视"天官"和"心"共同发挥功能，"学"与"知"以"行"为归宿的认识论，反映了荀子思想讲求实际、不尚玄思的实用理性特点。如果说，中国古代以儒学为主要标志的这种思想文化，根源于广阔的黄河流域亦即黄土地，是中国古人在此之上从事农业生产，而且以家庭为本位生活的观念体现，那么，这种思想文化又必定作为人们生产和生活的活的元素与集体意识，参与并推动着中国传统社会的系统性生成和循环。如果说这种源远流长的思想文化，是在孔子那里得以明确的，那么，荀子显然给予了重要的推展。荀子的认识论是广义的认识论，是他既注重外在事功、进取有为的人生取向的理论根据与指导，又是这种人生取向在认识外部世界和自身两方面的必然表现。这种认识论推展于概念思维，就是一种特定的逻辑学。

9. "制名指实""正名推类"的逻辑学

春秋战国时代，百家争鸣，辩论之风盛行，而"名"与"实"之间多有背离，致使语词泛滥，各种空话、诡辩乘机而起，惑人耳目。于是，凡识者皆曰须作名实之辩，孔子就特别重视名实问题，他非常严肃地指出："必也正名乎！""名不正则言不顺，言不顺则事不成。"(《论语·子路》)荀子更谓"君子必辩"(《荀子·非相》)。《荀子》一书中的"正名"逻辑，就体现了荀子认识论的"辩说"。

（1）"制名以指实"的名实关系说

那么，何谓"名"？何谓"实"？"名""实"之间是何关系？

荀子认为，"名"即名称、符号，是人的思维形式。"实"即对象、实际，是人的思维内容。名是实的表达，名实应当相符。

先王制定事物的名称，名称确定了，对事物就能分辨清楚了；制定名称的原则一旦落实，思想意志就得以互相沟通，这样人们就能够一致地遵守这些名称，社会就会平定而和谐了。

凡擅自制名玩弄词句以扰乱正确名称的，就是坏人，这些人的罪过如同破坏度量衡，不容宽宥。普通百姓没有敢以奇谈怪论而乱名的，他们都很诚实。诚实就容易统治，容易统治就能收到功效，天下的治理就可臻于完美，这全是谨慎地遵守统一名称的缘故。

但现在的情况却不是这样了。现在圣王消失了，对统一名称的遵守便懈怠了；各种奇词异说纷纷出现，名实关系变得十分紊乱，是非界限由此不再明确。如果有新的圣王出现，他一定会沿用一些旧有名称，制定一些新的名称。

这样，名称之缘起以及制定名称同异的根据和制定名称的一些基本原则，就必须搞明白。

首先，名称的同异缘起于人们感觉器官的各种感觉。事物的形体、颜色、纹理，用眼睛来区别；音乐的清晰、混浊，用耳朵来区别；各种味道，用口舌来区别；各种气味，用鼻子来区别；疾病、痛痒、热冷、轻重，用肌肤来区别；诚心、矫情、喜怒哀乐，用心来区别。心有验证的能力，有了各种感觉之后，心就可以对各种感觉的真实性进行验证。验证以后，就可以根据感觉的区别给不同的事物命名了。

其次，命名的原则是：相同的事物取相同的名称，不同的事物取不同的名称。名称分类的原则是：单名就能使人明白的就取单名，单名不能使人明白就取复名，单名和复名不互相违背就用共名。"物"这个概念是最大的共名，因为共名之上还有共名，共名一直往上推的结果就有了"物"的名称；"鸟兽"的概念是最大的别名，别名之下还有别名，一直可以往下推到无法再推的别名为止。

再次，"约定俗成"是命名的规律性现象。名称本来没有固定的，而是由人们共同的约定来给事物命名的。某一事物的名称被约定了、习惯了，就叫作合适的名称；与约定的名称相异的，就叫作不合适的名称。名称有本来就好的，简单明了而又不自相矛盾的名称，就是好名称。名称分类的作用和意义就在于分清事物而不至于相互混淆。

最后，事物是变化的，名称也要注意变化。约定事物的名称时就要注意，形态相同而实质相异的，虽然可以合用一个名称，应该说是两个实体，名称的真实含义并不相同；形态发生变化而实质没有变化，应该说是一个实体，不同的名称可以有共同的含义。命名时要注意考察事物的实质及其变化，因此，确定名称时，沿用一些旧名称，制定一些新名称，也是必要的、合理的。

（2）由"名"到"辞"再到"辩说"的逻辑论

以上是关于命名。下面再说思维形式，即概念、判断、推理、证明等思维形式的作用及其相互关系。

研究思维形式的重要性体现在辩论中，辩论如何做到把问题讲清楚并得出正确的结论呢？

首先，辩论就是为了搞清楚问题。对于实物不能明白就给它取个名称，有了名称还不明白就相互交流看法，相互交流看法仍有不同意见就进行辩论。

其次，辩论要按照由"名"到"辞"再到"辩说"的逻辑顺序进行。"名"是标志事物的概念，有了名，人们就能由名而了解事物。但一个单独的名还不能表达一个完整的思想和意义，不能使人们了解事物的联系或变化，这就要把名扩展为"辞"。

"辞"就是人们连缀不同事物的名称以表达思想和意义的，也就是逻辑判断。思想总要通过语言表达出来，语言形式要和思想内容统一，因此要用正确的"名"、恰当的"辞"，尽可能明白准确地表达思想内容。但是，单有一"辞"，仍不足以说出一种思想和意义所以然的道理，还缺乏说明和论证，于是就要过渡到"辩说"。

"辩说"则是人们用辞来说明事物之所以然的道理。名与辞符合辩说的要求，按照共同的约定进行辨别和推论，就能切合事物的实际，达到弄清问题、互相了解的目的。辩说因此就是合乎逻辑的推理过程。

最后，在推理即辩说的过程中，还要注意运用归纳的和演绎的方法。言辞有条理，说话有道理，其先决条件就是掌握事物的"同类"和"同理",即同类的事物和共同的道理。由此,人们就能以同类来把握杂多的具体事物,以同一的道理来推演万种事理。

当然,要认识事物的同类和同理,也需要从具体的经验出发,对杂多的事物进行概括归纳。对一种事理有疑问,也要参照其他远事和近物。同时,还应在辩论中运用譬喻,以此物喻彼物,使事物的道理得以形象地表示。当然,要注意不能拿不伦不类的事物来类比。

（3）对"三惑"的批判

之所以要正名,是因为名多有不正,即名不副实或随便命名以乱正名。这在辩论中表现为诡辩,诡辩有"三惑",即三类蛊惑,这需要一一批判。

所谓"见侮不辱""圣人不爱己""杀盗非杀人"是一惑。此惑玩弄的是"以名乱名"的手法。"侮"和"辱"本来不同字而同义,受侮即受辱,侮、辱是一码事。宋钘把它们拆开,认为两者不同,从而得出"见侮不辱"的结论。这是随意地玩弄概念。后面两个判断是墨家的观点,也都是属于"以名乱名"的逻辑错误。只要验证一下名称的真实性,使名称符合实际,前后一致,就能纠正这种说不通的论点了。

所谓"山渊平""情欲寡""刍豢不加甘,大钟不加乐"是二惑。此惑玩弄的是"以实乱名"的手法。把高山与深渊说成是一样平的，无高低之分，这就否认了名称内容的确定性，抹杀了事物的差别。惠施的这种说法是用事物的某一方面或事物的相对性来混淆概念。后两说与宋钘、墨子的思想一致，都是用特殊的情况或事情的相对性来否定事情的确定性，因而也属于"以实乱名"的错误。只要考察一下名称有同有异的道理，哪种名称符合实际就用哪种名称，这种错误就可以得到纠正。

所谓"非而谒楹有牛""马非马"是三惑。把相互排斥说成是相互包含，把马（即白马）说成不是马，把名称与名称指谓的事物割裂开来，似乎名就是名，可以随意地连接，与事物没有关系，这就叫"以名乱实"。这是庄子与公孙龙常犯的错误。要纠正这种逻辑错误，只要用约定俗成的逻辑原则加以检验，使名称的含义确定，在使用中保持一致，就可以禁止其重复发生了。

从重视实际经验的实用理性出发，讲求名实相副、前后统一的形式逻辑，排斥一切所谓不切实际的抽象思辨，使逻辑学成为其本体论、认识论的思维保障，是荀子逻辑思想的基本特征。

《荀子》一书的思想内容，不止上述九个方面。但在笔者看来，这九个方面，是其思想内容中最为重要、在历史上影响最大的方面。这九个方面有形而上的哲学，有形而下的经验，也有介于其间的社会历史理论，而处于核心地位的，是以礼法为核心的政治观；围绕这一核心，形成一个颇有条理、相当完备的政治理论体系。在儒学中独具特色的荀学的基本观点，尽在这个理论体系之中。《荀子》中关于伦理道德、品行修养的论述也很多，但这一类论述与其性恶论、教育观等十分接近，内容多有交叉、重叠，所以不再单独论列，而是放在现有专题中给予阐述。

三 《荀子》与时代及诸家学派的关系

任何一种理论学说，都是特定的历史时代的产物，都是既反映社会现实的要求又汲取先前思想资源的结果。《荀子》也不例外。在前面，我们分九个专题概述了《荀子》一书的思想内容。为了进一步弄清这些思想内容的语境与独特之处，我们有必要考察并揭示《荀子》与它赖以产生的时代的关系、与这个时代既有的思想资源的关系，据以明确荀学在由孔子所开创的儒学中所处的地位以及它对当时的社会历史和思想文化的作用与影响。

1. 历史的走向与荀子的选择

（1）没落与新生

荀子生活在战国末期。

战国时代始于周元王元年，即公元前476年，终于秦始皇二十六年，即公元前221年。战国上承春秋。春秋时代始于周平王元年，即公元前770年，终于周敬王四十四年，即公元前476年。

春秋战国是一个天崩地坼、沧桑巨变的历史阶段，周王作为天下共主的地位，由西周开国君臣共同确立起来的分封制度与礼乐文明，随着诸侯乃至大夫的实力与影响力此起彼伏的变化，周王室及其权威逐渐衰落，而不断进入"上陵下僭""礼崩乐坏"的局面，尤其是列国兼并、诸侯征战，社会陷入无政府状态，以至于时人用"高岸为谷，深谷为陵"来形容。这是中国进入文明社会以后的第一个社会大分化、大变革的转型时期，其变化之大，超过殷周之鼎革。荀子一生，处在中国社会这次转型的后期，这次变化虽然持续了四百年之久，但社会仍然缺少足够的力量来结束这种局面，它仍然在寻找着——也是在孕育着——能够使自己度过战乱无序、走向和平有序的新的文明形态，亦即社会的经济、政治和文化的新体制、新模式。

一个复杂而庞大的社会的转型是艰难的、痛苦的，在时间上是漫长的，尤其是在这个转型从整体上处于分崩离析，各种新的力量悄然兴起并相互争斗，旧的规范已破而新的价值观却难以成为共识的情况下。

然而，周天子及其世袭贵族毕竟无可挽回地衰败、没落下去了，维系于分封制的宗法国家越来越徒有其表；诸侯、卿大夫、士以及新兴的地主、商人迅速崛起，成为社会的主导力量，这种正在成长着的社会的主导力量，在有意无意地创立着一种新型的经济、政治和文化体制。

说到底，发生于春秋战国的沧桑巨变，根源于人们的能力相当普遍的变化发展，根源于人们对自身利益——包括个人利益与诸国利益——及社会地位相当普遍的觉醒和重视。这是一次利益的大调整和重新分配，也是社会关系的大变化与重新建构：诸侯不再甘心于做"宗子维城"，"以藩屏周"，而是要各自为政、自做君主；卿大夫和士也不再甘心于隶属他人，守着被给予的有限利益，而一心获取更大的权利；地主和商人则不仅对土地和财物孜孜以求，而且要寻找政治上的代理人或自己跻身于统治阶层……于是，有了"礼乐征伐不自天子出却自诸侯出"这一前所未有的举动，有了大夫和士的干政，有了鲁国的"三分"进而"四分"公室，有了"三家分晋""田氏代齐"，有了奴隶的起义、逃亡和自由民身份的获得……

社会的演进，总是既表现为社会生产力的长足发展，又显示为社会利益的一定程度的普泛化。从历史上看，人们利益的较为普遍的获取，往往是通过化原来的"公"或"公利"为个人的"私"或"私利"而实现的。这就势必导致原有社会规范和价值观念的破坏，引发传统伦理道德的危机，并招致某些人的道德义愤，所谓"人心不古，世风浇漓"，就是一句古人与今人共鸣、发出千年至今犹有余响的道德感慨。

然而，大凡能够在历史上实现并持之长久的个人"私利"，一般并不局限于寥寥数人，而是关联着数不胜数的许多的个人，为这些个人所拥有、所分享。于是，那种能为这些个人带来利益的生存方式和社会建制，便获得了由这些个人所赋予的合理性、现实性，从而显示出旺盛的生命力。

春秋战国，正是已经变得虚假的"公利"被人们抛弃，而实在的私利被无数的个人与列国所力争的时代，正是富有生命力的新的经济、政治、文化类型摧毁并取代丧失了生命力的旧的经济、政治、文化类型的时代。

（2）变法之潮流

春秋战国是大改革的时代。"变法"即是当时的改革。

尽管春秋战国仍算周朝，史书上记载年代仍用周天子的名义，但在实际上，在春秋时代相继称霸而起支配作用的是齐、晋、楚、吴、越（春秋五霸的另一说是齐、晋、宋、楚、秦）；到了战国，则是齐、楚、燕、赵、韩、魏、秦七国称雄天下。春秋五霸、战国七雄之所以能从众多诸侯国中脱颖而出，称霸称雄，大多是因为它们进行了各种各样的变法、改革。

就春秋而言，齐桓公在位时，管仲对齐国的政治、经济及军事进行的重大改革，使齐国得到振兴，使齐桓公成为春秋时期的第一位霸主；晋文公实行"通商宽农""明贤良""赏功劳"等改革，优抚百姓，建立三军，使晋国国力大增，终成霸业；吴王阖闾重用孙武、伍子胥改革军政；楚国任用吴起进行变法，都曾使国力一度强盛。

就战国而言，七雄也多有变法之举，变法取得重大成果的是李悝和商鞅的变法。

李悝在魏国作丞相时，推行变法，废除原来的世卿世禄制，确立"食有劳而禄有功"的原则；行"尽地力之教"及"平籴法"，亦即兴办水利，督责生产，丰年以平价购进粮食，灾年仍以平价出售；确立法制并改革军制：结果使魏国成为战国初期的强国。

商鞅是卫国人，原名卫鞅，少时好刑名之学。开始本在魏国，但因得不到魏惠王的任用，又听说秦孝公有征求天下贤士之令，于是到了秦国。当时的秦国在六国中属于各方面都相当落后的，而这之前李悝在魏国的变法，吴起在楚国的变法，都大有成效，于是秦国也迫切希望变法图强。秦孝公第一次见商鞅，他陈说"帝道"，孝公感到不中听；再次见了，他陈说"王道"，孝公仍感到不中听；第三次见了，他陈说"霸道"，孝公大悦，一连数日与他交谈而不感到厌倦。由此可见，在历史上以"法家"著称的商鞅，其实与纵横家无异,既无特定的政治主张,更无对绝对价值的信仰。这与法家理论缺少形上学和道德应当不无关系。但无论法家还是儒家,有一点是相同的,那就是要实现自己的主张,都寄希望于游说君王或诸侯,借助权力的力量,或施行仁政,或推动法制,从而改变既定的现实。这既缘于当时社会的结构与性质,也表明民众无古希腊城邦的公民身份,处于无权的被动地位。商鞅从历史的兴衰以及列国强弱的对比中,意识到称雄称霸的关键在于"农战"(耕战)能力的强大,所谓"国待农战而安,主待农战而尊"(《商君书·农战》),即拥有强悍的军队与富足的粮食,则国强而君尊,这当然是君主喜欢听取的。

在秦孝公的支持下,商鞅在秦国两次进行变法:社会上把大家庭分为小家庭,并在全国推行县制,委派官吏直接管理,统一度量衡。经济上废井田开阡陌,奖励一家一户男耕女织的生产,重农抑商,鼓励垦荒,允许土地买卖;各种重要的资源如盐、铁等,则收归国家所有。政治法律上变世卿世禄制为军功爵制,奖励军功,编制什伍组织,实行连坐法,"燔《诗》《书》而明法令"(《韩非子·和氏》),大大强化了中央集权。这些把政治权力高度集中,扶持小农经济发展,并将社会法治化,同时也是半军事化的变法举措,使秦国经济得到快速发展,军队战斗力提高,也让贫穷农民的生活得到改善,"行之十年,秦民大说,道不拾遗,山无盗贼,家给人足"(《史记·商君列传》)。可见,商鞅变法大大助推了中央集权体制的形成,刺激了秦国的经济发展,使落后的秦国很快变得强盛起来。这为后来秦国凭借武力与计谋统一天下,不仅打下了经济基础,而且确立了一套"强者为王"的政治与法律体系。历史上,《商君书》在民间禁止流传,却是帝王们的必读书。一个颇能说明问题的例子是,以仁义著称的蜀汉先主刘备,临终前的遗诏要刘禅"可读《汉书》《礼记》,闲暇历观诸子及《六韬》《商君书》,益人意智。闻丞相为写《申》《韩》《管子》《六韬》一通已毕,未送,道亡,可自更求闻达"(《三国志·蜀书·先主传》)。

《商君书》虽曾受到少数学者的追捧,但更被多数学者作为专制政治的统治术完全否定。问题在于,如同马基雅弗利的《君主论》,既应当被广大民众知晓,更应当分析清楚它何以产生且被统治者给予赞赏和实践的社会文化原因。我们知道,商鞅就曾为变法辩护:"圣人苟可以强国,不法其故;苟可以利民,不循其礼。"这里的确关涉着历史的变与不变,以及变法的性质与内容。商鞅如下所言,亦非无道理:"前世不同教,何古之法?帝王不相复,何礼之循?伏羲、神农教而不诛,黄帝、尧、舜诛而不怒,及至文、武,各当时而立法,因事而制礼。礼、法以时而定,制、令各顺其宜,兵甲器备各便其用。臣故曰:'治世不一道，便国不必法古。'汤、武之王也，不循古而兴；殷、夏之灭也，不易礼而亡。然则反古者未必可非，循礼者未足多是也。"(《商君书·更法》)朝代开创时，与守成时不可能一样，何况春秋战国这样前所未遇的大变革时代，尤需非常之人，行非常之法，特别是我们今天强调的观念与制度创新。

笔者认为，我们今天更应当思考的是，商鞅变法和后来逐渐被确立起来的秦制，充分利用了人性的弱点和利己心，的确能够在短时期内把社会成员最大限度地激励并组织起来，服务于国家统一的目标，并在一定时期显示出高效率、高成就，也使百姓普遍地"家给民足"。但是，由于它上面仰赖于行政权力，下面借助人性的弱点与自私，并强化了社会政治上的两极化取向，即：一方面，权力高度集中于帝王手里，帝王不仅控制着暴力和所有的经济命脉，并垄断了文明成果。另一方面，被统治、被利用的广大民众则完全无权，在政治、法律和文化上都处于被主导和被控制的地位，不过充当了君主们强国称霸的工具；他们凭自己的能力获得的财富和功名，也不可能得到法律切实的保障，而这被后来的历史一再证明。普通民众除了祈求皇上英明、青天大老爷为民做主，只能依靠家庭与家族的血缘性关系，以及后来的民间宗教，而这几种力量相对于被神化的高度一元化的皇权，是非常有限的。因而，感到世事和福祸"无常"的平民百姓甚至权贵巨贾,以"命"及"命运"作为解释自己穷达顺逆的最主要观念,也就不难理解了。

变法改革仰仗于满腹经纶、足智多谋的人才。各诸侯国统治者们大都意识到了人才的重要,他们甚至不惜用"珍器重宝、肥饶之地"以招揽任用"天下之士"(贾谊语)。当时,齐有孟尝君,赵有平原君,楚有春申君,魏有信陵君,皆为"宽厚而爱人,尊贤而重士"的最著名者(实际上他们的差异很大)。他们不吝钱财,养士皆多达数千人。而齐宣王则子承父业,在都城稷下广置学馆,招揽"天下文学游说之士"数千人,任其讲学议政。秦孝公更是明谓世人:"宾客群臣有能出奇计强秦者,吾且尊官,与之分土。"(《史记·秦本纪》)

于是,在天下分裂、各国都亟需人才的社会背景下,有学识或特长的士子即知识分子,身价倍增,获得了从政参政的大好机会,有了广阔的生存空间。他们虽无恒产,却有恒心,一门心思说服或影响君主权臣,施展自己治国安邦的政治抱负;当然也不乏像张仪、苏秦那样的纵横家,投机掮客,为了出人头地,享荣华富贵,把各个国家都当作自己一试身手的舞台,摇唇鼓舌,或为本国服务,或为他国效力,全看谁个赏识、重用。"楚材晋用"的成语,就是当时人才大流动、大争夺的真实写照。

各国统治者之重视招贤纳才，变法革新，自然是为了富国强兵，称雄天下。而变法革新的举措之所以能够推行并带来丰硕的社会成果，毕竟还在于它适应并肯定了人们普遍重视自己的需要和利益的价值取向。换言之，是由于它因顺并释放了包括君主"好战""好货""好色"等权力欲和贪欲在内的人们逐利追名的"私欲"。

可以说，人们从殷、周两朝所崇尚的"神""德""礼""孝"以及先"公"后"私"的思想观念中相对挣脱出来，以个人私欲为基础而形成的"尚利""尚力"的社会意识，是当时社会改革与发展的重要精神条件，这种社会意识反过来又被当时普遍推行的变革与发展所强化，所推进。然而，从长远看，如果社会不能广泛形成具有自主性与自律性的新式组织，产生新的道德规范与高远的精神追求，必定会将社会带入急功近利、普遍短视和缺少信念的境地。

（3）统一之趋势

本来，为了占有更多的土地，统治更多的民众，乃至君临天下，富有四海，各国统治者都有兼并别国的强烈争霸意图。一有条件和机会，他们就会展开攻城略地、杀人灭国的战争，战争成为当时颇为频繁发生的社会"交往"形式。然而，单纯的战争并不能带来天下统一，相反，频频发生的战争对社会造成了巨大的破坏，给人民带来了巨大的灾难。争城以战，杀人盈城；争地以战，杀人盈野。土地荒芜，财毁家破，民众苦不堪言。一场大战下来，"十年之田而不偿"（《战国策·齐策》）。而统治者有时为了一个美女、一块碧玉，也会发动一场战争，所谓"春秋无义战"，说的就是这种情况。广大的民众，尤其是那些处于征战频繁的国度中的民众，其厌战、思安的情绪，已是非常强烈。

统治者不能不考虑这种情绪，不能不想办法让民众在战争的间隙休养生息，安居乐业。即使为了战争，也必须有雄厚的财力、物力。因此，凡有头脑的统治者，总是兼顾"耕""战"即经济和兵事两方面，其变法也多在这两方面做文章。

正是当时的经济——农业和工商业——的发展，为统一的趋势提供了深厚坚实的物质基础，促成并强化了天下安定就要统一、统一方能安定的观念。不仅儒家如孟子、荀子大讲"定于一"，庄子也强调"通于一"，并多从民众安居、政治治理的角度，少有从文化交流、商业贸易的角度思考和期待。尽管这在很大程度上反映出那一时期的社会现实及趋势，却不能说充分体现了"大道"之要求。后来的事实是秦国凭借武力与计谋实现了"六王毕、四海一"，可谓应了孟子所说的"霸，必有大国"（《孟子·公孙丑上》）那句话。而秦朝统治十五年后即被推翻，取代秦朝的汉朝却又主要承袭了秦制，这一充满历史吊诡的政治变化，给后世的人们留下了无尽的思考。

客观地说，正是在春秋战国时期，农业生产的发展得到空前的重视，铁制工具在生产中得到广泛的使用，生产技术也取得了很大进步。而随着人们生产能力的长足发展和生活需要的提高，工业、商业也空前地活跃起来。

工业生产的各种器械、器皿，不仅使人们有了更多更好的生产资料，同时也多方面地满足并丰富了人们的生活需要。商业的作用更加显著，它不仅使各个地区的人们互通有无，促进了人们生活的多样化，扩大了社会分工，而且也促进了交通事业的发展和大都城的形成，冲击了各个国度的壁垒关卡，在经济上把愈来愈广大的不同地域的人们联系在一起，使"四海之内若一家"（《荀子·儒效》），有力地助推了整个社会统一的趋势。

同时，由于战乱而不时发生的水患也在提醒着人们，只有统一的国家才能治理大江大河，而治水的需要反过来又强化了中央集权。

到荀子之时，建立一个书同文、车同轨、行同伦的统一帝国，已成为最显明的时务、最重大的事功。问题仅在于根据何种原则，按照何种方式，采取何种方法，通过什么途径和形式，来实现这个统一。

（4）荀子的选择

对于一个世俗的国度来说，它的历史总是在孕育着完成某种任务的现实可能性时，才会具体而切实地提出这个任务以及完成这个任务的方法和途径。

生活于战国末期的荀子，不仅深切地感受到了"高岸为谷，深谷为陵"的时代巨变，而且明确地意识到了时代巨变的历史走向——尽管长期形成的"诸侯异政、百家异说"的局面仍然在持续之中。历史正在重新定向：从混乱到安定，从冲突到和平，从分裂到统一。

这种历史的定向，不是人们无可奈何的"天命"，而是合乎人们自己的愿望、生发于人们自己的努力、依赖于人们自己的追求的前景。这个前景犹如黑夜过后的黎明，犹如寒冬过后的阳春，那微曦、那花信，已经从远方透射过来。依据这种不再虚无缥缈而是依稀可辨的将临之前景，积极地推动时代的车轮，就不是"知其不可而为之"，而是"知其可而为之"。荀子进取有为的人生态度和理智客观的思想方式，或许正来自此。

诚然，这种时代现实的可能，是由正在崛起的大大小小的权势者，特别是那些充满野心的诸侯直接推动的，由此导致的结局未必符合学者们天下统一于文明秩序的期待。以"治国平天下"为职志的荀子，对此有一定的认知与自己的原则，这从他讲学议政到进而希望从政参政，为此奔走游说于各国君主权臣之间，虽然得不到赏识、重用，却矢志不移；年事已高，犹自殚精竭虑，著书立说，一心施展自己的抱负，推行自己的主张，即可以看出。并且，可以说，他所凭借的不单单是对理想的执着，不单单是"守死善道"的精神，因为在荀子看来，他的理想是非常现实、必定要实现的；他的"善道"是圣人君子"化性起伪"，因而必定要确立起来的。而他所持守的这种理想或善道，不仅是他勾画天下统一之蓝图的原则，也是他为人处世、安身立命的基准。这样，他就把自己与那些无原则或实用主义地对待社会统一并借以猎取高官厚禄的人（如纵横家）区别开来，从而显示出他的人格操守，显示出他的人生选择的理想取向与现实取向的统一。

的确，《荀子》的某些篇章即便让人感到开阔宏大、金声玉振，也还是不能让人有轻松潇洒、浪漫超脱之感；即使可以给人以人生智慧和觉悟的启迪，也还是难以使人有神游八极、深奥玄妙的体会。老庄特别是《庄子》所展示的那种人在精神上遗世独立、自由逍遥的境界，对于荀子来说，似乎过于高远超迈，因为人食五谷杂粮，处现实社会之中，其生命总是不能脱离肉身的需要。《荀子》于是与《老子》《庄子》区别开来。

的确，《荀子》的某些内容即使给人以道义的教诲，也还是不能使人有道德发自内心、乃绝对命令的认识；即使可以给人以仁爱的印象，也还是难以使人有温情脉脉、谦让恭敬的亲热敦厚感。孔孟特别是孟子所申扬的那种人们性情上的仁心善端、诚可通神的本然之能，对于荀子来说，似乎也有些玄虚不实。因为人们的私欲正在横流，残酷的战争到处爆发，何曾见人们大发恻隐之心、以慈悲为怀，毫不利己、专门利人？即便"君子"为仁行善，遇到"小人"不仁不义，又奈之何？《荀子》于是与孔孟特别是孟子的学说也有了差别。

的确，《荀子》的某些观点即使可以给人以人性丑陋的警示，也还是不能使人有人性恶劣、无异禽兽的观感；即使可以给人以社会规范极为重要的认识，也还是难以使人有礼法森然、人间冰冷的悲凉。法家所强调的严刑峻法、寡情少恩的统治，对于荀子来说，似乎也走了极端，因为人毕竟可以向善，而社会不能不讲仁爱和诚信。《荀子》也因此与法家思想拉开距离。

的确，《荀子》的学说即使让人们感到对全社会利益的肯定，也还是不能给人以无贵无贱、一律平等的印象；即使可以让人懂得勤俭节用的重要，也难以使人受到刻苦自奉、安贫乐道的教育。墨家身体力行的那种是苦非乐、兼爱尚同的生活方式，对于荀子来说，是背离人情世理的。因为人既以礼义文明而高于禽兽，又以礼义文明显示出等级差别并因而向往荣华、追求善美,从而引导并推动着社会走向更高的和谐与更大的进步。这样,《荀子》与墨家学说也划了一道界线。

显然,读荀子晚年为总结百家争鸣和自己一生的学术思想而写的《荀子》,我们最突出的感觉,是它务实的观点、现实的主张和平易朴实的道理;从中,我们也能感触到荀子积极进取的人生态度和理智客观的思想方式。然而,当他把儒家的"尊圣"传统、"仁义礼法",与战国诸侯"争于气力"的原则,结合为一个英明的"君主",让这个君主承担起实现统一天下、四海一家的理想时,他的整个理论不仅显得现实性有余,批判性不足,更重要的问题,在于他强化并美化了"君主专制",也强化并美化了所谓的"家国同构"。因而,他不仅忽视了国家权力对无权无势的百姓给予压迫与欺凌的现实可能,而且将包含许多层次、内容丰富的"天下统一"主要归结为"政治一统"。然而,对于与"统一"相反相成的"多样""多元",他并未从哲学思想层面加以深入的探讨,因为即使在经验的层面,他对业已出现的民众个体一定的自主性及商品经济自愿而平等的交换原则,也未给予重视。所以,也就不要指望在当时这位对"分"最为重视的大儒,对社会自身的合理分化与自组织性有多少探讨了。

然而,《荀子》一书又是荀子刺取百家、兼采众长的集大成之作。那么，荀子是如何取舍既有的思想材料并给予再造重构的呢？

2. 荀学对孔子学说的继承和发展

（1）因革与损益

在持"黄老之术"人数最多的稷下各学派中，荀子声言，他独接受并服膺孔子的学说。

看一个人当然不能只看他自己的声明。要判明荀学是否源于并继承孔子的学说，关键看前者与后者是否有一脉相承之处。

孔子的学说平易而博大，涵括了人生和社会的许多方面，乃至贯通天人。孔子的思想并不单纯，但仍然有一个鲜明的核心——"仁"的观念或"仁"道原则。孔子曾对他的学生曾参说："参乎，吾道一以贯之。"曾参解释说："夫子之道，忠恕而已矣。"（《论语·里仁》）忠，是真心诚意地助人，用孔子自己的话说，就是"己欲立而立人，己欲达而达人"（《论语·雍也》）；恕，是对人宽容谅解，用孔子自己的话说，就是"己所不欲，勿施于人"（《论语·颜渊》）。忠恕之道，其实就是仁道。仁道用一句话来概括，就是"仁者爱人"。

那么，荀子是否承接了孔子的这种"一以贯之"

道呢？荀子对"仁"讲得不算很多，但他的价值源头和思维坐标却是"仁"。

荀子是这样讲君子和君子处世之道的：君子"唯仁之为守，唯义之为行。诚心守仁则形，形则神，神则能化矣；诚心行义则理，理则明，明则能变矣。变化代兴，谓之天德"（《荀子·不苟》）。"仁义德行，常安之术也，然而未必不危也；污僈突盗，常危之术也，然而未必不安也。故君子道其常而小人道其怪。"（《荀子·荣辱》）

荀子是这样讲圣人和圣王之道的："先王之道，仁之隆也"（《荀子·儒效》）；"为仁则必圣"（《荀子·仲尼》）；圣王以"仁眇天下，故天下莫不亲也"（《荀子·王制》）；王者之师是"仁人之兵"，仁人之兵"以德兼人"，（《荀子·议兵》）"行一不义，杀一无罪，而得天下，不为也"（《荀子·儒效》）。

有关仁的直接论述，《荀子》中还有一些，这里不再引证。重要的是，荀子对孔子仁学思想的继承，是他在提出各种主张、评论各种问题时，实际上以"仁"作为最根本的始点、尺度和归宿的。换言之，"仁"也是荀子的终极关怀。荀子所期盼和设想的天下"至平"的景象就是：

> 故仁人在上，则农以力尽田，贾以察尽财，百工以巧尽械器，士大夫以上至于公侯，莫不以仁厚知能尽官职，夫是之谓至平。（《荀子·荣辱》）

而能够实现这种"至平"之目标的人，是属于"仁人"的"王"者：

> 王天下，治万变，材万物，养万民，兼利天下者，为莫若仁人之善也夫！故其知虑足以治之，其仁厚足以安之，其德音足以化之。（《荀子·富国》）

荀子在这里所描绘的，似乎还不是儒家所憧憬的"大同盛世"，故后人谓荀子未得孔子的"大同"之说而仅得"小康"之说。因为根据《礼记·礼运》篇，"大同"是天下为公，人不独亲其亲，不独子其子；"小康"则是天下为家，各亲其亲，各子其子，货力为己。

孔子固然是一个理想主义者，他的理想是他心目中"郁郁乎文哉"（《论语·八佾》）的西周，是"巍巍乎""大哉"的尧之"成功"。但是，从现实的人际关系的角度看，任何盛世也不外乎人与人的亲善忠恕、和睦相处。子路曾问孔子之"志"，孔子答曰："老者安之，朋友信之，少者怀之。"（《论语·公冶长》）子贡问孔子："如有博施于民而能济众，何如？可谓仁乎？"孔子慨然道："何事于仁，必也圣乎！尧舜其犹病诸！"（《论语·雍也》）这何止于仁！简直达到了圣人的境界，尧、舜犹有所不足于此。

可见，充满了理想的孔子也有现实的一面，更不用说他的理想——体现了仁的周礼，是讲求"亲疏有别""爱有差等"的!荀子讲的"仁"并不低于孔子讲的"仁"。

荀子并不抽象地谈仁,更不把仁单纯作为主观情感。他更为重视的是仁的现实体现和仁的历史规定。荀子这样说道:

> 故尚贤使能,则主尊下安;贵贱有等,则令行而不流;亲疏有分,则施行而不悖;长幼有序,则事业捷成而有所休。故仁者,仁此者也。(《荀子·君子》)

简言之,尚贤使能、别贵贱、分亲疏、序长幼,这就是"仁"。荀子所推崇的这种"仁",其实也就是他所强调的"礼"。于此,我们既可以清楚地看到荀子对孔子仁学思想的继承与推展,又可品味出他在这一继承和推展中,对孔子思想的损益和新的致思取向。

所谓对孔子思想的"损益",在于荀子所说的贤能、贵贱、亲疏,已有了孔子所难以接受和认同的新的社会内涵或曰时代特征:这些等级名分是在时代的变迁和人为的努力中重新排列与定位的,不再是合乎周礼,不再是可以世袭的。易言之,孔子以"克己复礼"为"仁",而荀子则以变革旧礼、确立新礼为"仁"。

那么,这是否就背离了孔子的旨趣呢?从具体内容看,是背离了;但从精神实质看,又没有背离。因为这种新的等级名分,是合乎情理地出现的事实,其中蕴含着有益于人性发展的价值观念；若硬把人们凭借自己的作为而在社会中获得的身份地位再变回去，显然不合乎忠恕之道。何况，如同孟子所言，"孔子，圣之时者也"（《孟子·万章下》），孔子也要讲求合乎时宜、与世推移。

所谓荀子的"新的致思取向"，是说荀子不仅从人的内在品性方面来看待"仁"，更注意了以外在的社会现实及其合理性、必然性来界说"仁"：一个君主仁与不仁，主要不在于他是否有仁心，而在于他是否做到尚贤使能、别贵贱、分亲疏、序长幼。如果他能够治万变，材万物，养万民，兼利天下，那他就真是达到了仁人的最高境界了。荀子之论"仁"，所体现的显然是一种求实的理性的精神。

由此可见，荀子之讲"仁"，既着眼于人的内在心理动机，更着眼于人的外在活动效果；既不忘"仁"是精神或观念性的东西，又强调它的对象性实存才是它的现实性之确证。而按照荀子的人性观，人性本来不是"善"的，并不"仁"，"仁"的获得正是后天学习和修养的结果，是礼的内化。

这样，在依循孔子"为仁由己""推己及人"这一"内圣"—"外王"的思想取向的同时，荀子又开辟出"外王"—"内圣"的新的思想取向，因而，他不同于孔子之区分"圣"与"王"，而统一为"圣王"。事实上，这两种思想取向，实际上是有矛盾的，把圣与王统一到同一人身上,"圣王"合一,"君师"合一,必定造成政治与道德的混淆,不是政治道德化,就是道德政治化。然而,对于荀子说来,这个矛盾似乎并不存在,因为:其一,当时已成为不容置疑的政治文化传统的"尧舜之道",就是圣王合一;其二,他尚没有从春秋战国的历史大变迁中,清楚地、充分地认识到现实的政治与理想的道德之间是有"质"的区别的。作为孔子的追随者,他所希望看到的仍然是仁义道德主导政治,乃至把仁义道德具体化为政治制度。这表明,在荀子思想深处,人的道德意识和情感,相对于并非完全由此派生的社会规范与制度,依然是终极价值。所以,在思想文化上而言,他才是儒家而非法家。

论述到这里,我们就不难判明荀子与孔子仁学思想的真实关系了。

可以说,荀子对孔子仁学思想的继承,既表现在形而上的层次,即把其作为一种超时空的普遍永恒的价值予以接受,也表现为现实的历史层面,即在与时偕行中,将其化为礼法的政治制度。

在荀子看来,在最一般的层面上,仁与义、德是等值的,具有同样的意义,都是关于人之为人的独特规定。荀子认为人之所以"最为天下贵",就在于他不仅有"气""生""知"这些禽兽也具有的自然规定,更有"义"这一禽兽所不具有的社会的文化的道德规定。此处之"义",亦可以"仁""德"

代替之。仁、义、德,虽非人天生的而是外铄的"获得性",但这种品性一旦形成,就成了人的内在品质。而人们能否充分地形成这种品质,正是人可区分出高下、优劣之品位的原因。因此,小人、俗儒、陋儒,不过是秉赋仁、义、德之最少者,而君子、圣人,则是秉赋仁、义、德之最充沛者。而不管历史如何发展,社会如何变化,人都不能无仁、义、德。仁、义、德,既是人的"下限"规定,又是人永远应当追求和实现的"上限"规定。

而孔子关于仁的具体界说亦即其历史规定性,则"此一时也,彼一时也",时过境迁,人事俱非,荀子只能给予合乎时宜的新的推进和阐释了。

有了上述分析,我们也就容易理解主张"法后王"而非"法先王"的荀子,为什么要承接孔子的仁道了。

孔子之强调"仁",既是不满于春秋时代礼坏乐崩、上凌下僭、君臣父子的等级名分大变的状况,也是对世人尤其是诸侯、士大夫私欲横流、争权夺利、以邻为壑、弱肉强食、背信弃义等种种恶德败行的愤慨抗议,以及对人与人之间温和谦让、讲信修睦、尊老爱幼、亲善和谐那样一种融洽美好的关系、秩序的向往和呼唤。孔子以周礼的恢复为"仁"的实现,他向后看而没有向前看,是因为天下大乱的局面正愈演愈烈,他根本看不到光明的前景。而向后看西周,它的文化传统特别是礼仪规范虽然遭到腐蚀和破坏，但仍然部分地存留于孔子所生活的社会环境中。鲁国作为最初分封于周公的国度，可追溯至西周甚至殷商的文化礼仪更是有着深厚的积淀。套一句话说，西周文明不远，就在殷商之后、春秋之前。人们越是对现状不满，越是容易留恋乃至美化过去。深受殷周传统文化熏陶的孔子之所以向后看，之所以把希望寄托于周礼重新昌明光大于天下，就是不难理解的事情了。

显然，在孔子厚古薄今乃至尚古非今的言论中，在在流露出他的结束天下失范、人间纷争的局面，重建社会规范和人文秩序以达到天下和谐安定、人民安居乐业的人道情怀和善良愿望，以及他对文化和文明的礼赞与崇尚。而这正是能够引起荀子共鸣从而使荀子自觉成为孔门弟子的重要原因。

荀子是依稀看到新世纪的晨曦的人，他没必要也不可能像孔子那样靠追忆和恢复昔日的周礼，来拯救这个世界了；他可以通过捕捉和弘扬时代在其演变中创生的新的物质、精神和制度性因素，来促成一个新世界的诞生。因此，从孔子仁学思想出发的荀子，势必要发展，乃至突破和超越孔子学说的某些方面，而创立薄古厚今、顾后更瞻前的新理论。然而，这样一来，在孔子仁学中处于较次要地位的外在强制性规范，在荀子那里就势必要上升乃至处于显著位置了。

（2）突破与超越

荀子对孔子学说的突破和一定范围的超越，特别鲜明、显著地体现在他的礼法观中。

"礼"也是孔子学说的一个极其重要的基本范畴。从形式上看，孔子对"礼"的论述和强调甚至超过了"仁"；并且，从实际上看，孔子也有用礼释仁、用礼来统率一切的言论。如他说"克己复礼为仁。一日克己复礼，天下归仁焉"，还要求人"非礼勿视，非礼勿听，非礼勿言，非礼勿动"。（《论语·颜渊》）礼很明确地是规范人的一切言谈举止的最高纲纪。

但是仔细推敲，仍可以从孔子的言论中看出他是将礼从属于仁的，或者说仁才是礼的"灵魂"。礼这个纲纪不仅源于仁，而且，人们只有通过循礼而体仁，才能实现礼的存在意义。

如《中庸》引孔子话说："仁者，人也，亲亲为大。……亲亲之杀，尊贤之等，礼所生也。"仁是人的根本，具体落实要讲血缘亲疏。由亲疏而减等对待，礼就产生了。孔子还说："人而不仁，如礼何？"（《论语·八佾》）人如果不仁，礼又有何用？孔子认为，一旦失去了仁，礼就会成为空洞的礼节仪式。"礼云礼云，玉帛云乎哉？乐云乐云，钟鼓云乎哉？"（《论语·阳货》）有礼无仁，就等于把礼和乐变成寻常的玉帛和钟鼓之类的形式，失去了它的精神内涵及真实意义，当然也就发挥不了它应当发挥的作用了。

可见，孔子是以仁释礼，由仁行礼，仁内礼外，以礼见仁的。并且，我们在前面已提到，孔子的礼是周礼，虽然他对周礼有所损益，去掉了一些繁文缛节，但其传统的内涵并未根本改变，所以孔子明言："天下有道，则礼乐征伐自天子出；天下无道，则礼乐征伐自诸侯出。"（《论语·季氏》）孔子有一次谈到大夫季氏，愤然说道："八佾舞于庭，是可忍也，孰不可忍也？"（《论语·八佾》）大夫季氏竟敢在庭院中用只有周天子才能用的六十四人的舞乐，这样的事可以容忍，还有什么事不可容忍？

荀子不仅从孔子那里传承了"礼"这一范畴，对其重视的程度尤甚于孔子。

自然，在荀子那里，"礼"的社会内涵已经有了根本性的变化，其本质规定是当时正在形成着的政治、经济和人际规范，亦即新的等级关系和社会秩序。所以，在荀子看来，礼是不讲世袭的，人们的社会地位和身份全由他们现实的事功和职业加以确定。作为治国之策的"尚贤使能"，也是礼的题中应有之义。

在孔子那里，礼相对于仁只能是从属的、第二位的。而在荀子那里，礼几乎被提升到与仁并列甚至超过仁的高度。那么，这又是为什么呢？

深入地分析这个问题,我们不仅可以把握荀学的特点,而且可以发现荀学的内在矛盾以及由此暴露出来的儒家学说的根本缺陷。现在,我们就来一步步地分析这个问题。

荀子所面对的一个重大而明显的事实是,在战国时代,伦理道德已经大大失掉了它规范人们行为从而调控社会生活的能力。而有关伦理道德的呼吁和教化,在"争于气力"的社会现实面前,既显得苍白无力,也难以为人们重视和接受。只有外在的强制性的措施,才能较为迅速有效地约束人的行为,确定人与人的相互关系。那么,这种外在的强制性的措施是什么呢?

荀子发现,它首先就是孔子所称道的"礼"。并且,荀子从社会生活和某些学说中看到,伦理道德并非人天生就有的品质,人生下来只有本能和私欲,所以他的人性论中是没有伦理道德的。人的生存欲望关乎人的生命的开显与生活的营建,是人类社会与文化的根源性存在,有其必然性和必要性,是不可扼杀的。但是,在荀子看来,如果人们完全顺着自己的本能,任其膨胀泛滥,就会为了各自的利益,争夺厮打,全然不顾仁义廉耻,社会就将陷入一片混乱、一片黑暗。因而,私欲横流就是恶,或者简单地说,人天生的本性最容易倒向恶。既然如此,那么,指望人内心的反省和觉悟,显然是不足以变恶为善的。只有确立起一种客观的规范来约束人们,或者通过人为的努力将这种客观的规范内在化，人们才能祛恶从善、停止争斗，社会才会秩序井然。那么，这种客观的规范是什么呢？

荀子认为，它就是孔子所称道的"礼"。进而，从社会和文化的角度考察人类与动物的区别，则可以发现人群不同于兽群的所在：前者是有"分"之群，后者是无"分"之群。"分"内容广泛，但从社会角度看，它首先指名分等级。人是按照名分等级的关系组成有序的社会群体的。那么，靠什么确定人的名分等级？

荀子认为仍然是非礼莫属。因为"礼"是关于人的贵贱贫富、职业身份与其地位相称的规定、法式。凭借礼，当然就能够区分和确定人们的社会地位，并为人的欲望和需求进行"度量分界"，使每个人都得到与其职分相对应的利益，使人与人的争斗平息。由此，人类才形成兽类所不具备的各种政治、经济、伦理等社会关系——上下有序、彼此合作、各尽其职、安居乐业，于是"天下文明"。

基于此，"礼"便受到荀子高度的重视和大力的强调。其重礼、明分、使群、息争的思想，对后世特别是统治阶级的制度设计，产生了巨大而深远的影响。

不仅如此。荀子从现实出发考虑对天下的治理，不唯隆礼，而且重法。他认为："礼有三本：天地者，生之本也；先祖者，类之本也；君师者，治之本也。"（《荀子·礼论》）值得注意的是，荀子没有说"仁"是"礼"之本，而是着眼于"生""类"与"治",从礼的起源与社会治理的需要出发,更为始源性地也是客观现实性地归结为"天地""先祖"与"君师"。那么,为什么荀子没有将"仁"也列为礼的一大前提条件呢?笔者认为,因为在荀子看来,与礼一样,仁的本原也是"天地""先祖"与"君师";并且,荀子是从社会现实与社会治理看待礼法,如果人人都是仁人君子,则自然天下太平,连规范性的"礼"都没必要讲了。所以,他说,礼是"治之始"(《荀子·王制》),法是"治之端"(《荀子·君道》);"治之经,礼与刑"(《荀子·成相》)。法与刑较之礼,具有更直接的强制性,完全是硬约束。所以,荀子认为,礼应施之于接受教育的人,只有对那些不接受教育的人,才要用法和刑来对付:对士人以上宜于以礼乐节之,对庶民百姓则宜于以法治之。

这种主张,也仍然可以视为对《礼记·曲礼上》中的"刑不上大夫,礼不下庶人"以及孔子所主张的法治只能使民"免而无耻"(《论语·为政》),礼治则能使民"有耻且格"(《论语·为政》)的观点的引申和推展。只不过法和刑作为礼的推展和补充,在荀子看来,自有它不可替代的重要作用。同时要指出,荀子强调的"法",与法家的"法",与西方人的"法"的概念,固然都有普遍性、公共性的含义,但与其以自然法为基础的成文法是有区别的,更不同于西方的现代法的概念,它非世界及事物的本性，而主要是统治集团意志的体现。

我们知道，作为人的意志的对象化和普遍性存在，法与刑具有公开、明确的特点，与个人出言为法的隐晦性和随意性是相反的。用法治来代替人治，这是社会从血缘宗法关系中超越出来的标志。但是，中国的春秋战国时代，血缘宗法关系虽然被大大削弱了，但仍然由于在那个时代人们生存的土壤即农业经济和农业文明的原因，血缘组织和血亲关系最为可靠可信，因而顽强地延续下来，包括附着于其上的风俗习惯和社会心理。荀子所继承的孔子"仁"的观念，在很大程度上也是这一血缘宗法关系及其风俗习惯和社会心理在思想观念和意识形态上的升华和凝聚。因此，荀子虽然重视实行法治，但却断难提出用法治取代人治的思想。并且，到头来，他还是讲有良法而无君子，国家避免不了混乱;有君子而无良法,则国家照样安定。总之，仍是有"治人"无"治法"。

这种重法治更重人治的观点及其矛盾，明显地表现在荀子"尊君"的主张中。

荀子由隆礼、重法，到进而强调尊君和君主集权，本来是为了通过树立新的权威，推行礼法并保障其贯彻。这自然有其历史合理性和现实意义，但问题在于荀子对君主权威的强调，达到几乎绝对的地步。他把君主置于至高无上的地位，要求臣下务必尽忠服从，即使对暴君，也不能公开顶撞，而只能因势利导。他还大讲君主应享受天下的荣华富贵，虽然同时声称不是为了君主而是为了礼义，但却为君主及后世之王的"君师"合一、政治与文明的双重垄断，作了理论上的辩解，甚至为他们的骄奢淫逸，在客观上给出了辩护。这是极不应该的，也表明了他的思想理论内在局限与矛盾。

荀子没有想到的是，这样一来，君主便完全凌驾于法律之上了。如果暴君在位，荀子重法的意图即使不落空，其"法"也只能成为暴君用以绳度和钳制臣下与百姓的刑法。尽管荀子同时提出道高于君，要人们"从道不从君"，但这种看似有理的要求，由于不能落实为制度，与整个儒家的有关说法一样，充其量可以为推翻君主的举动提供借口，却不具备任何明确性和操作性，不能在正常情况下有效地制约君主。——把法律作为君主施行"治道"的手段，提不出制约君主的制度措施，始终是"权高于法""人治重于法治"，这不能不说是中国建立不起来真正法治的一个重要理论原因。

于是，和其他儒者一样，荀子也只好在道德上做文章。他继承孔子关于君主应当是圣人的思想，提出"非圣人莫之能王"（《荀子·正论》），指望作为圣人和君主之合体的"圣王"来行"王道"，对内推行礼法，"爱民"，"裕民"，对外"以德兼人"，从而达到天下大治。

在荀子看来，圣王作为仁道的最高体现者或者说是化身，就是礼法的制定者。荀子所言"法不能独立，类不能自行，得其人则存，失其人则亡"(《荀子·君道》)，原来在于它本就从属于圣王："古者圣人以人之性恶，以为偏险而不正，悖乱而不治，故为之立君上之势以临之，明礼义以化之，起法正以治之，重刑罚以禁之，使天下皆出于治，合于善也。"(《荀子·性恶》)

这样，礼法又从原则上回到了"仁"这一源头，矛盾似乎得到了解决，因为矛盾本来就是道德整体主义内部的区别和相对性，然而，礼、法的内外双重来源也就被否定了。

在礼的起源这一问题上，荀子思想的真正矛盾处终于暴露在我们面前。

礼，固然可以像荀子认定的那样，是由圣王或圣人制定的，但如此制定的根据又是什么呢？前述荀子认为"礼有三本"，将其归结为"天地""先祖"与"君师"。诚然，"三本"不是并列关系，而是先后乃至源流关系，作为一切生命本原的"天地"，乃为根本和始源，它超越了道德价值范畴，甚至超越社会文化，进入大自然的事实性或客观性之中。但天地虽然是人类及其社会文化的本原，却不能构成"礼"的直接依据。由天地到人的社会生活的关键性环节，在荀子看来，是"先祖"与"君师"，它们分别作为人的"类之本"与"治之本"而存在，也就是人的礼法的直接制定者。但他们制定礼法的依据却在人性和人们的社会生活之中。由此，荀子把我们引入礼的真正"发祥地"。

在荀子看来，礼作为在历史中逐渐形成的规定或法式，源于人群物质生活所必需和等级名分区别之必要，实际上是人们社会地位的设置原则和利益分配原则。利益分配要与人们的社会地位相称，而人们的社会地位——等级和职业——又是历史地形成的，是依据人们的能力和社会作用的差异而区分开来的。按照荀子的主张，人们的社会地位不能世袭，而应取决于他们在社会活动中表现出的"贤""能"，亦即建立的实际功绩。即使礼的规范化和系统化要靠圣人的加工制作，礼的实施和贯彻也要靠圣人的教化推行，但这毕竟是第二位的，亦即从属性、辅助性的工作，而不是礼产生的根源。荀子实际上要表达的观点是，圣人既不能凭其仁道而创造礼，也不能凭其仁道而变化礼。礼就其实质而言，与圣人的仁心并不相干。

这样，礼作为人们社会地位的设置原则和利益分配原则，就完全是一种由现实条件规定、有社会规则可循的客观性范畴，而不是从"仁"这一最高价值派生出来的现象。于是，道德至上论或道德整体主义，在礼的问题上便破产了。或者说，道德价值与礼的事实有了明确的界限而分属于两个领域了。

本来，这里显示出的，是"上帝的事情归上帝管，凯撒的事情归凯撒管"这一确立于西方文艺复兴之后的社会活动和划界原则。宗教信仰与世俗事务的相对区分，是社会发展过程中的一个历史性进步，因为它承认了人的精神生活与物质生活、观念领域与现实领域各自的相对独立性和不同的规律与原则，有利于推进社会的分化与整合。西方近现代关于价值与事实、情感与认知的二元理论，关于宗教、道德哲学与经济、政治哲学的分野，正是以此作为历史文化背景的。西方的三权分立和权力制衡的理论，则是政治学摆脱了"上帝总揽一切"的神学之后，取得的一个硕果。

可以说，荀子已经隐约地觉察到了道德领域与政治、经济领域的区别，他的"礼"已主要属于政治、经济范畴，而不同于孔子的礼主要属于伦理道德范畴。从《荀子》一书中，我们不难发现，荀子很少将"礼"与"仁"并称，即使有时将礼与仁联系起来，也不认为礼派生于仁。

例如，荀子曾这样说过："先王之道，仁之隆也，比中而行之。曷谓中？曰：礼义是也。"（《荀子·儒效》）仁固然是先王最为崇尚的，但实行仁的正确的标准是礼。仁不是礼的本原，礼反而是仁的标准。

荀子喜欢讲"礼义"而很少讲"仁义"，也说明他对群体规范的重视更甚于他对个体观念的关注。"礼"与"仁"在荀子那里的一定间隔，正表明他试图将政治经济与伦理道德作出某种程度的区分，从而建立起有别于"道德哲学"的"政治哲学"。

由此,可以说,荀子的思想取向,并不完全遵循孔孟"内圣外王"的路线。从某种程度或层面上讲，他实际上表明"内圣"并不能引出"外王"，"内圣"与"外王"面对的现象、解决的问题都不相同。如果着眼于荀子的性朴论及性恶说，那么，他甚至把"内圣外王"的路线颠倒了过来，变成了前面提到的"外王"—"内圣"，因为人的善良的品性，完全是人后天学习受教育的结果，是礼的内化。

然而，荀子的这种思想取向未能加以展开，更没有贯彻到底，他远不能脱离"仁"这一价值源头而另起炉灶，采取纯粹实事求是的理性的态度来探讨社会和人生问题。

从哲学的角度看，荀子确实区分了天道与人道，否定了天命的神秘性，把天经验性地归结为自然事实和自然规律，并认为人的活动还要适应、顺从自然的事实与规律。这本来在"终极价值"之外，又确立起来一"终极事实"，而由自然之天到本能之人、由本能之人到社会之礼的思路，是有别于孔子从天命到仁人再到社会之礼的思路的。

然而，由于荀子未全面弄清从自然事实到社会结构及其伦理价值转化的机制，更由于"仁"仍然是他深层的思维坐标，他仍然有意无意地将事实判断与价值判断相互混淆，所以他的礼法观并没有发展成为独立的法理。这一包含着很大理论开发价值的礼法观,似是而非地挂在作为"仁"的最高体现的"圣王"的名下,终于只能以"内圣外王"路线的一个从属部分而存在。

于是荀子的性朴说及性恶说与他所继承的孔子的仁学思想,陷入难以调和的扞格。如果人性没有善的根苗,连圣人也不例外,那么,人们向善求善就失去了内在的依据。即便由于人性恶而导致的社会混乱及其对人自身的危害,能够为人们的理性所认识,从而引发人们向善的愿望和求善的努力,这里所说的"善"也不过是属于工具理性的"算计",是权衡利弊得失而作出有利于自己长远利益的"精明"而已。这与孔子所讲发自内心的"仁",显然是不同的。即使人们可以凭借长期的实践形成善的品性,它也失掉了孔子关于"仁"的终极意义。

其实,人的理智与道德、事实认识与价值情感是既相独立又互相渗透的。荀子关于"性朴"及"性恶",特别是"化性起伪"的观点,包含着"仁"与"智"辩证转化以及"仁"并不具有本原性和先验性的思想,是有其道理的。儒家的一个重大缺陷,是只看到仁与智的统一而无视其区别,预设仁的本原地位并且坚执于以仁驭智,看不到智的独立性以及智对仁的作用。荀子对此有一定突破。但可惜荀子在"仁"与"智"的关系问题上并未形成清晰明确的认识,并且,到头来他又回到道德至上论。这种内在的矛盾和模糊之处,既为某些只讲以仁驭智的后儒所不容,又为某些只讲以智驭仁的法家所不取。因此,荀子的人性说对后世的影响,就主要表现为它迥异于孟子性善说的独特见解以及对于人性的后天改造的重视。

最后还须指出的是,荀子的性朴及性恶的论说,虽然与西方基督教的"原罪"说有相似性,但却有质的区别:

其一,人易于作"恶"源于人的天性,有如动物之生来只知"为己",不知利他,这既非祖先的原罪,也算不上罪过,无须人忏悔和赎救。换言之,人之"恶"是每个人的自然禀赋,不是"获戾于天",也没有某个耶稣式的人物能够为人们背负罪过,因而人们也无须为了灵魂的拯救,崇拜信仰某个人格化的偶像。

其二,人易于作"恶"又直接缘于社会财富的有限、匮乏。生而有欲的人为了自己的生存,相互之间不得不展开生存竞争,从而导致"乱"与"穷"。如果仅仅如此,那么,整个社会的根本任务就是发展生产,解决人们的生活需求。然而,那些有权有势者,却总是贪心不足,为了更大的利益而巧取豪夺,其实社会的动乱主要是他们造成的。因而,荀子才把圣人通过制定"礼法",对所有人给予"化性起伪",让所有人遵循礼法,视为社会秩序的根本所在。

因而,如果说它们确有相似之处,那就是人性之恶只有通过"非常之人"——在荀子那里是圣人、圣王,在基督教那里则是上帝和耶稣——才能得到改变。圣人与上帝及耶稣一样,充当着价值的源头。因此,西方人对上帝及耶稣的信仰,让西方人在哲学与科学之外,形成了强大的宗教传统;中国人对圣人的崇敬,则成就了中国不无宗教意味的中国式的人文传统。

(3)多方面的发展

荀子对孔子学说的继承、发展和一定程度上的突破是多方面的。除了前面分析的仁学、礼法观,其比较显著者还有天人观、经济观、教育观和文艺观。

在天人关系问题上,孔子心目中的"天"有着神圣和自然的双重性质。孔子相信"天命"这一人无可猜测的最高意志,认为"天"是人世间的祸福与运命的主宰者。不过,孔子在相信天命的同时,对盛行于殷周的通过卜筮探求上天意向的做法持否定态度,并认为天命就蕴含、表现在自然事物合乎规律的运行之中,因而既"不语怪力乱神"(《论语·述而》),又感叹"四时行焉,百物生焉,天何言哉"(《论语·阳货》),意思是天地万物的运行是天意的体现,也是自然而然的事情。人对自在、恒在且为人类万物永久家园的天,是应当敬畏的,人也不可能把"外在"于自己的天,完全地"内在"化、"心性"化,但这不意味人要放弃自己心性的修养和主观的努力。人的自觉的修为与努力,本身就是天之所命,是对天的效法也是对自己作为人的最大肯定。可见,孔子对殷周传统的"天命"观念已经有了新的阐释。

荀子却已经从时代的变革中,形成了对天与天命不同于孔子的见解和信念,他因而也更加看重人的能动性与理性的力量。《荀子》一书明谓天地皆是自然物质现象,所谓的天命其实就是自然的秩序和法则。自然的秩序和法则固然支配着自然万物的兴衰和自然现象的生灭,履行着天职,发挥着天功,但不能决定人类社会的治乱和祸福。

《荀子》把天道与人事区别开来之后,又进而指出了人对自然的能动作用:人能够凭借自己的主体能力改造自然,使自然之物为人所役使。这就是人的"物畜而制之""制天命而用之"(《荀子·天论》)。"制天命",并非人决定天的法则或争夺天的职能,而是与自然建立"为我而存在"的实践与价值关系,使天地万物为人所利用。人在自然中的自主自为,相应地产生了人在社会中的自主自为:只要人们顺乎天道勤于人事,遵循礼义忠于职守,则社会就将有治无乱、福至而祸消。可见,人世的治乱、祸福取决于人自己的所作所为,所以君子"敬其在己者,而不慕其在天者"(《荀子·天论》)。

体现在《荀子》一书中的上述思想,无疑是对孔子"畏天命"(《论语·季氏》)、"死生有命、富贵在天"(《论语·

颜渊》)的观点的大胆挑战和匡正。

荀子从对天命的否定到对人在自然和社会中的自主自为的肯定,表明了在其天人观中蕴含着一种人的主体观。对于人的自主自为的能力,孔子也有论述,如他说"为仁由己,而由人乎哉?"(《论语·颜渊》)、"我欲仁,斯仁至矣"(《论语·述而》)、"有能一日用其力于仁矣乎?我未见力不足者"(《论语·里仁》),并称"三军可夺帅也,匹夫不可夺志也"(《论语·子罕》)。然而,主体的这种自主自为,却都表现在道德领域;对主体凛然抗拒外在之大力的意志的肯定,也是从道德践履的角度而言的。一超出道德的范围,则孔子处处感到"命运"的不可抗拒:"道之将行也与?命也;道之将废也与?命也。"(《论语·宪问》)行道,这是人们自己能够做到的;道本身能否实现,则要由人们无可奈何的"命"来决定了。而孔子越到后来,越感到道之不行了。道虽然不行,但君子仍要从仁义出发来弘道,"士不可以不弘毅,任重而道远"(《论语·泰伯》)。

孔子这里所称道的"弘毅",已是"知其不可而为之",既感到命运不可抗拒,又不甘心向命运低头。孔子对命运的矛盾心理中透射出一种悲剧性精神。这种悲剧精神将君子"守死善道"的操守和人格推到了光辉的顶点,从而给中国古代的仁人志士以极大的精神感召和道义支撑。这无疑是孔子对华夏文明作出的不朽功勋。

但是，值得进一步思考的是，孔子这种重视仁义道德，甚至到了只求动机、不问效果的道德理想主义，为什么却未能形成一种强大的社会力量，阻止中国文化的世俗化和政治化取向？为什么在后世成了帝王们加以利用的意识形态，甚至妨碍了人们对非道德的政治和经济活动进行理性的研究与把握？提出这样的问题，不是要向古人问责，而是为了对我们自己与后人负责，真正弄清我们传统文化的性质及其近代以来所发生的变化的是非曲直。

荀子当时已认识到，人在道德上的自主自为并不意味着他在社会生活中也能自主自为："君子能为可贵，不能使人必贵己；能为可用，不能使人必用己。"（《荀子·大略》）即使作出了一定的努力，由于客观的原因，君子的志向也未必能实现，处世未必能通达。如果遇到暴政或乱世，也应当按照孔子"危邦不入，乱邦不居。天下有道则见，无道则隐"（《论语·泰伯》）的观念，采取躲避和顺受的态度以自保。因此，荀子虽然否定了神秘的天命，但也承认社会和自然一样存在着客观的必然。他所说的"节遇谓之命"（《荀子·正名》）之"节遇"，即指人无法完全支配的某种具体的境遇或情势。

然而，正如人"制天命"是以顺应天道为前提一样，人对任何境遇也都存在着一个适应甚至顺从的问题。通过这种适应和顺从，人们最终是能够走出逆境，掌握自己的命运的，因为荀子认定在天有天道，在人有人道。人道就是社会变化发展之道，它是不会废亡的。《荀子·天论》篇有言：

> 百王之无变，足以为道贯。一废一起，应之以贯。理贯不乱。不知贯，不知应变。贯之大体未尝亡也。乱生其差，治尽其详。……故道无不明，外内异表，隐显有常，民陷乃去。

这段话的意思是说历代都没有变更的东西，其中必有一以贯之之道。朝代的兴衰，都是顺应这个一贯之道的。理解并掌握了它，人世就不会乱；不懂得它，就不能应付变化。这个一贯之道的实体并未消亡，混乱产生于对它的偏离，安定产生于对它的周全的顺应。所以道并非不明确，对内、对外表现不同，隐蔽和显现皆有常规，把握了这一点，人民的灾难就可以避免。

荀子还说："比干见刳，孔子拘匡。昭昭乎其知之明也，郁郁乎其遇时之不祥也，拂乎其欲礼义之大行也，暗乎天下之晦盲也。皓天不复，忧无疆也。千岁必反，古之常也。弟子勉学，天不忘也。圣人共手，时几将矣。"（《荀子·赋》）忠臣比干被挖心，圣贤孔子被匡人拘留。他们的智慧何其明敏，而遭此不幸是因为遇到了不祥的时运。他们要使礼义大行、文采斐然，却碰上昏暗不明的世道。皎洁光明的上天去而不返，令人忧愁无尽。乱久必治，这是自古以来的常规。弟子们要努力学习，上天不会忘记你们。圣人拱手而待，乱极必治的时代即将到来。

可见，荀子虽然处在乱世，但对治世的到来抱有明确的信念，这种不同于孔子对世道失望的乐观态度，是他不相信命定而相信人的主体作为的社会认识论原因。在荀子那里，人不仅是道德的主体，还是自然和社会的主体。之所以如此，直接而言，在于人能够根据自己的需要和能力治理自然与社会；从深层次而言，则在于人的自觉能动性的取向与客观必然性的贯彻，并不背道而驰，而是具有总体上的一致性。

因此，"知其不可而为之"这一命题所表达的"力"（主观能动性）与"命"（客观必然性）的紧张对抗及其所流露出的悲剧意识，在荀子那里就不复存在了。荀子虽然没有将"力"与"命"的统一性概括为一个命题，但无疑提出并阐发了这样的思想，这在先秦时期，已是难能可贵。

由此，我们还可以说，荀子对于中国古代"天人合一"的思想，亦作出了重要的发展和补充。

"天人合一"即天与人根本上的一致、和谐。但天与人如何才能实现、达到"合一"，却可以作出不同的解释。在许多古代思想家那里，天人合一在于人像天一样自然无为或人单方面地顺应自然，或者表示天命与人伦、天文与人文的交感相应。荀子并不作如是观。通过指出天职、天功,与人的作为的差异、人对天地能够开发和利用的作用,荀子不仅对天人关系中的对立性作了前所未有的重要开掘,高度赞扬了人凭借自己的力量戡天役物从而立于天地之间的奋斗精神和主体意志,而且在一个更高的水平和更深的层次上把握住了天人关系的统一性:不是简单的、直接的同一,而是以人的活动为中介的有差异、有对立的辩证统一。这成为后人从主体的角度把握天人关系的一个重要思想资源,给予中华民族认识和改造世界的实践活动以经久不息的影响。

在荀子所生活的时代,人们认识和改造世界的实践活动,主要表现为农业生产活动以及与此相联系的手工业和商业活动。这些活动是支撑着整个社会生活的基本的经济活动。要达到民富国强的目的,更要大力开展这些活动。于是,荀子有了自己的经济观。荀子的经济观,大大地突破和发展了孔子相当有限的经济思想。

孔子虽然说过"君子喻于义,小人喻于利"(《论语·里仁》)这一类的话,但他并不反对人们追求正当的物质利益,他明确提出"因民之所利而利之"(《论语·尧曰》)的命题。他与冉有在卫国的一段对话清楚地表明他要推行的是一种富民政策。"子适卫,冉有仆。子曰:庶矣哉!冉有曰:既庶矣,又何加焉?曰:富之。曰:既富矣,又何加焉？曰：教之。"（《论语•子路》）可见，孔子是希望民众既富裕又有仁义教养。

孔子自己对财富也有强烈的愿望："富而可求也。虽执鞭之士，吾亦为之。"（《论语•述而》）而且，孔子把"富"本身看成一种伦理行为，认为在一个有道的社会中，贫贱是可耻的："邦有道，贫且贱焉，耻也。"（《论语•泰伯》）同样，邦无道，富而且贵，也是可耻的："不义而富且贵，于我如浮云。"（《论语•述而》）这就把"富"纳入了伦理轨道之中。

孔子由于强调君子应以推行仁义为职志，因而认为即使君子贫穷一些，也不要亲自从事物质生产劳动和经济活动。"子曰：君子谋道不谋食。耕也，馁在其中矣；学也，禄在其中矣。君子忧道不忧贫。"（《论语•卫灵公》）弟子樊迟向他请教种田，他说：我不如老农。向他请教种菜，他说：我不如老圃。樊迟退出后，他对樊迟的"目光短浅"很是生气，叹曰："小人哉！樊须也！上好礼，则民莫敢不敬；上好义，则民莫敢不服；上好信，则民莫敢不用情。夫如是，则四方之民襁负其子而至矣，焉用稼？"（《论语•子路》）孔子不懂种田，也如实回答樊迟。他由此对樊迟大为不满，首先是从社会分工、社会职能的角度看问题，要求君子做君子的事情，即一心"谋道"。但孔子严"君子"与"小人"之分，也表现出他对社会不同行业的褒贬。孔子的这种褒贬由于多少体现出社会等级意识,因而也被后世的官僚阶层及有话语权的人们,用来强化"上下尊卑""高低贵贱"的等级观念。

荀子也主张用礼义来规范人们追求富与利的经济活动,但他意识到了经济区别于伦理道德的独立性和本原性。他不仅大讲农业生产活动的重要性和规律性,大讲促进农业生产和工商活动的措施与政策,还明确地把民"富"作为"王者"的判别标准。

前面,我们已经概述了《荀子》一书的经济理论。荀子的经济理论中,有关于经济起源的"欲求"论,有"重本""强本"的农业经济论,有关于工商业重要性的论述,有"节用""裕民"的经济政策,有"民富"才能"国富"的经济观点,等等。可见,荀子的经济理论是相当完整的。

尤其值得称道的是,荀子看到了礼义的经济属性,他认为礼要"养人之欲,给人之求"(《荀子·礼论》),不仅把政治与经济挂起钩来,还揭示出政治的经济基础,从而把物质财富的生产与分配提升到治国之道的高度,避免了儒家重视仁义道德而往往流于理想化、精神化、空洞化的弊端。由此,君主也好,君子也好,其推行礼义治国安邦,就决不能轻视经济活动;相反,还要把以政裕民、以政富国放到极其重要的位置上,如其所言:"量地而立国,计利而畜民,度人力而授事,使民必胜事,事必出利,利足

以生民，皆使衣食百用出入相掩，必时臧余，谓之称数。故自天子通于庶人，事无大小多少，由是推之。"（《荀子·富国》）

正因为君主要以政裕民、以政富国，所以，君主能否使民裕国富，就是判断其是否行仁义、施礼法，是否属于圣王还是属于霸主甚或昏君的重要标准。"掩地表亩，刺草殖谷，多粪肥田，是农夫众庶之事也"，而"兼而覆之，兼而爱之，兼而制之，岁虽凶败水旱，使百姓无冻馁之患，则是圣君贤相之事也"，"故知节用裕民，则必有仁义圣良之名，而且有富厚丘山之积矣。……不知节用裕民则民贫，民贫则田瘠以秽，田瘠以秽则出实不半，上虽好取侵夺，犹将寡获也，而或以无礼节用之，则必有贪利纠譑之名，而且有空虚穷乏之实矣"。（《荀子·富国》）

由此，荀子认为，像成侯、嗣公这样搜刮钱财的君主，民心要失掉，自己也要灭亡；子产虽然能得民心，但不善于理政，也就难以使民富国强；管仲善于理政，能使国家强大，但未能实行礼义，也就不能行之长久。只有既能实行礼义，又善于理政，能够笼络民心的君主，才能使人民富足、国家强大、社会安定，并最终实现天下统一。

荀子这种既重视伦理、政治，又重视经济，并将伦理、政治落实于经济的思想认识和价值取向，显然要比孔子的经济伦理思想实际得多。在中国儒学思想发展史上，正是荀子敞开、推展了既重仁义道德又重经济和功利的思想，给后世务实的学者与官员提供了重要的思想理论资源。

荀子对人的主体作为很是重视，加之当时社会亟需人才，他十分关注对人的德才的教育培养。在这方面，他对孔子的继承和发展也是颇为明显的。

孔子兴办私学，真正开创了中国的教育事业。孔子认为普通人都是学然后知，高尚的道德、坚定的意志操守和卓越的才能，更是后天修养训练的结果，所以重视人的后天教育。荀子则基于其人性容易滑向恶的观点，强调随从师傅学习和修养的必要。

在荀子看来，人能否从师认真学习和修养，这本身就是君子和小人的重大分野。他贬斥"入乎耳，出乎口"，根本不入心的"小人之学"，赞扬"入乎耳，著乎心，布乎四体，形乎动静；端而言，蝡而动，一可以为法则"的"君子之学"。(《荀子·劝学》)提出了博学、专一、持恒等一整套学习方法，论述了思、学、行之间的辩证统一关系，将学习的理论和方法加以系统化。他明确规定《诗》《书》《礼》《乐》《春秋》为学习的基本典籍；他所写的《劝学》篇成为历代学人必读的名作，其"国将兴，必贵师而重傅""国将衰，必贱师而轻傅"(《荀子·大略》)的警句更是成为喻世恒言。

和孔子一样，荀子对人的教育培养也侧重于人的道德品质,注重君子人格的塑造。他提出以"治气养心"(《荀子·修身》),"知谨注错""大积靡"(《荀子·儒效》)为途径的君子修养论。认为只要不断地"修身自强"(《荀子·修身》),人们就完全可以"名配尧、禹"(《荀子·王霸》)。而一旦修养成君子,就会顶天立地、坚韧不拔,不为权势、物欲所动摇,"义之所在,不倾于权,不顾其利,举国而与之不为改视"(《荀子·荣辱》)。《荀子》中的《修身》《荣辱》《儒效》诸篇,也因此而成为后人进行人格磨炼和道德修养的重要教材,荀子本人则成为中国古代仅次于孔子的伟大教育家。

在文学艺术观方面,孔子见解相当简略,荀子则将之发展成为相当丰富完整的理论。

孔子把他的仁学与音乐相结合,提倡"礼乐之和",赞扬音乐的"中和"之美即音律的和谐适中;主张艺术的"文"与"质"并重,提倡"乐适于道"。荀子则大大地拓展了孔子的音乐思想。他论述了音乐的缘起,音乐的娱乐、教化、饰情等功用,具体阐发了礼乐一致、美善相乐的观点,强调用音乐引导人们化性起伪、祛恶向善;提出以礼义定中和,确立"礼乐"系统,内以礼让,外以征伐。他还主张以音乐、舞蹈、雕刻等艺术形式来体现等级差别,提升全体人民的文明水平。荀子的这些论点,已明显带有新兴社会力量的阶级特征和时代特色。

荀子在音乐特征、审美感受、社会功能、审美准则等方面道前人所未道，使儒家的音乐美学思想臻于成熟，在中国音乐美学史上占有重要地位。

荀子还继承和发扬了孔子关于《诗》的见解。孔子云"《诗》可以兴，可以观，可以群，可以怨。迩之事父，远之事君。多识于鸟兽草木之名"(《论语·阳货》)。荀子则说："《诗》言是，其志也。"(《荀子·儒效》)即所谓"《诗》言志"。荀子论文提出了比孔子更为明确的主张，即为文要"白其志义"(《荀子·正名》)，写文章以明白、流畅地表达自己的思想为要。他认为《诗》《书》《礼》《乐》《春秋》各从特定的角度体现了"天下之道"。荀子的这种看法对后来文学思想中"文以载道"传统的形成有直接影响。荀子要求文学的内容和作用合乎道，合乎圣人之论，这更成为"明道、征圣、宗经"这一儒家文学观点的先声。

此外，荀子还极大地发展了孔子主张"多闻""多见"和"必也正名"的认识论、逻辑学思想。前面已有阐述，这里就不再赘述了。

3. 荀学对其他学派的批判与汲取

（1）荀学与思孟学派

荀子虽然自觉地置身于儒家营垒，但因他曾受百家之学的濡染而有了一种兼容并蓄、多元互补的意识，因此对包括儒家思孟学派在内的各家各派，都既有批判又有吸收。荀子的学说，可以说正是以孔子思想为根本，而又兼采各家各派的思想建立起来的一种内容更为丰富的儒学系统。

荀子对思孟学派的看法主要表现在对孟子学说的弃取上。应当说，先秦儒学是人文之学，也是政治之学，而"心性"之学其实属于人文的范畴。孟子作为"思孟"学派的主要代表，被北宋以来的许多学者视为心性之学的奠基者，其实存在以偏概全的问题。

我们知道，孟子主要生活在战国中期，是孔子的孙子子思弟子的学生，一生非常崇拜孔子。他继承了孔子的仁学，不仅极大地发展了其"为仁由己"（《论语·颜渊》）的道德自主性思想，还特别重视从仁学中开出"仁政"及"王道"。他也追慕先王，承认天命。但孟子与孔子以及孔子所生活的时代，已有了相当的距离，更远离西周，所以孟子的政治抱负已不同于孔子的恢复周礼，而是希望用自己的"仁政"学说辅佐当时的大国之君治理国家，在经济上实行公田与私田相结合的形式，让小农都拥有一定的土地，"仰足以事父母，俯足以畜妻子"（《孟子·梁惠王上》），从而争取民心，然后兴"仁义之师"统一天下。所以，孟子所强调的"定于一"（《孟子·梁惠王上》）中的"一"不是外部强迫的整齐划一，而是基于经济和道德上自给自足、和谐相处的政治统一。然而在当时,诸侯国都崇尚武力,实行霸道,并不真正欣赏孟子的仁政与王道学说。孟子先后游历魏、齐、宋、滕等国,历时约二十年,政治抱负始终得不到施展,晚年回到故乡专门从事教育事业,从中得到了很大的慰藉。

孟子和荀子曾先后在稷下讲学、游学。但荀子是否直接听过孟子的讲学,已难以确定。从荀子批判孟子性善说,所依据的不是孟子自己写就的内七篇而是外篇来看,他大概没有直接受教于孟子,当然,可以肯定的是,孟子对荀子还是有较大的影响。

孟子主张性善说,提倡法先王,向往世卿世禄制,不重视礼乐的外在社会规范功能,这些都引起荀子的反感或不满。但荀子的不少思想也得益于孟子,可以说孟子也是荀子承接孔子思想的一个重要环节。

孟子将孔子的仁道原则予以展开,从人区别于禽兽的角度提出了性善说,并将人的"仁端"由内而外推展为普遍的社会准则与经济政治制度,形成"仁政"说。所谓"仁政",一是以井田制的形式制民以恒产,于公田之外让小农拥有一定的土地;一是实行德治,即通过仁义道德的教化安抚人民,而摒弃暴力压服:"以力服人者,非心服也,力不赡也;以德服人者,中心悦而诚服也。"(《孟子·公孙丑上》)孟子由此还提出"王霸"之说,倡王道而斥霸道，认为只有"仁人"和"仁义之师"才能得天下，而行霸道者虽可以称霸一时，但终究会因为不行仁义而亡国亡天下。

在王霸问题上，荀子完全继承了孟子的基本观点。在《王制》《王霸》《议兵》《强国》等篇章中，荀子发挥和发展了孟子的"王霸"之说，倡言王者之制、王者之道、王者之志，既从根本上主张以德兼人、以德服人、以德驭力，而又强调制度性的转化作用。荀子所说的"行一不义，杀一无罪，而得天下，仁者不为也"（《荀子·王霸》），与孟子所言"行一不义，杀一不辜，而得天下，皆不为也"（《孟子·公孙丑上》），何其相似尔！此外，孟子讲"人皆可以为尧舜"（《孟子·告子下》），荀子也讲"涂之人可以为禹"；孟子极言"民贵君轻"，荀子虽然尊君，但也讲"天之生民，非为君也；天之立君，以为民也"，提出"从道不从君，从义不从父"。（《荀子·子道》）他从前人那里传承下来并重申的"君为舟民为水，水可载舟亦可覆舟"的道理，对后世帝王的影响颇大。从荀子关于义荣势荣、义辱势辱的观点中，也可看出孟子关于"天爵""人爵"之论的影子。

荀子虽然反对孟子的性善说，但他关于人不仅有"气""生""知"而且"有义"的特征，也是从人出于禽兽而异于和优越于禽兽的角度提出来的。荀子同样认为君主应当推行仁政和德治。他接受了孟子关于农人"五亩之宅""百亩之田",以及"勿夺其时""关市讥而不征"的主张,并且给予相当全面的论述。但不赞同孟子以井田制作为制民以恒产的形式,即不赞同以私田养所谓的"公田"。关于德治,荀子更是在将其具体化的同时,强调礼义法度的重要性,实际上是要把人治转换为法治,制定并颁布成文的规章制度,从而有效地保障仁政的普遍推行。这也是今天的学者之所以看重荀子有关制度化思想的主要原因。

荀子与孟子在言论上的一致或相近之处,表明他们都服膺孔子开创的儒学理念,也说明荀子从孟子那里汲取了不少观点和观念。荀子与孟子对孔子的思想,都有继承和发展,因此,他们同为孔门后学,同是儒家学派,并不分属于两个营垒。

但是,孟子又的确招致了荀子相当激烈的批评。这不仅说明他们两人对孔子思想的理解和传承,确有相当的差异,其侧重点不同,而且表明荀子对孟子学说的突破、扬弃,这也是相当重要的方面。

荀子与孟子的区别,最受到学界关注的,是孟子讲性善说,荀子则提出性朴说与性恶说。我们在前面已进行了较充分的对比,特别多地引述了荀子的论说。这里要强调的是,荀子对孟子人性论的批评,的确存在着一定的误解和简单化问题,原因不仅在于荀子对孟子人性说的理解存在一定偏差,而且在于他们对于"天人"关系这一基本问题的看法有别。

统观孟子关于人性的论述,可以说其性善说是将"天"、人"性"与人"心"内在地关联起来,所形成的"心性"说,如其所言:"尽其心者,知其性也。知其性,则知天矣。存其心,养其性,所以事天也。"(《孟子·尽心上》)孟子性善说中关于人"性本善"的论断,同时也是人"心向善"的说明。孟子一方面认定人的天性有向善的端倪或倾向,性善与生俱来,有"先天"的根据,是谓"良知""良能",同时他也认识到,人之异于禽兽者的"几希",唯有悉心地加以呵护,保存人性之善端,才能将其扩展至整个人性。否则,人性中的那点"灵明"就会被埋没甚至被丢弃,整个人性也会遭到败坏;所以他强调,"求则得之,舍则失之"。孟子认为"人皆有之"的"仁义礼智"之四端,就"仁智"而言,可以说人天性中就有其潜能;就"义礼"而论,则主要系于后天的社会熏陶和规范,当然也可以说是仁智在社会中的正常状态下的开显与实现。孟子在以"水之就下"类比人性之善时,就意识到外部环境条件即"势"的重要:"今夫水,搏而跃之,可使过颡;激而行之,可使在山:是岂水之性哉?其势则然也。人之可使为不善,其性亦犹是也。"(《孟子·告子上》)孟子对自然与社会环境在人性开显与限定中重要作用的认识,也为荀子所继承,并且荀子较孟子更加看重人们后天的环境,特别是社会"伦理"

与"制度"环境对人性变化的根本性作用。这也是我们不赞成把荀子的人性论,简单地概括为性恶说的一大原因。

荀子作为晚于孟子,且生活在战国末期的学者,应当说在思想观念上对孟子有不少突破或扬弃,除了上述人性论,二人思想较为显著的区别还有:孟子崇尚先王,荀子则崇尚后王;孟子更重视人格修养与精神境界,荀子则更重视外在事功与制度安排。荀子与孟子在思想取向上的区别,在其他很多方面都有表现,例如:孟子和孔子一样以仁义释礼,不重法与刑;荀子则既重仁与礼,又重法与刑。孟子和孔子一样,只讲仁义不问兵事;荀子却大议其兵,议兵仍不离仁义。孟子发展了孔子重义轻利、重德轻力的思想,甚至讳言利与力;荀子则给予利与力以相当的重视,但也仍然是用义和德来统率利和力。孟子将孔子的"仁"推展为仁政,荀子则既主张行仁政,又要求辅之以"法正""刑政"。孟子也像孔子一样提倡尚贤使能;荀子则不仅对"贤""能"作了合乎时代的新的界定,而且将其作为礼的内容,提到治国之道的高度。孟子讲修身和人格的养成,其途径主要是从向内反省到向外推展;荀子也讲修身和人格的挺立,却主要通过向圣贤的学习与自己外在的磨炼。如此等等,不一而足。

由此可见,荀子的思想较之孟子的思想,更具有经验性、外向性和现实性。而中国传统的人文学术,既有实事求是、求真务实的自觉性，又特别重视人文教化、道德价值；二者互有长短，互有优劣。对这二者各有侧重，这可以说是荀子与孔子思想的不同处，这一点在荀子与孟子之间表现得更为明显。但荀子和孟子的思想在差异之中又有相同和相通之处，即使荀子的性恶说与孟子的性善说针锋相对，却也殊途同归，荀子和孟子都强调人的后天学习与修养的重要，都认为人可以也应该为善为仁、成贤成圣。

诚如李泽厚先生在其《中国古代思想史论》中所言，荀子实际上大体遵循了孔孟的路线。孔、孟、荀的共同之处是充分注意了作为群体的人类社会的秩序规范（外）与作为个体人性的主观心理结构（内）相互适应这个重大问题；他们的差异之处是，孔子只提出仁学的文化心理结构，孟子发展了这个结构中的心理和个体人格价值的方面，荀子则强调发挥了治国平天下的群体秩序规范的方面。（参见李泽厚：《中国古代思想史论》，人民出版社1985年版，第109页）孟子对孔学的发扬主要在"内圣"，荀子则主要是"外王"。外王比内圣具有更充分的现实实践品格，即关乎制度建设与功能的普遍性、规范性方面。人类的心理、道德与关乎行为的规则，是人们在外在实践活动基础上形成并逐渐内化、凝聚和积淀的，所以，荀子所强调的方面，实际上是更为基础性的一面。我们做哲学研究的，往往认为唯有"形上学"之"超越性"才具有根本性、基础性。其实，这不仅遗忘了荀子就意识到有神论的"意识形态"性〔即他所说的"故君子以为文,而百姓以为神"(《荀子·天论》)的神道设教〕之普遍方法论意义，并且主要反映了一种静态的、二分法的观点。从大自然与人类社会的根本性质是"开放的循环"而言，形上与形下、经验与超验，本来就处于相互生发与转化的过程中。中国传统哲学思想之主流并不像西方哲学那样，严格区分"形上"与"形下"、"经验"与"超验"，或"此岸"与"彼岸"，而主张"道在器中""即体即用"；荀子受当时的阴阳五行说与老庄思想的影响，也形成了一定的循环论思想，如其所言："千岁必反，古之常也"(《荀子·赋》)；"始则终，终则始,若环之无端也,舍是而天下以衰矣"(《荀子·王制》)。就此而言，人类形下的现实的一面，与形上的理想的一面，其区分是相对的、转化着的，二者共同构成了人类社会历史的循环。人类社会历史植根于大自然，大自然是天然的开放系统，因而人类社会历史正常的状态，也应当是开放的循环。然而，由于"人"及其"意识"和"行为"的出现本身就意味着相对地走出自然，意味着多种可能性。人既可以自我肯定，也可以自我否定；可以自我成全，也可以自我毁灭；所以，某些人类社会或某些历史阶段，陷入封闭的甚至恶性的循环，是完全有可能的。历史的变化包括较长时期的变化，并不等于"进步"，停滞、倒退的现象，在历史上都不鲜见。

即使从人作为个体与群体、肉身与心灵、主体与客体的辩证统一而言，我们也应当认识到，人之生命活动就是扮演或执行将内与外、同与异、虚与实等方面，给予分与合即区分与整合的职能的。人有意识和目的参与的实践活动，本身就是人本质力量的对象化和扬弃对象化的主客相关、内外转化的活动。人的各种社会、文化、心理的规定，都是通过这种活动"成于中而形于外"，"形于外又成于中"的。所以，外在与内在、外向与内向这两个方面、两种取向只能相对而言，很难抽象地笼统地说哪个方面、哪种取向更为根本，更加重要，只能放在具体情况和条件下，才能作出判断。

特殊的地理人文条件，以及在此基础上生成和发展的经济和社会结构，使中国古代社会的结构具有了半封闭和超稳定的特点，这也成为人们更为重视的是人的"内在"方面和"由内而外"再"回到内"的取向，而非"外在"方面和"由外而内"再"回到外"的取向的重要原因。大多数古代思想家的学说也贯穿着这样一条思想路线，使得这条思想路线的社会历史影响也更为长久深远。

荀子与这条思想路线却有一定的偏离。他着重于外在事功、社会群体的秩序，并为此强调规范与制度，力求从世界观和方法论的高度来论证他独具特色的思想，这是很不简单的。虽然荀子被后世的某些儒家排拒于儒学"正统"之外，宋代之后其历史地位和名声，因此不及孟子，但荀子思想上的卓尔不群和不同凡响，却使他独树一帜，发挥了"正统"儒学所不可替代的重要作用，他的思想成为中国传统思想文化中一种宝贵的资源，虽反对者亦难以抹杀。

（2）荀学与道、法、墨、名诸家学派

荀子从自己的儒家立场和思想标准出发，对儒家之外的各家各派也进行了大量的颇有见地的评析和论说，并给予了有选择的吸收和扬弃。

先来看荀子对老庄道家的评议。

"道家"这个提法并不见于春秋战国，而是汉代的概括和命名。一般认为，老庄道家是主张出世、超世的，其实，他们并不一味地无条件地讲出世、超世。作为平民知识分子的代表，他们对社会人生甚为关切，对社会的战乱纷争十分反感，对民众所遭受的苦难则极表同情。《老子》一书，固然用了许多篇幅讲如何治理社会，但被称为"君王南面之术"，显然是以偏概全的。《老子》的宗旨在于论"道"，强调的是"道法自然"，"天之道"高于"人之道"，因而后者应当服从前者。即使就"治世"而言，我们也可以通过老子的治世之道与儒家治世之道的比较，表明老子的治世之道从属于"道法自然"这一根本宗旨。儒家强调用伦理道德和礼法刑政来调控人与人之间的关系，从而使社会达到安定和谐的状态。老子认为，这种自上而下的道德和政治范导，对于民众恰恰是一种干扰和束缚。他希望社会的管理者、主导者能收敛自己的占有欲、统治欲，尤其是当权者更应收敛自己的权力意欲，让人民有更多的自主和自由。所以，他才提出"知其白守其黑""知其雄守其雌"，并倡导"功成身退""无为而治"。

庄子生活的环境比老子的更为残酷。面对不幸的现实，庄子感到无能为力，于是便主张"知其不可而不为"，追求"逍遥游"的生命和精神境界，然而他内心却充满着处世的忧患感。他说当时"天下之治方术者多矣"，感叹"道术将为天下裂"，对儒家的"内圣外王之道"也持一定的认同态度。(《庄子·天下》)他对社会现实的深刻批判，也表达了他对社群的关心。但与儒家奔走于君主和权臣之间一心指望他们的赏识不同，庄子采取的是不合作的态度，强调的是人格的独立，以便保持不为物役的主体自我和无欲则刚的心灵。庄子竭力要使人以宇宙的尺度来看待人生和社会，以"真人""至人""神人""圣人"为理想人格，他申扬的这种人生取向，无疑可以提升人的境界，开阔人的心胸，有利于人的个性解放和追求自由。然而，由于庄子过于强调事物的"相对"性，其理想人格又过于玄远，所以也容易使人只求精神上的超越和解脱，轻视乃至逃避社会现实。中国古代的知识分子得意时则崇孔孟，失意时则崇老庄；做官为宦则为儒家，退隐山林又成了道家：正说明就中国传统社会而言，儒、道各有所见也各有一偏，因而互斥且亦互补。

荀子主要批评了老庄避世、无为的思想。他批评老子只看到委曲求全，看不到伸展进取、有所作为；批评庄子"蔽于天而不知人"（《荀子·解蔽》），只讲无为之天道，不讲有为之人道。其实他的这种批评和指责也有明显的偏颇。但即使如此，从《荀子》一书中亦不难发现其来自道家的思想观点。

荀子关于天道自然无为、天行有常、天道与人道相区别的看法，显然直接采自老庄。关于人不应与天争职、人事应顺应天时；关于人天生都有好逸恶劳的私欲，这种私欲是人陷入冲突和蒙蔽的根源；关于人善假于物，人不应为物所役；关于在乱世和暴政下应采取躲避和顺从的态度等论点、见解，荀子也都或直接或间接地得益于道家，受其一定的影响。或许正是由于荀子受到道家的影响和熏陶，他经世有为的人生取向才有了更为深广的思想基础和形上的保证，并因而避免了陷入主观盲动和急功近利的误区。

法家对荀子的影响也颇大，在政治、历史观方面的影响尤为显著。

"法家"的名称也不见于当时,而是汉代的称谓。"法"在传统中国社会,指反映统治集团的共同意志,由官府公布的成文法令。由此,韩非认为,"法者,编著之图籍,设之于官府,而布之于百姓者也"(《韩非子·难三》)。司马迁的看法是:"法家不别亲疏,不殊贵贱,一断于法,则亲亲尊尊之恩绝矣。""若尊主卑臣,明分职不得相逾越,虽百家弗能改也。"(《史记·太史公自序》)按照这个标准,如子产、李悝、商鞅、慎到、吴起、邓析、李斯、韩非等,接近或属于法家,他们代表或表达了春秋战国时期崛起的新兴势力的利益和愿望,其思想具有鲜明的理性、进取性和时代色彩,虽然也显得单向片面和缺少弹性。春秋时期的管子,集政治家、经济学家、军事家和哲学家于一身,其思想多有原创性和丰富性。作为成书于战国中晚期的《管子》(也有学者认为最终成书于西汉),在汉代曾被列为道家的著作,后来又改列为法家的著作,其实《管子》中有管仲本人及其学派的思想,有始源性和总体性的思想,可为各家各派的共同资源,也有偏向儒、道等不同学派的观点,只有一部分法家色彩明显。〔参见冯友兰:《中国哲学史新编》(上),人民出版社1998年版,第115—119页〕。如《管子》中所说的"何谓四维?一曰礼,二曰义,三曰廉,四曰耻""四维不张,国乃灭亡"的论点,与孔孟高度一致。

荀子在接受《管子》中儒、道观点的同时,也采纳了许多法家思想。如《管子》中关于"关几而不征,市廛而不税""备长在乎任贤""安高在乎同利""与天下同利""法度者,万民之仪表也""法出于礼,礼出于治""士无邪行,教也;女无淫事,训也。教训成俗而刑罚省,数也"等论点,都为荀子所接受,所发挥。

法家主张法后王、君主集权、以法治国、奖励农耕和军功、唯贤才是举、重利尚力,这些方面,荀子都根据自己的标准,不同程度地予以汲取。但大多数的法家只讲严刑峻法不讲宽厚爱民,只讲气力权势不讲仁义道德,只讲外在他律不讲内在自律的偏颇,则为荀子所不取。

荀子批评早期法家慎到、田骈崇尚法治却没有准则,谈论法律条文却没有落脚点,不重视仁义和名分;批评申不害只看重权势而无视智慧的重要。对管仲这个政绩卓著的大法家,荀子一方面给予了赞许,另一方面也说他只重功效不重道义,只重知识不重仁道,缺少礼义修养。荀子对法家的上述批评,固然基于他的儒家立场,而法家理论上的某些片面性和政治上缺少长远眼光,也确实是它"咎由自取"。

再来看荀子对墨家的态度。

墨家是站在"农与工肆之人"的立场上看待社会、反映现实的。他们代表着广大下层民众特别是手工业者的利益,非常明确地以"万民之利"为取向。因此,他们主张

"非攻""尚同",并刻苦自奉、身体力行地实行自己的主张。但是,在阶级社会,在国家及其统治者存在的情况下,尤其是在战国时代,墨家的这种主张和做法,是很难普遍而持续地实行的,尽管它符合农民和手工业者的利益,并因此而使墨家一度成为显学。荀子多次批评了墨子,批评了墨家的其他代表人物。他说墨子受实际功用的蒙蔽而不懂礼乐的重要,批评宋钘受寡欲的蒙蔽而不懂如何正确地满足欲望;批评他们两人崇尚实用而不知建立治理国家的纲纪准则,重视节俭而轻视繁荣文明并反对等级差别。

但荀子同样汲取、借鉴了墨家的一些思想主张,如荀子"尚贤""节用"的主张,就与墨家有着渊源关系;一些与儒家相通或接近的墨家观点如"非攻""尚同",对荀子也有一定影响;墨家主张的"兼相爱,交相利"(《墨子·兼爱》),也可从荀子的有关论述中看到一些影子。墨子及其后学在认识论和逻辑学方面的成果、宋钘"虚壹而静"的心术论和关于"气"的学说,宋钘和尹文学派关于"礼""法"结合的思想,荀子也都进行了借鉴和某种程度的继承、发展。

对于名家惠施、邓析等人,荀子也多有批评。他认为名家的论辩根本不合乎礼义,所以既不必贵,也不必知。对于名家的某些诡辩,荀子更是给予了尖锐的批评。

他说惠施、邓析一味钻研奇谈怪说,玩弄离奇古怪的辞藻，毫无实际效用，不可作为治理国家的原则，以免为辞藻所蒙蔽而不了解实际情况。荀子将名家的三类命题称为"三惑"，给予剖析，并在剖析中发展了自己的形式逻辑。由此可见荀子思维的特色确属实用理性。

当然，《荀子》一书富有辩证精神的论述。例如，荀子认为，"分均则不偏，势齐则不壹，众齐则不使"，并以古书上的"维齐非齐"即要整齐就必须不齐、平等者不平等作结语。(《荀子·王制》)他力求把先王与后王、礼义与刑法、节欲与养欲、尊君与限君、王道与霸道、无为与有为等相对立的方面，既区别开来又统一起来的思维取向，则更体现出辩证精神。这与荀子对包括后期墨家在内的名辩家有价值的思想自觉不自觉地借鉴、汲取，也是分不开的。

此外，荀子还特别注意从当时的各个学科、各种行业的实践经验和社会的风俗习惯、风土人情等生活领域，以及社会的政治运作、时代变迁、人际交往等各个方面，汲取营养并进行加工提炼，使之变成自己的思想和知识。

例如，《荀子》中关于农业生产、工商贸易、天时地利、带兵作战、朝野礼仪等社会现象的论述分析，对于卜筮和相面术的犀利揭露，都是他注重实际生活经验又善于思考辨析的表现。他首创"赋"这种文学形式，还用"相歌"这种古代歌曲体裁表达他的政治和社会主张。凡此种种，充分说明荀子确实是先秦时期一位善于学习、善于创造、思想进步、不拘一格的儒学大师和思想家。

（3）兼容并蓄，影响深远

综上所述，我们可以得出如下的结论：

荀子作为生活于战国末期的一个大学者，接受并服膺孔子的学说，他从孔子的一些基本观点出发，对各家各派的学说采取批判汲取的态度，并注意向生活实践学习，既能广采博取，融会贯通，而又能断以己意，自出新意，使儒学按照孔学基本思想路线得以发展。同时，又在一定程度上越出孔孟一系的思维和价值取向，创造建构成为视野开阔、内容宏富、经世致用、虚实相应的百科全书式新儒学，大大提高了儒学的涵盖性、务实性。这样，荀子通过对儒学的创新、扩展和提升，使儒学为后来大一统帝国提供指导思想和理论基础，作出了独特而重要的贡献。

从孔子生前开始的道术分裂、百家争鸣，到荀子的吞吐百家、兼收并蓄，从意识形态上表现出春秋战国从天下大乱到天下大治的历史趋势；文化和意识形态上的多样统一，与社会现实中经济、政治、军事上的兼并一统，互为表里，互相促进：为社会转型的完成即最终定型于大一统的郡县制国家，提供了思想的、物质的和制度的条件。荀学虽然在先秦并未成为封建统治者治国争霸、兼并统一的学说，但是，郡县制大一统国家的产生，尤其是它的最终确立和走向成熟，却是与荀学直接和间接的影响分不开的。

冯天瑜先生认为，荀子的理想世界，是一个在"礼"的规范下，秩序井然，上下等级分明，而又充满了外在事功成就的世界，实际上就是为大一统的封建帝国设计的蓝图。关于这一蓝图，荀子作了相当具体的设计，从君主政治、官吏设置到经济政策，为新兴的封建帝国的建立，提供了完备的切实可行的方案。而秦汉大一统封建帝国的建立，正是荀子"外王"经世方略的成功实践。（参见冯天瑜：《试论儒学的经世传统》，《孔子研究》1986年第3期）冯先生的这种看法吸取了近现代一些学者的见解，有一定的道理。但具体而言，则须将荀学在秦与在汉的作用区别看待。因为荀学在秦并未被统治者重视和推行，荀学对秦始皇统一中国建立秦王朝的某些影响，是通过对其弟子李斯和韩非的一定影响而间接产生的。将李斯和韩非在秦王朝建立中的作用，直接等同于荀子学说在秦王朝建立中的作用，是经不起认真推敲的。荀学真正受到统治阶级的重视和落实，是在汉朝。

在人类思想史上往往有这种情况：一种在当时颇受冷遇的思想学说或观念，过了若干年后，却柳暗花明，由冷而热，逐渐盛行起来；而另一种在当时极其红火的思想学说或观念，过了若干年后，却时乖运蹇，由显而隐，逐渐步入沉寂。古今中外，这种现象都不鲜见。

一般而言，这种现象是由思想理论和社会历史两方面的原因造成的。

就思想理论来说，又可以区分为两种情况。一是它自身可能侧重于形上取向，即以把握普遍、一般的超验观念为取向；亦可能侧重于形下取向，即以获取具体可行的经验知识，乃至设计制度与规则为取向。形上取向的思想理论，自然难以被世人立即理解，即使被人们掌握了，它也难以具体操作，立见成效，它的作用要通过一个较长的历史时期才能得到较充分的发挥。相反，形下取向的思想理论，由于是具体可行的实证知识与设计方案，当然能够立竿见影，满足某种社会需要，但时过境迁，它针对的社会情势变了，它也就面临被淘汰的厄运了。思想理论的普遍意义和具体功能，长远作用和短期效应，总是相互排斥、难以兼得的。

另一种情况是，一种思想学说或观念，可能只适应于当下的现实而不适应于未来的现实，亦可能只适应于未来的现实而不适应于当下的现实。这或许是这种思想学说或观念的创立者只求为当世所接受而不求藏之名山，传之后人，抑或只图在后世实现其价值而不图为当世所赏识。也可能由于下述原因：从某种既定的前提产生或推论出来的思想学说或观念，恰好或者与此时此地的需要相符合，或者只能符合彼时彼地的需要。

就社会历史来说，情况更为复杂，社会历史的转型期与稳定期大不相同，古今中外也都不一样。概括地说，历史是在各种关系、方面与势力的矛盾中，行进的曲折复杂且变化多端的过程。它的表象和实质、情势和逻辑、形式和内容、现象和本质并不总是一致的。特别是在人们的利益有着很大对立而又任人不任法，或法制很不完善也不可能完善的社会，情况会变得更为复杂。人们口头上说的与他们实际上做的，人们主观上希望做的与他们客观上能够做的，往往是两码事。例如，由于统治阶级与被统治阶级既有利害冲突，又互为条件，互相依存，统治阶级既要维护其特殊利益，又要在一定程度上代表社会整体利益，他们表面上所宣传的就不会没有欺骗性，也不会没有任何真实内容与合理性；他们实际上的所作所为与其表面上的宣传，必定有很大的距离甚至矛盾，且又互为表里，互斥互补。要言之，就一个社会或国家而言，统治阶级与被统治阶级的关系及其变化，将直接或间接地制约各种思想观念的命运；而这个社会与其他社会和国家的关系，又将作用于这一社会内部的矛盾及思想观念。

荀子的学说及其命运与我们上面谈的思想观念的两种情况，可以说都有相似之处，而与之关联的社会历史，可以说原则上也包括在我们上面所谈的社会历史情况之中。

正因为如此,荀学及其作用与影响就必定是一种相当复杂、值得探讨研究的社会"现象"或文化景观了。

四　荀学与中国君主专制社会（上）

《荀子》一书在中国历史上的作用与影响，与荀学在中国历史上沉浮不定的命运是紧密地联系在一起的，因此，从一定意义上说，考察《荀子》一书的历史作用与影响，也就是考察荀学的历史命运。荀学在先秦时期显而不贵，在秦王朝既不显且不贵。荀学在秦王朝的建立中起到了某些作用，但并非直接而重大的作用。秦亡汉兴，荀学的命运才随着整个儒家的命运一道，落而复起，奏响了新的命运交响乐。其作用和影响，不仅显豁于汉朝的政治与思想文化领域，也深入汉朝及后世的社会政治生活之中。

本书所考察的《荀子》在中国历史上的作用，主要指自秦统一天下到清朝灭亡这两千多年间的作用。至今，学术界对这一长时期的社会性质和形态仍未达成共识，但学者们不再认同"封建社会"的旧说法，因为就"封建"的原意而言，指的是实行"分封制"（"封土建邦，以藩屏周"）的西周，分封制与欧洲的封建制（封君与封臣）也更为接近。从西周到东周，诸侯、卿大夫与周天子的关系不断变化，逐渐疏远且尾大不掉，枝强干弱，过去的"君君臣臣"秩序已然颓废。一方面兴盛于中原的农业经济，要应对大的自然灾害和公共需要，特别是兴修水利等社会公共需要，因此，统治集团也会通过盘剥农民和其他阶层，满足自己在衣食住行等各方面的需要和欲望。另一方面，处于中原的农业族群，为了防御来自周边特别是北方草原游牧族群的侵扰，又要建立强大的武装力量甚至修建长城。这两方面的原因，导致农业经济的发展及朝野双方的需要，既尽可能地向外扩展，又要求中央的统一管理。于是，经春秋战国，秦一统天下后，在政治制度上最具根本性的变革，就是采取李斯的建议，废分封而设郡县，由君主加以任命，且不得世袭。

这一变化过程，柳宗元在《封建论》中给予了很好的说明："周有天下，裂土田而瓜分之，设五等，邦群后。布履星罗，四周于天下，轮运而辐集；合为朝觐会同，离为守臣扞城。""余以为周之丧久矣，徒建空名于公侯之上耳！得非诸侯之盛强，末大不掉之咎欤？遂判为十二，合为七国，威分于陪臣之邦，国殄于后封之秦。则周之败端，其在乎此矣。"因而，秦至清各朝代，从政治制度的角度看，称帝制国家或君主专制社会更为恰当。中国的万里长城，也正是由秦始皇开始大规模修建，其长度和规模到明朝则达到高峰。关于荀子和荀学，我们姑且从先秦说起。

1. 荀学在先秦的境遇

（1）弟子的评价

荀学在先秦的作用与影响，大致决定了它在秦王朝的命运。我们先来看荀学在先秦，特别是在荀子生前的情况。

孔子之后，儒分为八，而荀子之学与孟子之学是相颉颃的两大显学。在荀子的一些弟子眼里，荀子不仅高于孟子，且不逊于孔子。《荀子·尧问》篇记载了荀子的弟子对他的评价，从中我们可以得到荀子生前身后的一些信息。

针对当时有人说荀子不如孔子，弟子们驳斥道：荀子不得已处于混乱的时代，上无贤明之君，下面又遇上暴秦，教化难以实施，礼义不能推行，诸侯互相倾轧，百姓民不聊生，仁人志士报国无门。遭遇这样的世道，荀子虽然怀有崇高的志向，也只好假装狂人的神态，让天下人把自己视为愚蠢的人。正因为如此，所以荀子名声不显赫，学生不多，思想的光辉传播不广。实际上，荀子的学说得到运用的地方就能得到治理，受荀子教育的都能发生好的变化。

荀子的德行像尧、禹一样，他智慧贤明，适宜做帝王。如今天下得不到治理，正是由于荀子没有得到信任重用的缘故。

弟子对老师的评价，或许难免溢美之词，但荀子当时已有很高声望，且始终得不到各国的信任重用，却是事实。

（2）入秦不见用

公元前266年，即秦昭王四十一年，范雎相秦，聘请荀子入秦。荀子与秦昭王相见，秦昭王问道：儒士对国家有什么好处？荀子答道：君王如果能够任用儒士，那么，他们在朝廷里一定是称职的臣子；如果不予任用，他们就退隐于民间做恭顺的百姓，即使穷困到无立锥之地，也能深明维护国家的大义。

秦昭王又问：儒士地位在别人之上会如何？荀子答道：儒士地位在别人之上，他们会起到很大的作用。他们内心有坚定的意志，用礼节整顿朝廷；用各种规章制度来整顿官府，使忠、信、爱、利这些好品德在百姓身上得到表现。行一不义，杀一无罪，而得天下，不为也。这样，君主的大义就能被人相信，传遍四海，那么天下的人就会齐声响应，四海之内就会成为一家。

秦昭王听后，虚与委蛇地表示赞同。范雎问荀子：入秦何所见？荀子说：秦国的山林川谷美，天材之利多，是形胜也。百姓朴实，音乐不庸俗，穿戴不妖艳，敬畏官吏，驯顺服从，如同古代之民。官吏严肃认真，没有不恭敬谨慎、诚实信用的，如同古代的官吏。秦国的士大夫不互相勾结，不搞宗派集团，明智通达，公正无私，如同古代的士大夫。秦国朝廷，在退朝前将所有事情都治理妥当，安闲得好像无事可做一样，真像古代的朝廷。秦国是治理得最好的地方了。

荀子话锋一转，接着说，即使如此，秦国还有可担忧的，甚至可以说它的忧患多得不可胜数。它的威势比汤、武时还要强，领土比舜、禹时还要大，却常常提心吊胆，害怕各国联合起来进攻。什么原因？因为它是以力兼人，别人也要以武力对付它。所以，秦应当止力术，行义术，节制威势回到礼义。秦国缺少大儒吧？它应当任用儒士参与国事，按照儒士的治国原则治理国家才能称王天下。

然而，荀子的这番话却未能打动秦昭王和范雎。荀子未能得到秦国的任用。

这是什么缘故？

当时的秦国早就实行过商鞅的变法，推行的是以霸道为主的法家路线。秦国的君主如同大多数诸侯一样，急功近利，想尽快称霸天下，所以看重的是武力、财力和强制性的法律，以及能够立见成效的理论。

法家恰能合乎这种需要。荀子所称道的儒学、所推崇的"王道",尽管娓娓动听,但毕竟不易操作,更不会立竿见影。荀子在"德"与"力"、"义"与"利"的关系上,虽然也讲"力"与"利",更重视的却是"德"与"义",诸侯国的君臣们则更看重"力"与"利",荀子当然要被人讥为"迂阔不达时变"了。这说明荀子和更为迂阔的孔孟,的确同属一家;而荀子与孔孟一样,即使不见用,也决不向现实和强权屈服,更不屑于为了高官厚禄而放弃自己的原则,而是信从自己的理念,持守君子的正直,决心"守死善道"(《论语·泰伯》)。

(3)在赵不受宠

荀子在秦不见用,便于公元前265年回到了老家赵国。在赵国,他曾与临武君议兵于赵孝成王前。当时,跟随他的弟子有李斯、陈嚣。

赵孝成王问:什么是用兵的要领?临武君说:上得天时,下得地利,观察好敌人动向而后出动,在敌人未到达之前占据有利地势,这就是用兵的要领。

荀子表示反对。他说:用兵攻战,关键在于使士兵和人民意志统一;善于使民众归服的人就是善于用兵的人。临武君以兵家孙武、吴起用兵的方法诘难荀子。荀子则说:您重视的是权术计谋和有利形势,实行的是攻击夺取、变化欺诈,这是诸侯国使用的方法。我所说的是仁人之兵和称王天下的人的志向。仁人之兵是不可能被欺诈的。他们上下一心，全军同力，纵横驰骋，就像磐石一样坚固。谁碰上它，都会被摧毁。至于残暴的君主，人民痛恨他就像痛恨仇敌，谁会帮助他去打仗？所以关键是爱护人民。爱护人民，推行礼义，大权又都集中在君主手中，那么他的军队就会无敌于天下。如果不是这样，而是崇尚权势功利，实行欺诈，玩弄权术，那么，能不能打胜仗就没有定准，即使侥幸打胜一两仗，也不过是强盗的军队。

弟子陈嚣问道：先生谈论用兵，以仁义为根本。仁就是爱人，义就是循理，既然如此，为什么还要用兵呢？兴兵打仗不就是为了争夺吗？

荀子说：不是像你说的那样。仁者正因为爱人，所以憎恨那些害人的人；义者正因为循理，所以憎恨那些背理的人。用兵是为了禁暴除害，不是为了争夺。仁人之兵驻守的地方能达到大治，所经过之处人民就能受到教化。古代圣王都是用仁义的军队通行天下的。对于仁义的军队，人民不管远近，都拥护爱戴，向往归服。这样，军队兵不血刃，就能大获全胜。

李斯表示不同的看法：秦国四代保持强盛，军队是四海之内最强的，威望是诸侯国中最高的，但这却不是推行仁义得来的，不过是看怎样有利就怎样做罢了。

荀子说：并不像你说的那样。你说的有利不是真正的有利。我说的仁义才是最大的有利。推行仁义，就能把事情治理好；事情治理好了，人民就会拥戴君主，毫不犹豫地为君主流血牺牲。秦国四代强盛，却经常担心天下诸侯联合起来倾轧自己，这就说明它没有把仁义作为根本，而是行的乱世用兵的方法。现在你不寻求根本而只索找末节，这就是世道混乱的原因。

荀子这一番以仁义为本、以德兼人的用兵之道，也未被赵国采纳。荀子在赵国的这番遭遇与他在秦国的遭遇，如出一辙。个中原因显然是大致相同的。

（4）"守死善道"

公元前264年，荀子重返齐国，继续在稷下聚徒讲学。公元前255年，荀子在齐遭谗，到了楚国。楚相春申君任命他为兰陵令，荀子时年已74岁。公元前254年，他又因某种嫌疑而被春申君辞退。荀子于是由楚返赵，做了平原君的上客。两年之后，平原君故去，荀子又被春申君固请回楚国，复任兰陵令。后来，春申君被害，荀子也被免去兰陵令，最后便客死于兰陵。

荀子生前虽然致力于为新型的统一国家设计蓝图，但他所设计的蓝图并未被诸侯国的君主所看重、所采纳，荀子也因而未能成为在他去世14年后就在中国大地上诞生的采取郡县制的大一统帝国的实际设计师。这应当说不是荀子一生最大的憾事，而是他最大的幸事吧！

聚徒讲学，周游列国，游说诸侯，申扬主张，一心施展自己的社会理想、政治抱负，虽然得不到赏识重用而矢志不移；年高力衰，犹不知老之将至，汗洒竹简，立说著书，企盼后人能承其遗志，完成其未竟之大业。荀子的这种遭遇和追求，与孔子、孟子何其相似尔！其"守死善道"的执着精神，也堪与孔孟媲美。

自古以来，中国众多的知识分子以经时济世、匡扶天下为己任，所谓"致君尧舜上，再使风俗淳"，"先天下之忧而忧，后天下之乐而乐"，虽命途多舛，终生坎坷，也无怨无悔，慎终如始，这种精神和志向的因子，正是孔子、孟子和荀子早在先秦时代所培育、所传下的。

2. 荀学与秦王朝的关系

（1）李斯的作为与荀学多相悖

认为荀学在秦帝国的建立中发挥了很大的作用，秦帝国实行的制度是对荀学的落实，是一种颇为流行的看法。这种看法的理由是，对于秦帝国有着不世之功的李斯和韩非都是荀子的学生，而他们关于法治和尊君的思想和主张，完全可以归结为荀子的学说和教导。

这种看法不能说没有一定的道理，但它所包含的误解和偏差也很大。下面，我们先来考察一下李斯在秦推行的政策，看看他与荀子及其学说的关系到底如何。

在秦国真正干出一番惊天动地的大事业的，的确是被荀子认为"不知本末"的李斯。

李斯去秦之前，一直跟荀子学"帝王之术"，学成之后，认为楚国不足以成事，其他几个诸侯国也在走下坡路，投靠它们难以建功立业，唯有秦国稳定而强盛，且有吞并八荒之志、囊括四海之心，正是大有作为之地。于是便在公元前247年，离楚去秦。行前，他向荀子告辞说：依秦国的形势，正是弟子可以大显身手之时。他对荀子久处卑贱之位、困苦之地，指责世道而厌恶荣利，不求有所作为，颇有劝谏之意。但荀子宁愿在春申君手下做一个兰陵令，也不肯去辅助秦王完成帝业，由此可以看出他们师生之间思想和政治取向上的差异。

李斯到秦国后辅助秦始皇灭掉群雄，一统天下，为始皇所重用。大秦帝国采用郡县制，加强君主专制以及焚书坑儒，李斯起了关键作用。

正是基于此，后世不少人认为荀子虽处儒家营垒，却是法家的先驱，更有人以此诟病荀子，将秦国的独裁专制、劣迹暴行，一股脑儿"上挂"到荀子名下。

早在唐朝，陆龟蒙在其《大儒评》中就如此写道："（李）斯闻孔子之道于荀卿，位至丞相，是行其道，得其志者也。

反焚灭《诗》《书》,坑杀儒士,为不仁也甚矣!"所以荀子没有资格算作大儒而与孟子并列。

宋代大文豪苏东坡仁民爱物,特立独行,豪迈不羁,痛恨一切暴政。他曾说:"昔者尝怪李斯事荀卿,既而焚灭其书,大变古先圣王之法,于其师之道,不啻若寇仇。及今观荀卿之书,然后知李斯之所以事秦者,皆出于荀卿,而不足怪也。……彼李斯者,又特甚者耳,今夫小人之为不善,犹必有所顾忌。……彼李斯者,独能奋而不顾,焚烧夫子之六经,烹灭三代之诸侯,破坏周公之井田,此亦必有所恃者矣。彼见其师历诋天下之贤人,自是其愚,以为古先圣王皆无足法者。不知荀卿特以快一时之论,而荀卿亦不知其祸之至于此也。其父杀人报仇,其子必且行劫。荀卿明王道,述礼乐,而李斯以其学乱天下,其高谈异论有以激之也。"(《东坡全集》卷四十三)

苏轼的这种看法,也为近人所接受。近代维新志士谭嗣同就指责荀子的思想"一传而为李斯,而其为祸亦暴著于世",并留下了"二千年来之政,秦政也,皆大盗也;二千年来之学,荀学也,皆乡愿也"的名言。(《仁学》)梁启超也说:"虽谓李斯坑儒之祸,发于荀卿,亦非过言也(李斯坑儒所以排异己者,实荀卿狭隘主义之教也)。"(《论中国学术思想变迁之大势》)

这种颇有点类似"血统论"的株连式看法,应当说属于"过言"。有其师未必有其徒,有其父未必有其子。荀子思想的根本是儒学,而李斯是一心只为帝王服务的地道的法家。

李斯虽曾师事过荀子,但这并不意味着他完全接受或基本接受了荀子的学说。前述李斯与其老师不同的见解和志向,已表明李斯早就与荀子有思想上的分歧。李斯在秦大讲商鞅、申不害和韩非之法术并积极地付诸实践,却从未宣传过荀子关于王道和礼义的主张,观其所作所为,亦多有悖于荀子的一贯教导之处。

择其荦荦大者,荀子与李斯有以下几方面的分歧或对立:

荀子主张以"以德兼人"的"王道"统一中国;李斯则帮助秦王政采用"以力兼人"的霸道方针和计谋,先后消灭了六国。

荀子以仁和义为最高价值;李斯则主张"灭仁义之涂,掩驰说之口,困烈士之行,塞聪掩明,内独视听"(《史记·李斯列传》)。

荀子推崇礼乐诗书,以儒为师;李斯则建议"有敢偶语《诗》《书》者弃市"(《史记·秦始皇本纪》),"有欲学者,以吏为师"(《史记·李斯列传》)。他更要求秦始皇焚书坑儒。

荀子秉承"明德慎罚"的儒家传统,既反对重罪轻罚,尤反对轻罪重罚;李斯则认为对臣民必须实行严刑重罚,使"群臣百姓救过不给,何变之敢图"(《史记·李斯列传》)。

荀子主张君主集权统治,同时主张赏贤使能、信用卿相;李斯则为秦二世献策说:"主独制于天下而无所制也。""是以明君独断,故权不在臣也。"(《史记·李斯列传》)

至于李斯谋害他的同学韩非,更是完全背离了儒家的忠恕之道。

史载,李斯在秦国尚未把荀子这个老师忘得一干二净。当李斯的儿子李由从三川郡守任上告归咸阳,李斯在家摆酒请客,文武百官都前来祝贺,门庭车骑以千数。志得意满的李斯却于酒酣耳热之际,想起了老师的一句话,喟然而叹曰:"嗟乎!我曾听荀卿说过'物禁大盛'。我乃上蔡一个布衣,乡里一个百姓,承蒙皇上不弃,提拔到今天这个地位,可谓富贵极矣。物极则衰,我不知以后祸福吉凶止泊于何处也。"李斯虽然在炙手可热时想起了老师"物禁大盛"这句话,却并未真正放在心上。最后,果然物极则反,被赵高所忌,腰斩于咸阳市集。临刑之前,他对其子说:我想与你再牵着黄犬出上蔡东门捕捉兔子,还办得到吗?言下似有不胜悔恨之意。

明代著名思想家李贽明确指出:"宋人谓(荀)卿之学不醇,故一传于李斯,即有坑儒焚书之祸。夫弟子为恶而罪及师,有是理乎!"(《焚书》卷五《宋人讥荀卿》)他还引杨慎"人之贤否,信在自立,不系师友"(《焚书》

卷五《荀卿李斯吴公》）的观点，进一步发挥"能自立者必有骨也，有骨则可借以行立；苟无骨，虽百师友左提右挈，其奈之何"（《焚书》卷五《荀卿李斯吴公》）。李贽的这个看法，显然是凿然有据、不容置疑的。

（2）韩非的理论与荀学多相异

从思想理论上为秦国的统一作出重大贡献的，是荀子的另一个弟子韩非。

韩非亦非谨守师说、述而不作之人。相反，他从荀子重法尊君的思想出发，将商鞅的法、申不害的术、慎到的势熔于一炉，并极力给予发展，创立了完整的法家思想体系。

《荀子》书中一次也未说到韩非，尽管韩非的才智还在李斯之上。韩非也从未在自己的著作中引证过荀子的片言只语，仅说到孔子之后的八儒中有"孙氏之儒"（《韩非子·显学》），提到燕子哙责荀子而"身死为僇"（《韩非子·难三》）。然而，却多处称引荀子所批评的商鞅、申不害和慎到，他还写了《解老》《喻老》两文，专门论述和解释老子的思想。韩非的愚民主张和权术之论，应当说也是对老子"绝智弃虑"及谋略思想的恶性引申。《史记·老子韩非列传》说韩非与李斯俱事荀卿，又云韩非"喜刑名法术之学，而其归本于黄老"，"引绳墨，切事情，明是非，其极惨礉少恩。

皆原于道德之意"。这是有一定道理的。

老子主张"无为而治"。韩非以"法、术、势"教人主，而认为只有通过人主立法度、严刑赏，最后方能达到无为而治的目的。熊十力先生在其《韩非子评论》中写道："荀卿之学，由道家而归于儒。韩非从荀卿转手，乃原本道家而参申商之法术，别为霸术之宗。"可见，以韩非曾为荀子的弟子而将韩非的理论所起的作用算到荀子的账上，是说不通的。

具体而言，韩非与荀子的分歧和对立，有以下几点：

韩非明确指出"上古竞于道德，中世逐于智谋，当今争于气力"（《韩非子·五蠹》），并说"力多则人朝，力寡则朝于人，故明君务力"（《韩非子·显学》）。这与荀子崇尚以德兼人贬低以力兼人，主张以德役力而非以力胜德，显然是背道而驰的。

韩非主张毁灭诗书，实行愚民政策。他说："明主之国，无书简之文，以法为教；无先王之语，以吏为师。"（《韩非子·五蠹》）而荀子则是推崇礼乐诗书，重视道德教化的。

韩非主张用暴力对付人民，维持统治。他说"今不知治者必曰'得民之心'"（《韩非子·显学》），认为"君上之于民也，有难则用其死，安平则尽其力。……不养恩爱之心而增威严之势"（《韩非子·六反》），还批评说"学者之言皆曰轻刑，此乱亡之术也"（《韩非子·六反》）。这些无疑是针对包括荀子在内的整个儒家的。

韩非把儒者称为国家之大蠹,扬言要禁其行,破其群,以散其党。(《韩非子·诡使》)这已不仅仅是与荀子思想上的分歧了。

韩非主张君主极端专制独裁。他说:"明主之道,在申子之劝独断也。""能独断者,故可以为天下王。"(《韩非子·外储说右上》)在一定意义上说,一部《韩非子》,正是关于君主凭借"法""术""势"进行专制独裁的理论。这与荀子尊君的本意已相去甚远了。

这就不难理解,秦王政看到韩非的著作后,为什么对韩非仰慕不已,大发感慨:"嗟乎,寡人得见此人与之游,死不恨矣!"(《史记·老子韩非列传》)并不惜对韩国兴兵以索韩非。

把韩非为秦帝国的建立而发挥的思想理论作用,作为荀学所起作用的依据,显然也是难以说通的。

(3)荀学的中介作用

那么,荀子的学说就全然没有为李斯和韩非接受吗?荀子难道不应当为其弟子的言行承担若干"责任"吗?

客观地讲,荀子对李斯和韩非思想的形成,是有相当影响的。荀子隆礼、重法、尊君的主张,厚今薄古的思想倾向,对秦国的正面评价,对天下一统的追求,显然予李斯、韩非以很大影响。如果说,李斯和韩非从儒家走向法家,在一定程度上讲是由于受到荀子的教导、启示的话,那么,荀子对他们的影响就在于充当了他们思想转向的触发剂、催化剂。

荀子对孟子一系儒家的某些偏离和对法家的某些肯定,从正面影响了李斯、韩非的思想转向;而荀子及其学说不被诸侯国的君主们赏识的事实,则从反面刺激了他们的思想转向。这当然是荀子所始料未及的。

李斯和韩非都已形成了这样的认识:要真正适应当时的社会大变革,适应大一统君主集权国家的建立,对有能力实现天下统一的君主进行具体有效的指导,就不能再固守儒家的阵地,而必须脱离儒家基于"仁义"思考和设计社会秩序及政治制度的思想路线,认同并全面地发展法家的学说。这也就意味着彻底抛弃他们认为属于空想的、迂阔的、"中听不中用"的"仁义道德"教条,不仅破除道德一元论或道德至上论,还要彻底丢掉儒家的仁义道德,把思维的坐标定位于社会的物质基础和人们的欲望与需要上,定位于财力、物力和权力上,尤其是定位于君主的意志和作为君主意志之客观化的法与刑上。所以,他们势必要偏离荀子之所教。

人们趋利避害的普遍愿望,特别是权势者的欲望与意志,既是人类社会永久的动力,也往往会主导一个时期的社会发展情势。而在春秋战国那个越来越竞于气力与谋略的时期,更是凸显出实力、权力与意志的重要,这对于那些强烈地希望"治国平天下"并同时实现自身价值的人而言,是比任何老师都更有权威,更能决定或改变人们信念的力量。于是,便有了从孔子出发又突破孔子的荀子,有了从荀子出发又摆脱荀子的李斯和韩非。不管后人对这种"突破"怎样评说,它的发生却是合乎那时历史变化趋势的。其实,当我们认为这是不以人的意志为转移的"规律性"现象时,所说的无非是人性在那个时代条件下的必然表现,它是否带来真正的社会进步,则要作具体的考察。

我们不妨通过对韩非与荀子哲学思想的比较,看一看徒弟从老师出发又"超过"老师的具体走势。荀子的天道观具有自然唯物主义的鲜明色彩,反对天命论而主张无神论。韩非也作如是观。此外,韩非经由荀子而取法老子,将老子关于"道"的思想和荀子"理"的概念予以综合、发展,建立了"道"(宇宙的总规律)和"理"(万物的特殊结构与法则)相统一的理论。

在历史观上,荀子虽不否定先王,但更强调法后王。韩非则彻底否定一切先王,提出"无先王之语"(《韩非子·五蠹》),"废先王之教"(《韩非子·问田》)。荀子在对礼的起源的解释中,提到了经济因素的作用,包含了经验主义或唯物主义萌芽。韩非则把社会政治制度和伦理道德的变迁归因于人口的增殖和财货的多寡，并且指出：古时尧、舜禅让，是因为当时帝王生活很苦，不能认为道德高尚。现在县令比古代天子生活优裕，故县令也不肯轻易辞职。不肯辞职也不能认为道德不高尚，这都是生活待遇的不同使然。这种看法，似乎较荀子人性论更加彻底，因为它只承认人性趋利避害的功利取向。

事实上，荀子在人性问题上主张性朴论，且有性恶之说，但认为人可以通过化性起伪而向善。韩非则是极端性恶论者，认为人根本教育不出善来，只能迫于刑罚不敢为恶。他认为君臣之间"上下一日百战"（《韩非子·扬权》）；一家之内，"父母之于子也，犹用计算之心以相待也"（《韩非子·六反》）：所以治理国家者根本不能讲仁义道德，而必须任法任刑。

在认识论方面，荀子坚持经验论、可知论，提出"解蔽"和"虚壹而静"的要求，重视认识的检验和实践。韩非也认为先验的"前识"是荒谬的，人认识世界必须依赖于感觉器官和思维器官。并提出"去喜去恶，虚心以为道舍"和"虚以静后，未尝用己"（《韩非子·扬权》）的主张，既有老子也有荀子的印记。

韩非比荀子更强调以实际功用作为认识的目的和检验认识正确性的标准。例如，他说："今听言观行，不以功用为之的彀，言虽至察，行虽至坚，则妄发之说也。"（《韩非子·问辩》）又说："循名实而定是非，因参验而审言辞。"（《韩非子·奸劫弑臣》）并对参验作了许多论证。当然，韩非所讲的"参验"也主要是个人的直观和统治者的功利。

由此可见，荀子注重客观、讲究实际的思想取向和思维方式，对韩非的影响还是颇大的。韩非将荀子的思想取向和思维方式接受过来并片面单向发展，结果，导致了仅仅看重客观外在的力量，看重强制性的他律和君主的权势，而无视人主观内在的信念，无视人的自觉和自律，尤其是无视普通民众的人格尊严与权益。

实事求是地说，《韩非子》一书中许多观点不无片面的深刻性，有些道理也说得很透彻，字里行间透射出一种冷峻的理性精神。韩非清楚地看到那个时代发生的根本性变化，是周制全面瓦解所导致的人们不再认同旧的等级秩序，他们转而从现实提供的可能与自身利益的最大化出发，为了谋取利益而不惜展开明争暗斗，特别是那些掌握了权力且拥有很大势力的诸侯与大夫。因而，社会已非理想性的仁义道德所能主导的，只有强制性的"法"与"刑"才能带来新的统一秩序。而问题在于，能够制定和落实这些法与刑，以体现自己意志与愿望的，也必定是那些掌握了权力的人物。而这意味着统一的君主专制社会的到来。

韩非关于"圣人之治国，不恃人之为吾善也，而用其不得为非也。……故有术之君，不随适然之善，而行必然之道"(《韩非子·显学》),关于"释法术而任心治,尧不能正一国;去规矩而妄意度,奚仲不能成一轮"(《韩非子·用人》),关于"明主使法择人,不自举也;使法量功,不自度也"(《韩非子·有度》)等论断,表明韩非充分认识到法的公共性与强制性。显然,他所推崇的"法"即"法术",并非完全与"人治"对立的"法治",而就是帝王意志的普遍化,是帝王的统治术。

韩非确实超出了道德一元论的樊篱,在"道德哲学"之外,建立了自己的法术理论。但是,法术作为君主意志的体现,是君主驾驭和控制臣民的工具,君仍然高于法,法也仍然无关民众的权利,不是社会正义的体现。正因为如此,儒家的"仁义道德"和法家的"法理刑政",才成为历代统治者进行统治的两大工具,一外一内,一明一暗,恩威并用,宽猛相济,稳定了以家庭为本位的农业社会的秩序,也有力地扼杀了中国人自主意识的形成和民主权利的要求。

衡器两边的物体只是换一下位置,衡器就会作出相反的显示;化学中同样的元素,若结构发生变化,就可产生性质相反的化合物。青出于蓝固然胜于蓝,冰水为之却寒于水。如果说,在李斯和韩非那里可以找到荀子学说的一些内容的话,那么,这些内容也被拆解和重新组装了。

因此,李斯和韩非的思想与主张,应当说是他们自己的再创造，他们在历史上所发挥的积极与消极的作用，也只能归功与归咎于他们自己。据此，说秦王朝的建立与荀子的学说不无关系则可，但若说是落实荀子学说的结果，就不免牵强附会了。否则，依据荀子之说源于孔子，岂不要让孔子为秦王朝的建立承担最后的责任了吗？

《荀子·王制》篇中有这样一段话：

> 马骇舆则君子不安舆，庶人骇政则君子不安位。马骇舆则莫若静之，庶人骇政则莫若惠之。选贤良，举笃敬，兴孝弟，收孤寡，补贫穷，如是，则庶人安政矣。庶人安政，然后君子安位。《传》曰："君者，舟也；庶人者，水也。水则载舟，水则覆舟。"此之谓也。故君人者欲安则莫若平政爱民矣，欲荣则莫若隆礼敬士矣，欲立功名则莫若尚贤使能矣，是君人者之大节也。三节者当，则其余莫不当矣；三节者不当，则其余虽曲当，犹将无益也。

平政爱民、隆礼敬士、尚贤使能，这是君主的三项根本准则。这三项准则运用得当，其余的事就无不得当；这三项准则运用不得当，则其余的事即使做得恰当，仍然没有多大益处。荀子这段形象生动、言近旨远的话，才是一切希望长治久安的君主所应当遵循的治国原则。虽然这主要是为统治者考虑而很少是为百姓考虑的，但在那个任谁也改变不了基本社会结构及基本政治制度的历史时期，多少也有利于百姓的生存，因为它毕竟看到了民众的需求和力量，要求统治者对民众的利益给予一定的照顾。

李斯、韩非在超脱荀子的同时走向了另一个极端，秦王朝则将李斯、韩非的极端之论付诸实践，认为只要实行严刑峻法的高压统治，就必定能使天下人为之震慑，使天下人"敢怒而不敢言"。但不料陈胜、吴广率数百疲散之众，斩木为兵，揭竿为旗，天下云集而响应，暴秦顷刻间土崩瓦解。秦始皇企望秦王朝"二世、三世至于万世，传之无穷"（《史记·秦始皇本纪》）的美梦，瞬间破灭。

历史就是这样以铁的事实证明，李斯、韩非一类法家同样有致命的缺陷；单靠法家理政，统治者不可能实现长治久安。儒、法各有长短，两家必须互补，统治者只可两者兼取，不可取一舍一。

历史同时说明，从儒家角度看，荀子的学说固然没有孟子的"纯粹"，从法家角度看，荀子的学说也远无韩非的"彻底"，但荀子却比他们两家都更具全面性和历史眼光。秦王朝的崛起，在荀子学说中已有一定的预示和预见；秦王朝的骤亡，在荀子学说中同样也有原则上的论证和定论。这就是很好的说明。

3. 荀学对秦代学术的影响

（1）荀学与《吕氏春秋》

荀子生前未得到诸侯国君主的信任重用，死后，其学说对秦之统一天下也未能起到直接而显著的指导作用，但是，荀学对当时思想学术界的影响，却是十分明显的。

在秦朝，无论在哲学思想还是在政治观点上都受到《荀子》一书影响的，除李斯、韩非一类法家之外，主要是当时的"杂家"——吕不韦。可以说，杂家的观点与荀学接近的程度，要远甚于法家与荀学的关系。

吕不韦系卫国濮阳（今河南濮阳西南）人，在阳翟（今河南禹州）经商，发财致富，家累千金。他在赵都邯郸遇见入质于赵的秦孝文王的庶子子楚，认为"奇货可居"，便游说秦孝文王后华阳夫人，立子楚为太子。后来子楚继位，即秦襄王，吕不韦也因此当了丞相，被封为文信侯。门下有宾客三千，家童万人。秦襄王死后，年幼的太子嬴政即位，即秦始皇，吕不韦继任相国。为总结兴衰治乱的经验，为秦统一天下并长治久安提供理论武器，吕不韦集合门客编写了《吕氏春秋》一书。

《吕氏春秋》力图尽用百家之长，兼儒、墨，合名、法，集道与阴阳家言，及于农学、天文、历数、音律、古史旧闻等各种知识。较之《荀子》一书，《吕氏春秋》更自觉、更开放地吸取百家思想，以备君主治国理政，但因此也有了"杂"的问题，观点杂多，中心思想亦不甚明确。

《吕氏春秋》在自然观上采精气说，探讨了天地本原问题。在认识论上它主张虚静得一，汇合了老子和荀子的有关思想。在历史观上它采五行说，使历史变迁与自然循环相应相合。在社会观上它吸取了荀子人能群和以礼分财的思想，认为君主是应人群之利而生的。在人生论上它既讲贵生重己，又讲贵公去私。在政治观上它与《荀子》有许多接近之处，如主张以"义兵"统一天下，以农为本、工商为辅；天子仁德无私，垂拱于上，群臣尽忠尽职，分治于下；仁义和刑法并举，建立长治久安的太平盛世。

可以说，《荀子》是《吕氏春秋》的先行者，这不仅因为在哲学思想和政治思想方面，两者最为接近，而且因为后者继承了前者根据时代的发展和需要，不拘一格地广采博取的治学方法，更超脱、更主动地吸取并汇合各家各派的观点。

《吕氏春秋》成书于秦始皇八年（前239年）。书成之后，吕不韦张榜公布，称有人"能增损一字者予千金"。(《史记·吕不韦列传》) 这不啻向天下昭告此书是他准备如何统一并治理天下的纲领，外以示各诸侯国，内以示秦始皇。然而，书成两年后，吕不韦即被罢官，再过一年多被迫自杀。这与《吕氏春秋》中有反对君主私天下的观点，要求君主以利民为务是否有关，不得而知。但即使秦始皇参考了《吕氏春秋》，行的主要是法家主张，却是毋庸置疑的。倒是汉初的统治者吸取了秦亡的教训，崇尚无为、王霸并用，与《吕氏春秋》的基本思想更为一致。自《荀子》到《吕氏春秋》，再到汉武帝时独尊的"儒术"，其根据时代需要综合百家以创新的思想取向，倒是一脉相承下来。

（2）荀学与《易传》

我们知道,《周易》分为《易经》《易传》(或《经》《传》)两部分:《易经》是六十四卦的卦象、卦辞和爻辞;《易传》是对前者的解释,包括《彖辞》《象辞》《系辞》《文言》《序卦》《说卦》《杂卦》等。从《荀子》一书,可知荀子对《易经》相当熟悉，许多观点和提法明显受到《易经》影响；而与大体形成于战国晚期或汉初的《易传》的关系，谁借助谁、谁吸收谁更多一些，较难断定，双方是否存在着基本思想和精神的一致，学界也有不同看法，笔者倾向于认为双方在基本精神上是一致的。

在荀子生活的时代，神鬼的迷信仍然流行,《易经》也仍然被许多人作为占卜之书。但诸子等许多学者，已从过去的迷信上帝，转向重视自然的因果关系与自身的作为。在他们眼里,《易经》主要不再是占卜之书，而是普遍的哲学思想的阐发，他们从大量占卜中的共同卦式联系着的各种历史传闻中，抉发、提高为具有共同模式的抽象哲理。而晚年对《易经》极为重视，下过很大功夫，以至于"韦编三绝"的孔子，就是将"卜筮《易》"转向"人文《易》"的开创者。荀子正是遵循了孔子这一路线的，故荀子有言"善为《易》者不占"（《荀子·大略》），这与西汉刘向认为荀子"善为《易》"，显然不矛盾。

荀子引用过《易经》中的卦名和爻辞。如为了说明秦穆公能改变自己的错误，重回正道，受到《春秋》的褒扬，他引用小畜卦初九爻辞云："《易》曰：'复自道，何其咎？'《春秋》贤穆公，以为能变也。"（《荀子·大略》）再如荀子认为君子对于正确的言论，理应不厌其烦地谈论，而从反面引用坤卦爻辞云："故君子之于言也，志好之，行安之，乐言之。故君子必辩。凡人莫不好言其所善，而君子为甚。……故《易》曰：'括囊，无咎无誉。'腐儒之谓也。"（《荀子·非相》）所引坤卦爻辞的意思是人应慎言，以免招惹是非，而荀子则是要批评那些因怕惹是非而缄默不语的人，只能称为"腐儒"。这种引用显然没有顾及原文的本意，而只是为了证明自己的观点。

或许正因为荀子反感于许多人还是把《易经》用来占卜，故《荀子》一书对它的征引极为有限，所给予的重视程度与地位，都远不如《诗》《书》。《荀子》对卜筮的多处批评，也从一个侧面说明了这一点。如针对"卜筮然后决大事",荀子批评道:"日月食而救之,天旱而雩,卜筮然后决大事,非以为得求也,以文之也。故君子以为文,而百姓以为神。以为文则吉,以为神则凶也。"(《荀子·天论》)

由于《易传》一书的定型有一个较长的过程,其基本部分定型可能在战国中晚期,学界也有汉代早期成书说,因而与《荀子》一书的相互关系也较难确定。

《荀子》有对《易传》的引用,并在引用时给予改编,如"《易》之《咸》,见夫妇。夫妇之道,不可不正也,君臣、父子之本也。咸,感也,以高下下,以男下女,柔上而刚下"(《荀子·大略》)。李学勤认为,《大略》篇的"这几句话,实际援用了《易传》中的《彖传》《说卦》《序卦》三篇。《咸》卦艮下兑上,《说卦》云:'艮三索而得男,故谓之少男。兑三索而得女,故谓之少女。'所以说'《咸》见夫妇'。《序卦》讲《咸》卦说:'有天地然后有万物,有万物然后有男女,有男女然后有夫妇,有夫妇然后有父子,有父子然后有君臣。'下面又说:'夫妇之道不可以不久也,故受之以《恒》。'所以讲'夫妇之道不可不正也,君臣、父子之本也'。至于'咸,感也','男下女','柔上而刚下'云云,均乃《咸》卦《彖传》的原文"(李学勤:《周易溯源》,巴蜀书社 2006 年版,第 134—135 页)。此说甚是。

那么,《易传》在成书的过程中,是否也吸收了《荀子》一书中的观点呢？笔者认为,如果充分考虑双方享有某些共同的思想资源,那么,至少可以肯定它们之间在观点上有许多的接近或一致之处；如果《易传》最终成书于战国晚期或汉代早期,那就更有可能受到《荀子》的影响。

如《荀子》强调人能"与天地参",《易传》则指出：天道与人道能够相互影响和作用；君子的言行举动,可以使天地有感有动,正因为如此,所以人才能与天地配合,参与天地的造化。

《荀子》隆礼、重分,《易传》也讲"物畜然后有礼,故受之以履","履,君子以辨上下,定民志",并同样尊礼、定分、主治、明罚。

《荀子》认为"天地者,生之本也"(《荀子·礼论》)、"天地者,生之始也"(《荀子·王制》)、"天地合而万物生,阴阳接而变化起"(《荀子·礼论》),《易传》则有"天地之大德曰生"的命题,双方的基本思想高度一致,只不过后者更具概括性。《易传》中讲了许多人类历史和天地宇宙的起源、演变和发展的道理,与《荀子》一书的有关看法和精神实质也极其接近。

《荀子》有言："善言古者必有节于今,善言天者必有征于人……故坐而言之,起而可设,张而可施行。"(《荀子·性恶》)这种"究天人之际,通古今之变",对自然和历史作统一解释的致思取向，就是由阐释《易经》的《易传》吸取诸子的思想，从哲学上予以系统论述的。《易传·系辞上》所提出的"一阴一阳之谓道"，可谓中国哲学思想关于道的形上学与辩证法的双重表达，从创生和动力机制上说明了中国古代宇宙论与世界观的特点。

总之，《易传》与《荀子》一书的关系，学界争议颇大。笔者认同李泽厚的下述基本看法："荀子沿着孔学传统已经吸收了道、墨、法的许多东西，走向广大的外在世界，从天地自然到人间制度；《易传》就将这一外在倾向予以高度哲学化。""尽管《易传》中仍然夹杂着大量的巫术、迷信等不可以理智解释的说明、提法和论断（很可能这与传统流行的以天文星历占卜人事等有关），而就总体实质言，却与荀子无神论思想接近。《易传》说'观天之神道而四时不忒，圣人以神道设教，而天下服矣'，与荀子神道设想的思想便完全一致。"（李泽厚：《中国古代思想史论》，生活·读书·新知三联书店2008年版，第133、127页）也如李泽厚所说，《易传》与荀学"刚健奋斗"的基本精神也是一致的，前者虽然未用"天人相分""制天命而用之"的提法，却把它们改造为"天行健，君子以自强不息""地势坤，君子以厚德载物"的命题，既赋予自然以人的品德色彩，又强调了人对天地之道的效法。——其实是感悟着天地万物之生命与法则的人，从"天人"关系所给予的双向阐释。人在以天长地久、天高地厚来勉励自己时，也把自己所信赖、崇敬的性质赋予天地。

4. 儒学的独尊与荀学的落实

（1）儒者的倡导

荀子的学说真正得到重视、真正得到落实是在汉朝。而荀学在汉之应时，也正是孔子所创立的儒学在中国封建社会大行其道的开始。

秦王朝推行霸道，实行严刑峻法，结果二世而亡的惨痛教训，深深地震动了汉初的世人。汉朝初建时，经济破败凋敝，人民疲惫穷困，国家内忧外患，只有采取轻徭薄赋、减省刑罚、与民休息的政策，才能恢复经济，安定民心，巩固新王朝的统治。因此，西汉统治者便选择了主张清静无为、贵生重己的黄老之学即道家思想作为治国之道。但几乎与此同时，儒家的思想也逐渐地活跃起来，其标志之一，就是荀学首先得到士人们的重视和提倡。

西汉初期的著名儒生陆贾、贾谊等人，传承孔子的仁义思想，虽未正面称引过荀子，但从他们提出的许多思想和观点中，也能够发现荀学的旨趣。

陆贾总结秦所以速亡的原因在于"弃仁义"，故强调"德治"和"教化"的重要性，这与荀子以礼来"化性起伪"

的主张是一脉相承的。陆贾在其《新语》一书中指出:"故尊于位而无德者绌(黜),富于财而无义者刑,贱而好德者尊,贫而有义者荣。"仁义道德是为政的根本,据德者昌,不仁者亡。法令固然可以惩恶,却不足以劝善;教化才能使人向善,中和才能致远。所以,陆贾认为治国安邦在于兴教化、致中和。

陆贾既以儒家的政治伦理学说为根本,又兼采黄老无为的主张,他提出"文武并用,长久之术"(《史记·郦生陆贾列传》)的著名论点,在新的形势下发展了荀子礼法并用、刑赏并济的思想,体现了荀学因时制变、兼收并蓄的思想方法。

关于天人关系,陆贾认为:"尧、舜不易日月而兴,桀、纣不易星辰而亡。天道不改而人道易也。""世衰道亡,非天之所为也,乃国君者有所取之也。"(《新语·明诫》)他还说,世人"论不验之语,学不然之事,图天地之形,说灾变之异,乖先王之法,异圣人之意……指天画地,是非世事,动人以邪变,惊人以奇怪,听之者若神,视之者如异,然犹不可以济于厄而度其身"(《新语·怀虑》)。显然,这些看法都本之于荀子的"明于天人之分"。陆贾在其所著《新语》中非常推崇"鲍丘之德行"(《新语·资质》)。鲍丘即浮邱伯,也是荀子的弟子。因此,说陆贾与浮邱伯"同时相善,闻风相悦","陆贾之学,盖出于荀子"(王利器:《新语校注》前言,中华书局2012年版,第7—8页),是有一定根据的。

贾谊少时在河南吴公门下受业。吴公与"李斯同邑而常学事"(《史记·屈原贾生列传》),贾谊由此受到荀学的一定熏陶。贾谊以儒学为主,又颇通诸子百家之言,主张以礼治国,提出立君臣、明上下的礼治观点。他说:"礼者,所以固国家,定社稷,使君无失其民者也。主主臣臣,礼之正也;威德在君,礼之分也;尊卑大小,强弱有位,礼之数也。……故礼者,所以守尊卑之经、强弱之称者也。礼,天子适诸侯之宫,诸侯不敢自阼阶。阼阶者,主之阶也。天子适诸侯,诸侯不敢自有宫,不敢为主人礼也。君惠臣忠,父慈子孝,兄爱弟敬,夫和妻柔,姑慈妇听,礼之至也。君惠则不厉,臣忠则不贰,父慈则教,子孝则协,兄爱则友,弟敬则顺,夫和则义,妻柔则正,姑慈则从,妇听则婉,礼之质也。"(《新书·礼》)贾谊的这番话,说明他较之陆贾更接近于荀子的政治思想。贾谊已经明确地意识到,新兴的汉朝只有以礼为纲,才能纲举目张,职分明确,上下有序,朝野安定。

贾谊所提出的"富安天下"的主张,也有荀子"上下俱富"的经济思想的影响;从贾谊的《治安策》,亦可发现它与《荀子》的《富国》《议兵》等篇章结构的相似。总之,在贾谊身上,有着相当浓重的荀子的投影。

大史学家司马迁将荀子与孟子并列，作《史记·孟子荀卿列传》，并在《史记·吕不韦列传》中说："荀卿之徒，著书布天下。"而荀卿之徒，除李斯和韩非之外，前面提到的传《鲁诗》的浮邱伯，以及传《毛诗》的大毛公、传《左氏春秋》的张苍等人，都是荀子的弟子或再传弟子。秦汉儒生所传《诗》《书》《易》《礼》《春秋》诸经说，多出荀子之门。荀子作为传经大师，对于儒学在汉代的传播和复兴，显然立下了首功。

据刘向《孙卿新书叙录》所言，西汉大儒董仲舒特意"作书美孙卿"。惜乎此书已佚，其言不得而知。但董仲舒还有对荀子的间接评价，他说："性有善端，动之爱父母，善于禽兽，则谓之善，此孟子之善。循三纲五纪，通八端之理，忠信而博爱，敦厚而好礼，乃可谓善，此圣人之善也。"（《春秋繁露·深察名号》）董仲舒这里所说的与孟子相对立的"圣人"，显然不仅指孔子，尤指荀子。

董仲舒不仅"作书美孙卿"，在实际上他也是以荀学作为自己重要的思想资源的。荀子大讲人的主观能动性，并据此认为人能"参于天地"。董仲舒也力倡这种观点。他说："天德施，地德化，人德义。""天地之精所以生物者，莫贵于人。人受命乎天也，故超然有以倚。……此见人之绝于物而参天地。"（《春秋繁露·人副天数》）他认为人之所以能"与天地参"，就在于"天长之而人伤之者，其长损；

天短之而人养之者，其短益。夫损益者皆人，人其天之继欤？出其质而人弗继，岂独立哉？"（《春秋繁露·循天之道》）

荀子提出"礼有三本"，董仲舒则说："何谓本？曰：天、地、人，万物之本也。天生之，地养之，人成之。天生之以孝悌，地养之以衣食，人成之以礼乐，三者相为手足，合以成体，不可一无也。"（《春秋繁露·立元神》）他还说："好色而无礼则流，饮食而无礼则争，流争则乱。故礼，体情而防乱者也。民之情，不能制其欲，使之度礼。"（《春秋繁露·天道施》）

荀子提出天下"一统"的观念，董仲舒则发展为自己的"大一统"说。他说："《春秋》大一统者，天地之常经，古今之通谊也。"（《汉书·董仲舒传》）他这样解释"大一统"之"一"："天之常道，相反之物也，不得两起，故谓之一。一而不二者，天之行也。……天之道也。故常一而不灭。"（《春秋繁露·天道无二》）为了政治上的"大一统"，董仲舒提出了思想意识上的"大一统"："今师异道，人异论，百家殊方，指意不同，是以上亡以持一统；法制数变，下不知所守。臣愚以为诸不在六艺之科孔子之术者，皆绝其道，勿使并进。邪辟之说灭息，然后统纪可一而法度可明，民知所从矣。"（《汉书·董仲舒传》）比照一下荀子当年关于"天下无二道，圣人无两心。今诸侯异政，百家异说，则必或是或非，或治或乱"(《荀子·解蔽》)的看法，可知董仲舒的思想渊源所自。

荀子关于人性朴与性恶和"化性起伪"的观点，则是董仲舒"性三品"说的一大思想来源。董仲舒认为："人受命于天，有善善恶恶之性，可养而不可改。"(《春秋繁露·玉杯》)"性比于禾，善比于米。米出禾中，而禾未可全为米也。善出性中，而性未可全为善也……性如茧如卵，卵待覆而为雏，茧待缲而为丝，性待教而为善。此之谓真天。"(《春秋繁露·深察名号》)他进而将"性"与"情"二分："质朴之谓性，性非教化不成；人欲之谓情，情非度制不节。"(《汉书·董仲舒传》)然后提出性有三品："圣人之性"不教自善；"斗筲之性"教也不能为善；唯"中民之性"待渐于教训而后能为善。"善，教训之所然也，非质朴之所能至也。"(《春秋繁露·实性》)

荀子"尊君"的主张，到了董仲舒那里，更是被推展到无以复加，君主不仅是人中圣杰，更是"受命于天"的"天子"："受命之君，天意之所予也。故号为天子者，宜视天如父，事天以孝道也。"(《春秋繁露·深察名号》)董仲舒同时也接受了荀子"天之生民，非为君也；天之立君，以为民也"(《荀子·大略》)的见解，他说道："天之生民，非为王也，而天立王以为民也。故其德足以安乐民者，天予之；其恶足以贼害民者，天夺之。"(《春秋繁露·尧舜不擅移汤武不专杀》)

西汉经学家、文学家刘向校阅群书,将世上流传下来的荀子的著作(时称《孙卿书》),整理编定为32篇,称为《孙卿新书》,并赞叹道:"如人君能用孙卿,庶几于王!"刘向把荀子置于仅次于孔子的地位。班固的《汉书·艺文志》也把《荀子》当作孔子"七十子之弟子"之后的代表作,其地位远在《孟子》之上。

西汉戴德编纂的《大戴礼记》和戴圣编纂的《小戴礼记》(亦称《礼记》),更是大量地引述、采用《荀子》的《礼论》《劝学》《修身》《大略》《乐论》《法行》等篇的内容或观点;取自《礼记》的《大学》《中庸》亦受到《荀子》的影响。此外,《史记》的礼书和乐书几乎全文照录了《荀子》的《礼论》《乐论》;《汉书·刑法志》大段地摘引了《荀子》的《议兵》;《诗大序》则继承和发展了荀子《乐论》和《礼记·乐论》中的诗乐理论。凡此种种,表明荀学在汉代的思想文化界已经产生普遍而显著的影响。

汉代学者徐幹认为:"荀卿生乎战国之际,而有睿哲之才,祖述尧舜,宪章文武,宗师仲尼,明拨乱之道,然而列国之君以为迂阔不达时变,终莫之肯用也。"(《中论·审大臣》)历史的烟云吹过,尘埃落定,荀学的现实精神和长远眼光,终于被后人意识到了。汉代的士人们率先指出:到了在政治上和社会生活中落实荀子学说的时候了。

(2)君主的赏识

荀学的落实，儒家的复兴，在当时已不是儒生们的一厢情愿。最高统治者从维护和巩固自己统治的需要出发，也越来越感觉到儒家有着法家和道家难以取代的作用，更值得加以推崇。西汉统治者这一认识上的变化，在汉高祖刘邦那里就露出端倪了。

西汉开国皇帝刘邦，开始很瞧不起儒家和儒生。他把儒生的帽子摘下来当尿袋，成为历史上的一大笑谈。陆贾在他面前称颂《诗》《书》，他却骂道：我从马上取天下，安用《诗》《书》！为刘邦马上取天下立了大功的陆贾毫不示弱，回答道：马上取天下，马上能治天下吗？陆贾反复向刘邦讲述古代圣王治国"文武并用"的"长久之术"，陈说秦朝专行苛法不行仁义而速亡的教训，终于使刘邦改变了对儒家的看法。

刘邦在敕太子书中自我反省说：我遭逢乱世，秦又禁书禁学，我自以为读书无益，即位以来，才意识到读书的重要。追想过去的行为，多有不是之处。他让陆贾著书，总结秦亡汉兴的教训和经验，还亲自到山东祭孔。儒生叔孙通等趁机将改造变通后的礼仪推荐给刘邦，更是博得了他的赏识和重视。

刘邦刚做皇帝时，由于朝廷之上没有确立君尊臣卑、上下有别的等级礼仪制度，众诸侯及功臣在宴会上"饮酒争功，醉或妄呼，拔剑击柱"，令刘邦大伤脑筋，深感不安。

这时，儒生叔孙通向刘邦提出"愿征鲁诸生，与臣弟子共起朝仪"。刘邦便让他尝试。两年后，举行隆重的朝贺大典，让诸侯、功臣、将军和其他官员依次排列在朝廷东西两侧，设专职以掌宾客之礼，皇帝大驾一出，百官即持戟传警，引诸侯王和六百石以上的官员顺序朝贺。贺毕，皆垂首恭候。于是置酒设宴，王侯和官员按照尊卑依次为皇帝敬酒祝寿。酒行九巡，凡不合仪式者立即被御史引去。竟日置酒设宴，无人敢喧哗失礼。刘邦甚感称心快意，兴冲冲表白：我今天方知道做皇帝的尊贵了。(《史记·刘敬叔孙通列传》)

于是，叔孙通被封为太常，其弟子诸生皆以为郎。这样，先秦儒学的礼仪内容经过改造变化之后，成为汉朝上层建筑的重要组成部分。自此以后，在秦朝重新得以确立的君尊臣卑、贵贱有分的等级秩序，不仅在汉朝得到承续和完善，而且在后来历朝历代都被奉为天经地义之理、之制。而君尊臣卑、贵贱有分这一套，既为法家所肯定，又是儒家所赞许的；孔子和荀子更把它作为"礼"的基本内容。

儒家在汉朝的政治生活中起的作用越来越大，逐渐地赶上并超过黄老之学。汉文帝时，重大国仪如皇帝的巡狩、封禅、改正朔、易服色、制法度、定官名，都有儒生参与。贾谊更经常与汉文帝探讨国家"存亡之变，治乱之机"的道理。文帝称赞贾谊"言三代与秦治乱之意"，"通达国体"。

(《汉书·贾谊传》)。贾谊则趁机赞扬儒学。正是儒生和最高统治者的这种配合和共识,促成了汉武帝时儒家独尊的局面。

汉武帝少时已受到很多儒学的熏陶和教育。继帝位后,他为了巩固和加强大一统的集权统治,一方面,在政治上削弱诸侯王权,镇压不断爆发的农民起义,并在军事上北击匈奴;另一方面,他也力图建立一套与大一统的集权统治相适应的理论学说来统一世人的思想。汉武帝的丞相窦婴、太尉田蚡、御史大夫赵绾都好儒,在他们的支持下,于建元元年(前140)下令荐举"贤良方正,直言极谏之士"来朝廷应试。以治《公羊春秋》而著名的董仲舒,在廷试中全面地阐述了儒家治国立国的理论。尤为重要的是,他援引"春秋大一统"的观点,建议"推明孔氏,抑黜百家"。汉武帝既然要加强集权,有所作为,自然就要摒弃"无为而治",而主张内圣外王、经世致用而又兼容道法的儒学就势必要被看中。

于是,汉武帝采纳了董仲舒的建议,罢黜百家,独尊儒术,儒家思想从此成为帝制中国社会的正统思想。

(3)儒学的礼法化

被汉朝统治者独尊的儒学,亦即董仲舒所倡导的儒学,犹如当年荀子的儒学,已是根据时代变迁和社会发展变革了的"新儒学"。传统儒学中的仁道观念仍被保留,其有利于君主集权和国家一统的内容,更得到推展,并与道家、法家以及战国末期出现的阴阳家的某些思想相结合。

例如,董仲舒不仅以阴阳释德、刑,释经、权,使儒家经学尤其是今文经学带有了神秘色彩,更以阴阳释天人关系、君臣关系,提出所谓"天人感应"的理论。他将荀子的"善言古者必有节于今,善言天者必有征于人"(《荀子·性恶》)曲解为:"天人之征,古今之道也。……人之所为,其美恶之极,乃与天地流通而往来相应,此亦言天之一端也。"(《汉书·董仲舒传》)

人可上比于天,君臣亦可以天地比之:"臣之义比于地,故为人臣者,视地之事天也。"人主"与天共持变化之势"。"天地、人主,一也"。(《春秋繁露·王道通三》)"功出于臣,名归于君也"(《春秋繁露·保位权》),"君者,民之心也;民者,君之体也。心之所好,体必安之;君之所好,民必从之"(《春秋繁露·为人者天》)。他还说:"天为君而覆露之,地为臣而持载之;阳为夫而生之,阴为妇而助之;春为父而生之,夏为子而养之,秋为死而棺之,冬为痛而丧之。王道之三纲,可求于天。"(《春秋繁露·基义》)董仲舒的这一套神秘主义味道颇浓的"君臣""夫妇""父子"上下尊卑的理论,就是后世所谓"君为臣纲、父为子纲、夫为妇纲"的礼教之直接由来。

董仲舒这一套上升到"宇宙论"高度的新儒学，如果清洗掉阴阳说的油彩，则可显示出儒、法、道的"三原色"。其儒学的"原色"，可上求于荀学乃至孔子的学说；其法家的"原色"，则可求之于韩非。董仲舒所谓"善皆归于君，恶皆归于臣"（《春秋繁露·王道通三》），就是从韩非"有功则君有其贤，有过则臣任其罪"（《韩非子·主道》）脱胎而来的。"三纲"之说，则可追溯至韩非"臣事君，子事父，妻事夫，三者顺则天下治，三者逆则天下乱，此天下之常道也。明王贤臣而弗易也"（《韩非子·忠孝》）的说法。董仲舒所建立的以君权神授、君尊臣卑、三纲五常为核心内容的新儒学，以儒兼法，重礼教而用法制，确是一种相当"礼法化"的儒学。

董仲舒不仅援法入儒，也援道入儒，使其儒学中有了道家的"原色"。董仲舒在"贤良对策"的第三策中有"道之大原出于天，天不变，道亦不变"的名言，这句名言的思想史根源，既可上溯至儒、法的某些观点，亦可见之于黄老学派的《黄帝四经·经法·道法》。《道法》篇称"天地有恒常，万民有恒事，贵贱有恒立，畜臣有恒道，使民有恒度"，明确地提出了一个永恒不变、尊卑分明的宇宙和社会秩序。秦汉时与法家合了流的黄老学派同样维护专制秩序。马王堆发现的汉墓帛书《称》篇把宇宙万事万物都按照"阳尊阴卑"的原则加以划分，正是董仲舒"三纲"

之说的形上学根据。

既然董仲舒的儒学是儒、法、道、阴阳等各学派"兼收并蓄"的产物，它当然不是荀学直接而简单的承续和推展。但是，它的"礼法化"的性质无疑既受到荀学的明显影响，更受到荀子治学方法很大的启示。

董仲舒所面临的是一种先儒未曾遇到过的崭新历史局面，他单单从先秦儒家经典中找现成答案是不行的，其他各家的理论也多有不合时宜的一面。因此，向先儒们学习，最为根本的是学习他们通达时变、厚今薄古的思想方法。而荀子是先秦最不拘泥于一说、最不固守旧制的大儒。董仲舒之追慕并师法荀子，就是再自然不过的事情了。

正因为董仲舒这套以儒家思想为主，兼采法、道、阴阳家而建立的思想体系，颇能符合汉代最高统治者加强中央集权专制统治和农业宗法社会对安定与秩序的需要，因而被钦定为官方的统治思想。董仲舒的"三纲""五常"说，更是将中国社会的宗法、政治、伦理高度地结合在一起，为君主专制社会礼教的形成奠定了基本框架，在强有力地维护着大一统帝国稳定的同时，也有力地限制了中国社会的合理分化与进步，虽朝代更替、江山易主，而作为社会总规范、总法度的"三纲""五常"，却始终不变。如追究其思想史的根源，儒、法、道自然都有"责任"，而尤难辞其"咎"的则是荀子隆礼、重法、尊君的主张。

（4）儒学演化的必然性

儒学到了西汉中期，在儒生和统治者的共同努力下，终于结束了其作为民间学术"不见用"于当权者的局面，贵为官学、国学；其强烈的政治取向使它由纯粹的局外议论变成对实际政治的参与、结合，其抽象原则转化为有操作性的社会具体制度和日常规范，儒家内圣外王的理想似乎由此得到了实现。

然而，与此同时，儒学的仁道原则也大大失落，礼法性质则愈益突出；独立于政权之外批判时政的角色，转化为政权之中的思想统治角色，"内圣外王"流为内"乡愿"而外"王霸"……于是，后人对汉代尊崇的儒术颇不以为然，而激烈者则哀叹其为儒学的一大没落，贬斥其蜕变为媚君利君的奴才哲学。攻击的矛头则由董仲舒直指荀子，因为据说荀子而非孔孟才是礼法化儒学的真正创始人。

那么，如何看待与评价儒学自身及其社会地位的这一历史变化呢？

前面我们已经指出，"礼"首先是孔子学说的一个极其重要的基本范畴，其地位仅次于"仁"。在孔子那里，"礼"与"仁"的关系是"仁内礼外""以礼见仁"。荀子在继承孔子"仁"的观念的同时，特别强调和发展了"礼"的范畴，将其提升到与"仁"并列甚至超过"仁"的高度，荀子由"礼"而"法",由"隆礼""重法"而"尊君",形成了独树一帜的礼法观。而荀子之所以提出这种礼法观,直接原因在于当时道德规范这种软约束失效,要实现天下一统,重建社会秩序,就要有一种客观的硬性的法度把世人重新定位于某种社会关系之中。就荀子而言,更为根本的原因则在于他的人性观,即人如果没有等级名分的区别,就会基于本能的欲望,围绕有限的物质利益互相争夺、打斗。这就要引起天下大乱,使人人都陷入贫困之中。所以必须用"礼"来区分贵贱尊卑、上下长幼、士农工商,使人各就其位,各从其事,各得其利,各守其分。对于那些不安分守己、侵害他人又不服管教的人,则须绳之以法。礼法的最高颁布者、实施者和保障者,是一国之君主,因此,只有隆礼、重法、尊君,建构起完备而威严的政治文化秩序,争斗才会停息,整个社会才能实现安定和谐。当然,荀子这种礼法观的落实,一方面有助于农业社会的安定,另一方面,它也更能体现帝主的意志及对帝王"家天下"的维护。

荀子的这套新儒学理论,在西汉之前,并未得到落实。战国末期,群雄逐鹿,君主们的当务之急都是通过气力的较量,打败对方而称王天下。秦一统天下之后,重法,尊君,似乎贯彻了荀子的新儒学,但其实不然。秦朝既不讲仁义道德,又置刑、法于礼之上,使天下人若惊弓之鸟,心惊胆战,整个社会都处于高度紧张、一触即发的状态,从根本上背离了荀子重法尊君以隆礼及礼隆而息争致定的本意,因而也就从根本上背离了荀学的宗旨和真谛。

同样凭气力得天下的刘邦,最初也只知凭气力定天下,而不懂"攻守之势异也"的道理。汉初采用黄老的"无为",也只是鉴于秦亡的教训和当时破败的社会状况,并没有多少深谋远虑可言。但是,统治阶级越是要显示出自己统治的合法性,越是要实现长治久安,就越是需要把自己与整个社会,把政治与伦理、权力与文化有机地整合在一起,因而也就需要一种全社会能够最大限度地认同的思想理论来促成这种整合。这样,统治阶级就必须吸收社会上的知识分子,与自己一道建立一种既具直接实用性又有普遍终极意义的思想理论,作为统治阶级也作为天下所有人的共同意识形态。

一般而言,任何思想理论,都必须从已有的思想材料出发,但对已有的思想材料的选择、建构,却要依据统治者对基本的社会事实及其发展趋势的认识及态度。那么,战国末期到秦汉之际,社会的基本事实及发展趋势是什么呢?

这是一个难以概括、难以形成共识的问题。以笔者之见,至少以下关乎社会结构与组织的重大现象,特别值得重视。其一,是从遥远的过去延续下来并普遍存在的父权制的血缘伦理组织即家庭,依然是整个社会的细胞;即使把大家庭分成小家庭，广大农民的生产生活，也必定以家庭为本体。在所有的家庭中，处于两极的，一是广大的百姓家庭，二是王族或皇族。人人各为其家以及子承父业，被视为天经地义，这也是宗法制的根源或土壤，即使帝王的世袭，也被认为理所应当。其二，是历史地形成的上自天子下至庶民的社会等级关系，等级具有政治（权力）、经济（财富占有与分配）甚至人格的多重性。西周时"天下、国、家"至黎民的分权式结构，随着春秋战国的兼并战争而发生重大变化，在政治上趋向中央集权。血缘伦理关系具有古老而顽强的自然必然性，是社会的原生态；社会等级关系具有后天人为性，是社会的次生态。由君主所主导的整个社会的整合，实际上就是上述两类血缘家庭的关联形态。既然原来在天子与黎民之间的中介即诸侯、卿大夫最后成为颠覆这一分封制度的力量，那么，以帝王可以操控的新的力量加以替代，就成为中央集权的最明智的选择。而这种新的力量，特别是各类"精英"分子，事实上早就自发地从社会中涌现出来，只待权力中枢的遴选和从政策甚至制度上加以扶持和保障。于是，从前两种社会事实的要求中势必产生第三种需要确立的"事实"即"趋势"：在"千家万户"与"皇家"之间，形成一个把双方密切地联系起来的"精英"阶层，而这个阶层的职能性取向已经被给定了，那就是"忠君爱民"。然而，由于君主几乎垄断了一切文明成果,"忠君"与出人头地,成为"人上人",拥有特权并享受利禄,非但不矛盾,还是一致的。这对无宗教与教会可以从精神上、组织上依靠的中国传统读书人、士人来说,显然有极大的吸引力。

依据上述社会事实及趋势,儒学在经过某种改造之后,显然能够为世所用。应当指出,孔子生当"乱世",所期盼的也只能是进入"天下为家""货力为己"的"小康"世,作为终极目标的"天下为公""货力不必为己"的"大同"世(那是孔子心目中古代的胜境),还远得很。当时,虽然有了"天下乃天下之天下"的观念,但并不否定天下由君主统治。上古圣贤的"禅让",也是早就过去的事情。而儒学中的荀学,特别是其关于的"礼"的学说,因为既可区分人伦的亲疏长幼,又可规定政治的上下尊卑,亦可明确经济的贵贱与分工的"礼",最能范导并维护"帝制大一统"社会的需要。

由荀子重新阐释的"礼",一面联系着孔子的"仁",一面联系着法家的"法",既可为庶民百姓所接受,又能被帝王权臣所认同。它有本原且普遍的根据,可经纬天下;又有着现实的实用性,可以具体操作。当西汉经过文景之治,平定七国之乱,社会渐趋稳定和富庶,而内外新的矛盾和问题也日渐增加之时,荀子关于以礼明分、明分使群、定分息争的礼法思想,也必然在经过社会的各种动荡之后,显示出对农业社会与帝制结构的深刻把握。董仲舒之推崇荀子，正是要借助荀子的礼法思想，为明确和稳定社会成员的等级职分，提供基本的原则和方法。

当然，董仲舒所处时期的社会历史条件、所接触到的思想资源、所要解决的时代课题，都与荀子时期的大不相同了，新的社会呼唤能够满足它的新的理论。所以董仲舒并非限于重复照搬先儒们的礼法思想，而是致力于礼法的结合、仁道与霸道的沟通，并将其普泛化、神圣化。

于是，董仲舒既大讲仁义，又把"威"与"刑"提到一个重要地位。他说："国之所以为国者德也，君之所以为君者威也。"(《春秋繁露·保位权》)"天道之大者在阴阳。阳为德，阴为刑；刑主杀而德主生。"(《汉书·董仲舒传》)董仲舒也和荀子一样认为，"上下之伦不别，其势不能相治，故苦乱也"(《春秋繁露·度制》)。但与荀子不同的是，董仲舒将等级关系彻底变成上下隶属关系，并归本于天，他说："君为阳，臣为阴；父为阳，子为阴；夫为阳，妻为阴。阴道无所独行，其始也不得专起，其终也不得分功，有所兼之义。是故臣兼功于君，子兼功于父，妻兼功于夫，阴兼功于阳，地兼功于天。举而上者,抑而下也。"(《春秋繁露·基义》) 由是，君、父、夫获得了绝对的支配权，而臣、子、妻则丧失了主体性和独立性；并且，"王道之三纲，可求于天"(《春秋繁露·基义》)，这种等级隶属关系，原来并非人为，而是天道使然。于是整个宇宙都变成一个有尊卑、讲职分的天文与人文合一、事实与价值不二的体系。

董仲舒的这种天人互应、家国一体的观点，显然大大突破并重构了孔子和荀子关于"礼""法"的思想，以形上的绝对性和天的神圣性极大地强化了社会的等级秩序，以及君主自上而下地实施社会控制的能力。可以说，中国古代社会正是以社会成员对社会群体规范（规矩）的服从，对社会成员之间伦理和政治上隶属关系的遵循，同时也是以社会成员独立人格的丧失，换来社会超稳定结构的形成和持续的。

从荀子到董仲舒，儒学确实发生了礼法化的演变。

儒学的礼法化，使儒学与君主对社会的政治控制高度吻合，这既导致了儒学的官学、国学地位的获得，又促成了文人士子进入官僚队伍而与当政者的合流。儒学或儒家的这种变化，确实使儒学或儒家的仁道观念、独立品格大为削弱了。就儒学而言，它越来越多地体现了统治阶级的意志，其"仁义道德"的说教则更具缘饰性和伪善性。就儒家而言，士人一旦变为官僚，就成了百姓的老爷，在维护统治集团利益的同时谋取个人的荣华富贵，成为他们人生的重要取向。这不能不说是儒学或儒家的一大悲哀，尽管当事者感到的不是悲哀而是欢喜。

然而,这种从历史角度而言的儒学或儒家的"悲哀""没落",却是由儒学自身的性质和中国农耕文化与社会发展的逻辑所决定的。

就儒学自身而言,将血亲伦常关系与社会的政治经济关系融合在一起,从而实现天下大治,是它根本性的社会宗旨。"正心、诚意、修身、齐家、治国、平天下"的内圣外王路线,就说明了这一点。而要将血缘人伦与社会秩序整合在一起,就必须兼顾民众和君主双方的利益,并找到它们的一致处和结合点。孔子的由仁而礼,反映的就是人伦的"孝""悌"关系与君臣的"忠""爱"关系的同构性。《论语》中说:"其为人也孝弟,而好犯上者,鲜矣;不好犯上,而好作乱者,未之有也。"(《论语·学而》)孟子虽然有很强的"民本"观念,所提出的"君之视臣如手足,则臣视君如腹心;君之视臣如犬马,则臣视君如国人;君之视臣如土芥,则臣视君如寇仇"(《孟子·离娄下》),也包含一定的平等对应关系,但终不出君主制的政治伦理。儒学既然是一种伦理化的政治学说,既然以修齐治平为鹄的,儒林中人就势必要以"得君行道""为帝王师""学而优则仕"为人生取向。

儒家一旦为统治集团接纳和利用,一旦进入现实的政治领域,各种利害关系和客观情势,就必然对它构成有力的制约,削弱它的理想性、超越性和人类性。即使某些儒者恪守儒家仁道理想,讲求君子人格,也扭转不了整个儒家的这一基本走向。相反，这些儒者还会由于"不识时务""迂腐"而遭遇或被贬黜或被排挤孤立的命运，历朝历代的"清流"，多以悲剧终结。

就中国农耕文化与社会发展的逻辑而言，前面已经指出，中国古代的血缘伦理关系与农业经济的密切结合，从根本上支撑又制约着在这个基础上生活的所有人的命运：他们在以不同的形式合作又竞争，力求实现自主又幸福的生活的活动中，最容易形成的是向着适合农业活动的地区扩张、内部则发生层级性分化因而逐渐"隆起"的"金字塔"结构。这种既有生物学根源，又主要是随着人们的自我意识和各方面能力的发展，以及围绕利与权相互竞争而形成的农压制商的社会，意味着人们先天与后天的差异，势必趋向垂直式的等级式分化，早已不平等的社会逐步变成高高隆起的金字塔结构，人们"上""下"之间的支配性关系，成为这个社会的主导，引导着整个社会的价值取向，那就是成为人上人。而居于金字塔顶端的极少数人，通过自身的威权与掌握的武力，把人们区分为三六九等的等级式社会；垂直式分化，反过来限制了人们之间的水平式分化，即劳动分工、专业化，特别是在各地域、各层级、各行业之间实现货物流通的商业的发展。这就会让整个社会系统由最初的开放，变得封闭而僵化，以腐败、低效、动乱甚至大量底层人口的减少为主要形式的溃败与悲剧，就不可避免地发生。

小农经济虽然也能推动士、农、工、商的社会分工，但推动力有限，这种横向的水平式分化并不充分，社会成员具有相当大的同质性，他们之间的生存竞争，由于缺乏横向的激励和制约机制的调节，不可能像社会分工充分发展的商品经济社会那样，产生异质分子间相互独立又相互依存的动态的协调和节制关系。因此，如果没有纵向垂直的等级隶属关系对社会成员的控制，人与人之间的生存竞争，的确就会像荀子所说的那样："群而无分则争，争则乱，乱则离。"

正是中国古代社会的这种性质，使得"求定息争"成为社会存在和发展的基本需要。既然靠横向的社会分工与合作远远不能对社会成员进行有效的调控，那么，纵向的垂直分化亦即社会的等级隶属关系，就必然从血亲伦理关系中产生出来，并得到强劲的发展。

于是，上迄君主帝王，中经公、侯、伯、子、男，下至平民百姓的宝塔式等级结构，就成了中国古代社会非常发达、显著的人文现象。这表明，自上而下的一元化的社会控制系统，是中国古代社会保持稳定和秩序的基本形式。这种形式以血亲伦理和小农经济为基础，反过来又维持和巩固着这个基础，并在政治上和意识形态上吸纳着对其有利的社会因素，排拒着对其不利的社会因素。儒学之成为官学、国学并相应地得到改造，完全是合乎历史自身的逻辑的。

由于等级隶属关系同时是人们的经济政治关系，直接决定着人们不同的社会地位和利益，即决定着人们拥有权力的大小和占有财富的多寡。因此，人们为了掌握更大的权力，占有更多的财富，就势必要想方设法往上爬，跻身于统治者的行列。最高统治者为了巩固自己的地位，也必定要以"官""禄""德"为诱饵，把社会上的"优秀"分子尽量地吸纳到他们对社会实施控制的工具——官僚队伍——中来。这样，自上而下的一元化控制系统就会日益庞大；儒生们为了自己实际的利益，也就很难坚持儒学中那些道德要求和理想性原则；而广大青年学子之研习儒学，除了学习为人处世的道理，同时更会把它作为敲门砖或进身之阶，以便由社会下层跃入社会上层。无怪孔子当年就曾感叹："三年学，不至于谷，不易得也！"（《论语·泰伯》）

由此可见，儒学在中国进入大一统的君主制社会以后，必定要发生相当大的变化。这其中，既有进步，又有退步；正如中国社会自上而下的政治一元化控制系统的出现，既有历史的内在要求，又具有严重阻滞和桎梏中国社会发展的作用一样。

历史地看，荀子发现中国古代社会"无分则争"的性质，并认为"无分者，人之大害也；有分者，天下之本利也"

(《荀子·富国》)。这是他的一个重大思想贡献。荀子的这一思想贡献,不仅得到汉代董仲舒的认同,而且可以说得到一切有识之士的共鸣。近人王国维就曾指出:"盖天下之大利莫如定,其大害莫如争。任天者定,任人者争;定之以天,争乃不生。故天子诸侯之传世也,继统法之立子与立嫡也,后世用人之以资格也,皆任天而不参以人,所以求定而息争也。古人非不知官天下之名美于家天下,立贤之利过于立嫡,人才之用优于资格,而终不以此易彼者,盖惧夫名之可藉而争之易生。"(《观堂集林·殷周制度论》)

为了求定息争,荀子以礼定分,其"分"既包括职业的分工,也包括等级的分野,但所强调者则显系后者而非前者。至董仲舒,则进一步将等级的分野提出来并将其等同于上下隶属关系,无疑是适应并维护汉代大一统的集权要求的。它不仅对汉朝的相对稳定与繁荣具有积极意义,还为中国历史上周期性动乱之后新建立的王朝,提供了一套行之有效的社会控制方法,从而使中国传统的政治经济文化得以长期延续而不曾中断。

然而,主要由荀子和董仲舒所论证所强调的礼法规范,在维护社会结构宏观上稳定的同时,也必然以禁扼微观上的个人主体性和独立性为代价。

正如有论者所言,秦汉以来的礼法规范及其政治文化,必然导致多重的后果:

其一，一旦国家通过一体化的政治力量和教化方式把社会成员纳入等级隶属关系之中，社会成员经过长期的社会化，其人格就会定型为木偶式的社会人格。而由这样的社会成员建构起来的社会，在宏观上也必然是缺乏活力的，难以适应突然变化的环境挑战。

其二，由于礼法内容是中央集权社会的以外格内的纪纲，而不是由竞争个体自愿结成的社会契约，礼法对个人的强制以及个人对礼法的敬畏，必然造成一种他制、他律的被动消极的国民性，而难得形成真正的道德自主性观念。一旦朝政败坏，纪纲松弛，长期被禁锢的被动的社会人格，就会呈现出一种毫无章法的"主动性"，宏观的社会整体就会陷入纷争混乱的状态。

其三，由于礼法肯定了君权的至高无上，而不具备对独裁君主倒行逆施的有效制衡机制，因此，历史上任何一个违反儒家仁道原则的君主，可以轻易地借助于礼法来压制和打击忤逆其个人意志的臣民，而臣民则无法凭借礼法来成功地对抗君主的淫威。（参见萧功秦：《儒学的三种历史形态》，载张荣明主编《道佛儒思想与中国传统文化》，上海人民出版社1994年版，第130—151页）"从道不从君"固然是儒家信条，但这个信条远远不如"君权独尊"来得具体明确，所以也根本不足以构成对君主的有效制约。

但所有这些问题,并不能完全归咎于荀子、董仲舒一类儒家。儒学内部固然存在着很大的悖论和缺陷,而统治者基于自身的利益和统治的需要,对礼法的强化以及对儒学的悖论和缺陷的利用,则负着更直接、更主要的责任。

(5)"霸王道杂之"

荀学以及整个儒学一旦变为"官方"的学说,就势必被统治阶级及其政治实践所"转换"。西汉的最高统治者尊奉礼法化的儒学为国学,这本身就表明了他们自己恩威相济、刑赏并用的治国之道。汉代一个极有名的故事可以说明这一点。

史载,汉元帝为太子时,柔仁好儒,见宣帝所用之人多文法吏,以刑名绳下,就对宣帝说:"陛下持刑太深,宜用儒生。"宣帝马上变脸斥道:"汉家自有制度,本以霸王道杂之,奈何纯任德教,用周政乎?且俗儒不达时宜,好是古非今,使人眩于名实,不知所守,何足委任?"并叹曰:"乱我家者,太子也!"(《汉书·元帝纪》)

可见,西汉统治阶级之"独尊儒术",一是看中儒学在当时已大量涵摄法家、道家、阴阳家中较为实用的"法""术""势"的内容,一是看中儒学所讲的仁义道德具有"缘饰""教化"和缓和社会矛盾的作用;否则,他们就会要么干脆像秦始皇那样公开地奉行法家的政策,要么像还是太子的汉元帝那样尊崇"醇儒"。

事实上，汉代统治者所推崇的并非只讲仁义道德、仁政王道，不讲君主专制、刑法霸道的所谓"醇儒"，而是这两方面都讲的"杂儒"。之所以如此，正是因为这种儒学具有"王""霸"和"善""恶"的二重性，可以被统治者公开加以宣扬以取得世人的好感并掩饰自己专制的实质，又可以被统治者不加声张地在实际上推行它的某些方面。即使在专制、霸道方面做得过分，也可以在理论上作出有根有据的冠冕堂皇的解释。

汉代最高统治者推崇儒学的这一用意，一些士人早就窥测到了。汉武帝时，黄老学派的汲黯就在武帝欲招文学儒者时说："陛下内多欲而外施仁义，奈何欲效唐虞之治乎！"（《史记·汲郑列传》）"外施仁义"，即公开宣传仁义，施舍小恩小惠以笼络、骗取民心；"内多欲"则是君主独尊而纵欲自恣。内多欲而又不能让世人识破，就只有外施仁义加以"缘饰"。

显然，"内多欲"的德性非武帝一人独具，历代君主都是恨不得以天下所有的声色犬马、珍馐奇宝，满足自己的私欲。他们也都怕其真相为世人所看穿，都怕别人与自己争江山社稷，于是，对付臣属和百姓便都要"王霸并举""恩威并用"。正因为如此，两千余年的中国封建社会，虽然朝代有更替，道术有变迁，但彻底放弃法家或像秦朝那样摒除儒学者，无有也；而尽变秦之尊君卑臣之制者，亦无有也。

其实，只讲仁义道德、仁政王道的所谓"醇儒"，从来也没有。孔孟之儒学与荀子之儒学的区别，只在礼法刑政、外在规范讲得多些或少些的问题。因而，儒家与法家亦非冰炭不同器、水火不相容，这两家都为帝王及其统治考虑，所以它们必然有相通之处、相同之点，儒、法因而才能相互贯通，相互渗透，也才能被历代封建帝王们兼而用之。

5. 神学浊流中的一道清流

（1）荀学在两汉之际的积极影响

西汉后期，社会矛盾日益尖锐，统治阶级越来越无力解决社会问题，儒家的经学家们便把希望更多地寄托于可望而不可即的神秘的"天"。于是，阴阳灾异之说流行，神学思潮兴盛，今文经学也就逐渐向谶纬神学发展。两汉之际，谶纬神学更是泛滥成灾。

早在董仲舒援阴阳五行说以入儒，从而使儒学带上神秘色彩时，司马迁就在《史记》中对神秘化了的阴阳五行学说采取批判态度。他承认阴阳、四时和二十四节气等是不可更改的，春生、夏长、秋收、冬藏是人们应当遵循的自然规律，但反对在自然观上搞神学迷信。司马迁的这一态度，与荀子无神论的自然观是一致的。

受《荀子》无神论自然观影响比较明显的，是西汉末年的著名思想家扬雄和东汉初年的著名学者桓谭。

扬雄继承《荀子》一书关于天地合而生物的思想，认为万物都是天地相互作用的结果，"天地交，万物生"（《法言·修身卷》），不是神的创造安排。他坚决反对神仙方术、星象占卜和董仲舒的所谓"土龙致雨"一类的巫术迷信。在历史观上，扬雄持明确的变化和进步观点。他认为，死守过去圣人的办法治理将来，就像"胶柱而鼓瑟"一样。尧、舜行禅让，夏、商、周则搞嫡传；西周时，礼乐征伐自周天子出；春秋时，齐晋等诸侯国则取周王而代之。这些都是"不胶者卓矣"即勇于改革的例子。

荀子在历史观、政治观和学术上对前人既有因循承续，又有突破创新的思想取向和实际做法，在扬雄这里得到了更加自觉的把握并上升到哲理的高度。扬雄指出：

> 夫道有因有循，有革有化。因而循之，与道神之；革而化之，与时宜之。故因而能革，天道乃得；革而能因，天道乃驯。夫物不因不生，不革不成。故知因而不知革，物失其则；知革而不知因，物失其均。革之匪时，物失其基；因之匪理，物丧其纪。因革乎因

革,国家之矩范也。矩范之动,成败之效也。(《太玄·玄莹》)

扬雄把包括人类在内的一切事物的因袭与变革作为普遍规律,认为新事物就是对旧事物既继承又改变的产物。只知继承不知变革,就违反了事物的规则;只知变革不知继承,事物就会失去平衡。变革一定要合乎时宜,否则会失去原来的基础;因袭一定要合乎道理,否则会丧失变化的法度。因与革,是国家的规矩法则,关系到国家的盛衰成败。

扬雄的这种观点,给荀子以来的儒者因时制宜、任儒以杂、推陈出新的举动,提供了有力的辩护和理论支持。它与荀学的思想取向一起,推动着中华民族既重视传统又具变法进取精神的形成。

桓谭也多方面地继承和推展了荀学。

桓谭主张王霸并重,尊贤爱民;明正法度,澄清吏治,赏罚必信,威令必行;尊君卑臣,权统由一,政不二门。在人性和身心关系问题上,桓谭尤其继承了荀子关于"形具而神生"(《荀子·天论》)的观点,提出了唯物主义的形神关系学说。桓谭指出:"精神居形体,犹火之燃烛矣;烛无,火亦不能独形于虚空。"(《新论·形神》)以火和烛的关系,形象地说明了精神之依存于形体,有力地批判了当时的谶纬神学和宗教迷信认为精神现象可以脱离人的形体而存在、精神现象对物质形体可以起决定作用的唯心主义观点，把客观化了的"神"还原归结为从属于人的形体的精神。

桓谭公开反对董仲舒那套天人感应的神学目的论和谶纬迷信思想，他屡次向光武帝上书，极力指斥谶纬是"奇怪虚诞之事"，非"仁义正道"，只能"欺惑贪邪，诖误人主"，对政治十分有害。他总结楚灵王、王莽等"好卜筮，信时日，而笃于事鬼神"（《新论·言体》）以致国破身亡的历史教训，指出"国之废兴，在于政事；政事得失，由乎辅佐"（《后汉书·桓谭冯衍列传》），与是否信神祭鬼无关。至于"灾异变怪者，天下所常有，无世而不然"。只要"修德善政，省职慎行以应之"，就可以转祸为福。（《新论·谴非》）

公元56年，光武帝建灵台，欲决之以谶，桓谭极言"谶之非经"，触犯光武，被扣上"非圣无法"的帽子，几乎被置于死地。董仲舒讲"天人感应"，本来有以"天"的神圣告诫约束君主的意图在内，但却反被君主利用来制造迷信，愚弄世人。就此而言，董仲舒有意无意地背离了荀子务实求是的理性精神。而桓谭坚持天人相分，则是对荀学理性精神的自觉继承和推展。

当源于董仲舒的神学浊流滚滚而来时，扬雄、桓谭上承荀子的唯物主义无神论思想，予以迎头痛击，并启开一道具有很强净化能力的清流。后来的王充,又使这道清流愈加丰沛浩荡。

(2)荀学在东汉的知音和光大者

深受荀学影响并多方面地光大了荀子唯物主义思想的,是东汉的王充。

王充生活的时代,儒学被进一步神学化,谶纬成了阐释经义的准则和尺度。王充敢于不守一家之言,博采诸家之说而独立思考,求实创新。他曾历数先秦诸子学说的弊端,更以《问孔》《刺孟》二文,批评孔孟言论中的失实和矛盾之处。但对荀子这位被两汉经学家奉为"大师"的儒家,却未予批评,只是针对某些人对荀子"性恶"说的非议进行了辨析。

王充认为:"夫孙卿之言,未为得实。然而性恶之言,有缘也。"(《论衡·本性》)他举例说:一岁婴儿,无推让之心,见到食物,呼号要食;看到玩物,啼叫要玩;长大以后,抑情禁欲,勉励向善。他还以"蓬生麻间,不扶自直;白纱入缁,不练自黑"的比喻,说明"人之性犹蓬纱也,在所渐染而善恶变"的道理。(《论衡·率性》)这既是对告子人性无善无恶的继承,又与《荀子》的《劝学》《性恶》两篇的基本思想相符。

在光武帝刘秀和汉章帝刘炟那里,儒学几乎被改造成谶纬之学。尤其是汉章帝为了把谶纬迷信思想进一步与儒家经典结合起来，采纳校书郎杨终关于召集群儒议定五经的建议，于建初四年（79）亲自主持白虎观经学讨论会。会议记录由班固整理编辑成《白虎通德论》，简称《白虎通》。《白虎通》基本上以董仲舒天人感应的神学理论为指导思想，用神学目的论来论证君主的地位和中央集权专制的至高无上的神圣性。它说金、木、水、火、土"五行"，"土居中央"——因为东汉刘姓皇族自称属"土德"。至于君臣关系，也是神按照君臣之义有目的的安排："天左旋，日月五星右行何？日月五星比天为阴，故右行。右行者，犹臣对君也。"（《白虎通·日月》）《白虎通》还在董仲舒"三纲五常"学说的基础上，提出"三纲六纪"，亦即"诸父、兄弟、族人、诸舅、师长、朋友"，其关系亦不外是"敬诸父兄""诸舅有义，族人有序，昆弟有亲，师长有尊，朋友有旧"（《白虎通·三纲六纪》）的上下尊卑的等级关系，仍然是以伦常强化政治。

王充在猛烈抨击这种儒学的同时，更以"天道无为""人道有为"这一荀子吸收儒、道两家而提出的观点，揭露了天人感应论和神学目的论的"虚妄"。

王充提出日食月食、水旱灾害、气候寒温等，都是出于自然界本身变化的客观现象，与人事无关，即使祸变也不足以明恶，福瑞也不足以表善。至于邹衍长叹天为之降雪、杞梁妻哭而长城崩的传说，纯属虚妄之言。长城是砖土所建，无心无肺，如何能够为悲哭感动而崩？若人心至诚即可使城崩土摧，则其对林木哭，能折草破木乎？向水火哭，能涌水灭火乎？王充由此说明人间的治乱、个人的冤屈绝不能感天动地。

王充还指出，所谓圣王之德能招致凤凰、麒麟，使天下太平的符瑞说，不过是"儒者咸称凤皇之德，欲以表明王之治"（《论衡·指瑞》）的神道设教，这显然与荀子当年对求神占卜的"君子以为文，而百姓以为神"的揭露，如出一辙。

在形神关系上，王充赞同荀子和桓谭的有关观点，认为人的精神本以血气为主，常附形体；人死则血脉竭而精气灭，精气灭则形体朽而成灰土。这也是王充对流行的神学迷信观念的有力批判。

在认识论上，荀子注重经验和效验的思想，对王充也有很大的影响。如王充认为人的知识只能来自人的感官与外界事物的接触，"如无闻见，则无所状"，"不目见口问，不能尽知"。因此，须"任耳目以定情实"。（《论衡·实知》）他还指出，"事莫明于有效，论莫定于有证"（《论衡·薄葬》），而无论是"效验"还是"证验"，都须"考之以心"（《论衡·对作》），用心加以辨析审察。

尤其值得称道的是，王充对荀子和扬雄与时俱进的思想，给予了更为具体也更富创意的发展。他尖锐地批评了汉代经师墨守师说、拘于章句、述而不作的学风，指出即使是孔子那样的圣贤，其行文著述考虑得很周到，也不可能句句符合实际，而日常仓促的话语，怎么能都正确无误？他还通过对当时的学者分品定级，表明自己治学贵"通"、贵"用"、贵"作"的主张，变圣人的"述而不作"为只要有益就应"不述而作"。其反对因循守旧、申扬发明创新的精神，可谓是源于荀子而大有过之。

可惜的是，王充的著作除《论衡》之外，全部佚失。《论衡》问世后，也只是在江东一带流传，没有产生大的影响。东汉末年的学者蔡邕在江东发现了这部书，回到中原之后，独自学习，秘不示人。人们发现蔡邕学问大进，猜想他或见到了异人，或看到了异书。有人到蔡家搜求，果然发现了《论衡》这部"异书"，《论衡》这才得到广泛的传播。

（3）虽入沉寂，影响犹存

东汉末年，封建统治者日趋没落，《论衡》的流传又给予两汉神学化的经学以猛烈冲击，加之经学家又因"党锢之祸"遭到严重打击，经学变得奄奄一息。魏晋时期，玄学大盛，注重外在事功和进取有为的荀学，于是连同整个讲求入世、经世的儒学一起，被排挤出社会意识形态的舞台中心，陷入沉寂。

历史的经验表明，君主集权制在刚刚从行将灭亡的分封制社会脱颖而出时，任用法家，无所顾忌。及至法家的片面性充分暴露而危害到他们的长治久安，统治集团便开始注意吸取正反两方面的经验教训，从而逐渐走向成熟。这时，他们选择了黄老之学并进而代之以孔子创立的儒学。儒学的基本思想，包括孔子、孟子和荀子的学说在内，与百家之说综合，与时代需要结合，推陈出新，发展扩充，起到了稳定和促进农业文明及君主制社会的经济和政治发展的作用。

但是，统治阶级一旦"坐稳"了江山，其对民众专制、盘剥的本性就会赤裸裸地暴露出来，如贪欲熏心、与民争利、骄奢淫逸、作威作福乃至横行霸道、巧取豪夺、为所欲为。尽管他们在口头上仍然要宣扬仁义道德、仁政王道，但其实已从根本上背弃了儒学"仁"道原则，甚至与"礼"的规范和精神相违忤。因为"礼"通过贵贱尊卑的等级名分的确立，目的是要形成明君在上、贤臣辅佐、顺民在下的安定和谐局面。君若不明，臣也不贤，则民就不可能温顺，"安定和谐"的局面也就不复存在。在这种情况下，儒学在统治阶级手里就会变得虚伪、虚妄，作为统治阶级的意识形态，也必定伴随专制制度的腐朽没落而走向陈腐衰落。而唯有在体恤苍生、主张进步、敢于求实革新的人士手中，也是真正的儒者而非俗儒、陋儒那里，儒学中合理的、有价值的方面才能得到坚持和发扬，荀学的思想取向和真知灼见，才能得到认同与发展。例如三国时期的曹操和诸葛亮，就是值得一提的这样的大政治家。

曹操多被后人目为反儒的法家，因为曹操主张法治，奖励耕战，还曾下《举贤勿拘品行令》，宣称可以任用那些"不仁不孝而有治国用兵之术"的人才。其实，东汉末年天下分裂，欲称雄或平定天下之人，都亟需"治国用兵"之人，完全固守儒家的道德标准就等于把大量的这类人才拒之门外，这显然是很愚蠢的。曹操自己说得清楚："治平尚德行，有事赏功能。"(《三国志·魏书·武帝纪》)为了长治久安，具有历史眼光的曹操也很注意提倡儒家的教化。他曾说"后生者不见仁义礼让之风，吾甚伤之"，并据此下《修学令》，要求"修文学（即经学）"，使"先王之道不废，而有以益于天下"。(《三国志·魏书·武帝纪》)十年之后，他在颁发的《以高柔为理曹掾令》中，又提出："治定之化，以礼为首；拨乱之政，以刑为先。"(《三国志·魏书·高柔传》)"礼""刑"兼备，儒、法互补，荀子之遗风，卓然可见。

诸葛亮是公认秉守儒家"穷则独善其身，达则兼济天下"信条的忠臣义士，但是，诸葛亮迥异于那些食古不化、不谙时务的腐儒。满腹文韬武略的诸葛亮不仅根据天下大势为刘备制定了合乎实际的政治军事战略，而且亲领政务,并将实行法治、赏罚分明视为"为政之要"。进蜀之初,他就针对当地"豪强专横恣虐"的情况,主张"修明法制",要求做到"赏赐不避怨仇""诛罚不避亲戚",务求"赏以兴功,罚以禁奸"(《便宜十六策·赏罚》),避免"法令不均,无罪被辜"的弊害。他还认为,"治国之道,务在举贤"(《便宜十六策·举措》),因而要求"进用贤良,退去贪懦"(《便宜十六策·考黜》),"诛罚不避亲戚"。在军事上,诸葛亮则不仅主张兴仁义之师,而且继承了法家和兵家治军作战的一些原则。可以说,作为儒者的诸葛亮,其思想作风与荀子当有更多的相通之处。

五 荀学与中国君主专制社会(下)

从隋唐到明清,中国帝制社会发生了重大的变化,荀学也经历了由兴而衰、由衰复振的曲折复杂的变化。荀学的这个变化,与整个儒学主要是孔孟一系的所谓正统儒学的兴衰浮沉,既有共同之处,又有颇为不一致的地方。认真地揭示和分析这个变化及其特点,可以使我们更加清晰、准确地把握荀学与孔孟儒学的异同,了解荀学在哪些方面有独特的影响,因而不是引来这些人的激赏,就是招致那些人的贬斥;而在哪些方面,荀学又是融入整个儒家思想大潮,与孔子和孟子的学说共同起作用的。

1. 儒学的重振与荀学的复兴

(1) 范缜无神论思想的渊源

在我们将目光投向隋唐的历史之前,有必要在南北朝时期略作停留，因为南朝的范缜作为中国古代杰出的无神论者，也是以荀子、桓谭、王充无神论思想作为其思想基础的。

范缜，南朝齐梁时人，少孤家贫，学习刻苦。他素来不信鬼神，反对迷信。史书上说他"好危言高论，不为士友所安"（《梁书·儒林列传》）。为了反对当时盛行的佛教因果报应说，他特别注意发展了荀子以来的形神关系说，以求彻底摧毁佛学因果报应说赖以建立的基础——形神相异相离的观点。

在《神灭论》这一名著中，范缜首先以唯物主义的"形神一元论"作为自己"神灭论"的出发点。他指出："神即形也，形即神也，是以形存则神存，形谢则神灭也。"在范缜看来，形是神之质，神则是形之用，犹如刀刃和锋利的关系。既然神依于形，利生于刃，那么，人的精神活动就必然依赖于一定的生理器官。要由此进行是非的判断，就须凭借主管思维的器官——"心"。人的认识，得于形体感官则为"知"，得于"心器"则为"虑"；知浅而虑深。范缜的这些观点，既受到荀子以来有关思想的影响，又有其独特和深入之处。

史载，范缜曾与南齐竟陵王萧子良辩论。萧子良问：君不信因果，何得有富贵贫贱？范缜指着庭院中盛开的花树答道：人生在世，好比长在树上的花朵随风飘去，有些落在厅堂的茵席上，有些则掉在粪坑里。像你生在皇族，享尽富贵，就像落在茵席上的花；我一生不幸，就像掉在粪坑里的花。人生虽然贵贱不同，只不过是偶然的遭遇不同，哪有什么因果报应？

范缜以偶然性批驳因果报应说，是他的机智和独到之处。萧子良纠集许多文士和僧侣与他辩论，仍难不倒他，于是许以中书郎的官职来收买，只要不再反佛。范缜大笑说：我若要卖论取官，何止中书郎呢？我早就当上尚书令和仆射的高官了！范缜这种人格操守，正是先儒孔子、孟子和荀子执着于理想和信念的精神重现。

（2）荀学在隋朝的投影

南北朝时期，佛教、道教虽然盛行，但儒家学说仍占一席之地，经学的研究也没有断绝。至于儒家思想文化的影响，既然早已浸入中华民族的思想意识和行为方式之中，佛、道更难以取而代之了。

隋王杨坚于公元581年废周静帝自立，改元开皇，称隋文帝。开皇九年（589），攻占建康，俘陈后主，结束了南北长期分立的局面，全国复归统一。杨坚在位期间，大力进行改革,确立三省六部（曹）制度,简化地方行政机构，裁汰冗官，初创科举制度，改进府兵制。在经济方面则推行均田制，整顿赋役和户籍，统一钱币和度量衡，使隋初一度繁荣。

隋文帝的这些改革,固然是基于当时社会形势,其意图在于加强和巩固中央集权。而其思想所凭借的,却是荀子与法家皆主张的"因时制宜"。他说:"国家事大,不可限以常礼。……自古哲王,因人作法,前帝后帝,沿革随时。律令格式,或有不便于事者,宜依前敕修改,务当政要。"他还强调:"礼之为用,时义大矣。黄琮苍璧,降天地之神,粢盛牲食,展宗庙之敬,正父子君臣之序,明婚姻丧纪之节。故道德仁义,非礼不成,安上治人,莫善于礼。"并说:"克定祸乱,先运武功,删正彝典,日不暇给。今四海乂安,五戎勿用,理宜弘风训俗,导德齐礼,缀往圣之旧章,兴先王之茂则。"(《隋书·帝纪》)可见,支配隋文帝这个汉胡混血皇帝思想的,仍是儒家的"礼义"。

南北朝时期的刘昼所作的《刘子》一书,大量吸收了《荀子》一书的资源,如《刘子》中的《崇学》篇,明显借用、改编了《荀子》中的《劝学》篇的论述,如其所言:"青出于蓝而青于蓝,染使然也;冰生于水而冷于水,寒使然也。……戎夷之子,生而同声,长而异语,教使然也。……故不登峻峰,不知天之高;不瞰深谷,不知地之厚;不游六艺,不知智之深。"其《辨乐》篇,脱胎于《荀子·乐论》也极为明显:"乐者,天地之齐,中和之纪,人情之所不能免也……乐发于音声,形于动静,而入于至道,音声动静,性术之变,尽于此矣。故人不能无乐,乐则不能无形,形则不能无道,道则不能无乱。先王恶其乱也,故制雅乐以道之,使其声足乐而不淫,使其音调伦而不诡,使其曲繁省而廉均,足以感人之善心,不使放心邪气得接焉,是先王立乐之情也。"

颜之推尤推重荀子,他赞扬荀子,说:"自子游、子夏、荀况、孟轲、枚乘、贾谊、苏武、张衡、左思之俦,有盛名而免过患者,时复闻之……"(《颜氏家训·文章》)

在隋文帝时,曾上太平十二策而不见用的王通,是隋朝积极提倡儒、佛、道三教合一的代表人物。学生问他:"三教何如?"他回答说:"政恶多门久矣!"三教并存犹如政出多门那样不利于天下一统。而王通本人的基本立场是儒学。他以"申周公""绍宣尼"的道统儒宗自命,说:"如有用我者,吾其为周公所为乎?""千载而下,有申周公之事者,吾不得而见也;千载而下,有绍宣尼之业者,吾不得而让也。"(《中说》)王通在政治思想上,既赞赏"盖上无为,下自足故也"的道家观点,又极力维护董仲舒所提出的"三纲五常",并强调儒家礼乐教化的作用。王通可谓是隋朝"不走运"的董仲舒。

(3)唐太宗"为君之道"的由来

唐王朝建立后,鉴于隋朝很快灭亡的教训和当时面临的社会经济遭受战争破坏亟待恢复的形势，唐朝最高统治者决定实行有利于缓和阶级矛盾，从而也有利于生产发展的政策；在思想领域，则除大量利用佛教、道教的宗教学说外，还注重宣扬儒家的伦理道德规范。在这种情况下，荀学和整个儒学一起得到复兴，儒、道、佛三教并立又互相融合的局面，逐步得以形成。

唐太宗李世民和大臣魏徵，是注意接受儒家学说的统治者的突出代表。荀学的一些基本观点与儒学的基本思想一道，对统治者发挥着相当大的影响。

李世民当了皇帝之后，有一次对臣下说：看古代之帝王，有兴有衰，犹如朝之有暮，皆为蔽其耳目，不知时政得失，忠正者不言，邪谄者日进，既不见过，所以至于灭亡。朕既在九重，不能尽见天下之事，故布置卿等，以为朕之耳目。莫谓天下无事，四海安宁，便不存意。又感叹道："天子者，有道则人推而为主，无道则人弃而不用，诚可畏也。"魏徵对曰："自古失国之主，皆为居安忘危，处理忘乱，所以不能长久。今陛下富有天下，内外清晏，能留心理道，常临深履薄，国家历数，自然灵长。臣又闻古语云：'君，舟也；人，水也。水能载舟，亦能覆舟。'陛下以为可畏，诚如圣旨。"（吴兢《贞观政要·政体》）自此以后，荀子征引古书并因而流传下来的这句话，就成了李世民"深以自诫"，并用以告诫其臣其子的警句。这个警句也成为后来帝王们的"座右铭",尽管他们没有真正地关心黎民百姓之利益的,但由于畏惧"水能覆舟",所以便不能不重视这一古语的分量。

李世民还意识到了帝王们"内多欲"所带来的危害。他说:"人君之患,不自外来,常由身出。夫欲盛则费广,费广则赋重,赋重则民愁,民愁则国危,国危则君丧矣!"(《资治通鉴》)因此,他不仅注意抑制自己的"多欲",还得出"为君之道,必须先存百姓"的结论。(《贞观政要·君道》)正因为李世民从历史的教训和先贤的遗训中懂得了民众与君主可以走向势不两立、你死我活的对抗,所以,他一方面注意缓和与农民的矛盾,另一方面则注意在思想文化政策上倡导儒学。

例如,李世民即位初年,朝廷内曾经对如何统治农民展开过一场争论。以封德彝为代表的一部分大臣认为,三代以后,人心一天比一天浇薄奸诈,只有任刑法、杂霸道才能保证统治,主张对农民实行严刑峻法。魏徵表示坚决反对。他说:如果说人心一天比一天坏,再也不会恢复到敦厚朴实,那么到今天早该变成鬼了,还谈得上什么人君来治理呢?他列举事实,论证大乱之后最容易"致治"。他说:"凡人在危困,则忧死亡。忧死亡,则思理。思理,则易教。然则乱后易教,犹饥人易食也。"(《贞观政要·政体》)他一再提出"以隋为鉴,则存亡治乱可得而知"(《新唐书·魏徵列传》），反复劝说李世民仿效圣哲先王施行教化，"若圣哲施化，上下同心，人应如响，不疾而速，期月而可，信不为难，三年成功，犹谓其晚"。(《贞观政要·政体》)李世民最后采纳了魏徵的意见，指出了"天下不可力胜""以暴不能止乱"的道理。魏徵的《群书治要》对荀子更是多有引述，他还明确指出："《周礼》，公旦所裁，《诗》《书》，仲尼所述，虽纲纪颇缺而节制具焉。荀、孟陈之于前，董、贾伸之于后，遗谈余义，可举而行。"(《中说·录唐太宗与房魏论礼乐事》)魏徵等人对儒学尤其是对荀子的推崇，不仅影响了李世民，也影响了整个朝廷。

李世民鉴于南北朝尊奉佛教并未达到加强统治的目的，在注意抬高道教以平衡佛教势力的同时，提倡儒学，提高儒家的地位。他自己则身体力行，学习儒家经典。他曾说："古人云：'君犹器也，人犹水也，方圆在于器，不在于水。'故尧、舜率天下以仁，而人从之；桀、纣率天下以暴，而人从之。下之所行，皆从上之所好。"(《贞观政要·慎所好》)李世民说的这段话，也正是荀子所强调的"为君之道"，荀子有言："君者仪也，民者景也，仪正而景正。君者槃也，民者水也，槃圆而水圆。君射则臣决。楚庄王好细腰，故朝有饿人。""君者，民之原也；原清则流清，原浊则流浊。"《荀子·君道》中的这段话，数百年之后，终于被一代杰出君王李世民亲自说出，亦足见荀子思想影响的深远。荀子的这种思想与孔孟儒学完全一致，它因而也起到了弘扬孔子及其整个儒家的作用。

李世民宣称："朕今所好者，惟在尧、舜之道，周、孔之教，以为如鸟有翼，如鱼依水，失之必死，不可暂无耳。"（《贞观政要·慎所好》）他追尊孔子为"先圣"，召集天下名儒做学官，扩充国子学，增置生员；令儒士编纂和整理儒家经典，并以之作为他所发展的科举制的重要考试内容。儒学因之在唐朝逐渐兴盛起来。当看到新科进士一个个循规蹈矩的样子时，李世民大有深意地说：天下英雄尽入我彀中也。李世民可谓是善于从实践经验和古书典籍中吸取政治智慧的，也是封建社会为数不多的深谋远虑的君主。

这样的君主，庶几接近于荀子"为君"的标准？

（4）孕育一代儒者的重要思想资源

荀学对唐朝学者文人的影响也非常显著。

唐代杰出史学家刘知几，以他花费毕生精力所著的《史通》这部中国第一部系统的史学评论专著而名世。直接而言，《史通》继承和发扬了司马迁的"不虚美、不隐恶"的史学传统，并与扬雄的《法言》、王充的《论衡》等著作的"直笔"精神一脉相承；但间接而言，这与他受到荀子"进步"思想的影响，也是难以分开的。

从《史通》中，我们可以看出，刘知几在思想上颇受荀子以及韩非"法后王"的历史进步观点的影响，他认为古今有异，当因时制宜，不应泥古；如若固守"先王之道"，就会像宋人守株待兔那样愚蠢可笑。刘知几不仅反对盲目迷信古代，而且力图排除史学领域的神学迷雾，提出"以人事为主"的论史主张。他从荀子"明于天人之分"的观点出发，指出像月食、山崩、陨霜、雨雹等现象，不过是属于自然现象的范围，与人事无关。他说"此乃关诸天道，不复系乎人事"，反对天人感应的灾异祥瑞的神学迷信。《史通》中这些论述，又直接启发了稍后的柳宗元、刘禹锡的自然观和社会历史观。

荀子批评百家之"蔽"，但认为孔子"无蔽"。刘知几则和王充一样，思想更加解放，他对汉代以来就奉若神明的儒家经典进行了大胆的批判，指出《尚书》《春秋》中虚伪错误的内容。他说《春秋》有十二条"未喻"和五条"虚美"不实之处，还指责孔子删定的儒家经典"求其前后，理甚相乖"。他尖锐指出"善无不备"的"圣人"是没有的，不要以为孔子是"圣人"，就不敢去怀疑和审议他所修订的经书，从而批判了"随声者多，相与雷同"人云亦云的学风。这不啻是对荀子理性精神的学习与超越。

唐代思想家、文学家柳宗元非常尊崇荀子，他经常引用《荀子》一书的话来阐释、加强自己的看法。众所周知，《封建论》是柳宗元的力作，在这篇论文中，柳宗元借助

"封建"的历史与荀子的思想，论述了一种从原"初"（原始）到"邦"国（文明）发生发展，且有一种势即今人说的"方向""趋势"，如同看不见的手，在其中发挥支配性作用的历史观，如其所言："天地果无初乎？吾不得而知之也。生人果有初乎？吾不得而知之也。然则孰为近？曰：有初为近。孰明之？由封建而明之也。彼封建者，更古圣王尧、舜、禹、汤、文、武而莫能去之。盖非不欲去之也，势不可也。势之来，其生人之初乎？不初，无以有封建。封建，非圣人意也。"又说："彼其初与万物皆生，草木榛榛，鹿豕狉狉，人不能搏噬，而且无毛羽，莫克自奉自卫。荀卿有言：'必将假物以为用者也。'夫假物者必争，争而不已，必就其能断曲直者而听命焉。其智而明者，所伏必众，告之以直而不改，必痛之而后畏，由是君长刑政生焉。"荀子的论点成为柳宗元立论的根据。

从荀子的这个基本论点出发，柳宗元论述了下自低级官吏上至天子的一整套殷周封建制即分封制产生的必然性。

他说，随着"群之分，其争必大"，就产生了"县大夫而后有诸侯，有诸侯而后有方伯、连帅，有方伯、连帅而后有天子"。这固然不同于西周分封制的人为顺序，却符合历史本身由下而上的演进的秩序。柳宗元进一步指出，封建等级制的产生，"非圣人意也，势也"。殷周的帝王搞分封，并不是出于公心，而是要诸侯为自己出力，为保卫自己的子孙后代尽力。后来，秦始皇之所以变分封制为郡县制，其私心是为了树立个人至尊至大的威权，使臣民服从，使统治加强，主观动机是为了一己一姓的私利，然而客观上却适应了历史发展的趋势和需要。因为封建制搞父子相传，在上者未必贤，在下者未必不肖，而且容易形成地方割据，不利于国家统一，即使有"圣贤生于其时，亦无以立于天下"。而郡县制则避免了这些弊端，因为官吏由皇帝直接委派，"有罪得以黜，有能得以赏"，且不得世袭，世代为官的现象就不会多见，朝廷与民间上升下降的渠道，总体上被保持下来。虽然民间的才俊借此渠道上升者非常有限，但这一制度毕竟给他们带来了希望。所以郡县制及相应的科举制既能巩固中央集权，维护社会政治上的统一，也发挥着上下联系和疏通的作用。汉承秦制，唐又承汉制的历史事实，证明柳宗元的这一看法是颇有见地的。

柳宗元这一从包括人的私欲在内的社会生活自身探索国家及其制度起源和发展的思路，以及他所提出的不以人的意志为转移的必然之"势"，显然得益于荀子关于"礼"的起源的论述，而给予汉代董仲舒以来喧嚣不已的"君权神授"说以有力的打击。

《荀子》一书中的唯物主义自然观、天人观，也深深地影响了柳宗元对自然宇宙以及人与自然宇宙关系的看法。柳宗元阐发其自然观、天人观的《天说》《天对》,是颇有思想价值和文学价值的。《天说》是柳宗元为反对他的朋友韩愈"天能赏罚"的观点而写的著作;《天对》是自战国时楚国大诗人屈原《天问》产生以来,中国历史上对屈原所提问题首次作出回答的杰出作品。在这两篇论著中,柳宗元都发挥了《荀子》中关于"天道自然""天人相分"的思想,论证了"天人""各行不相预"的论点。

柳宗元写道:天地、元气、阴阳如同瓜果、草木一样,都是没有意识和意志的自然事物,没有什么神秘可言,决不能赏功罚祸。功者自功,祸者自祸。欲望其赏罚者大谬;呼天怨地,祈求天地怜悯、仁慈者,亦大谬矣。他在答刘禹锡书中说:"生植与灾荒,皆天也;法制与悖乱,皆人也:二之而已。其事各行不相预,而凶丰理乱出焉,究之矣。"(《柳宗元集·答刘禹锡天论书》)

柳宗元不仅继承了儒家尤其是荀学的基本观点,而且广泛地吸收了道家、佛家与法家的思想因素。他的兼收并蓄的开放的学术取向和主张,更体现了他对荀学精神实质的把握和发展。

与柳宗元齐名的刘禹锡亦深受荀学熏陶,他将荀子"天人相分"和"制天命而用之"的命题加以整合,发展创新,提出了"天人交相胜"的著名论点,在中国思想文化史上留下了光辉的一笔。

刘禹锡认为，柳宗元的《天说》"非所以尽天人之际"，于是写了《天论》"以极其辩"，力图更深入地探究、开掘天人之间的辩证关系。刘禹锡既不同意天有意志，能赏功罚祸的"阴骘"之说，亦不赞成天与人全然不相干的"自然"之说。他指出："天，有形之大者也；人，动物之尤者也。""天之道在生植，其用在强弱；人之道在法制，其用在是非。"天与人各有不同的特殊功能，且其功能各有长短，因而便能够"交相胜""还相用"。柳宗元认为天人"各行不相预"，否定了天地自然与人直接的相互作用，刘禹锡批评他"非所以尽天人之际"，在《天论》中开门见山地指出："世之言天者二道焉。拘于昭昭者则曰：'天与人实影响，祸必以罪降，福必以善来，穷厄而呼必可闻，隐痛而祈必可答，如有物的然以宰者。'故阴骘之说胜焉。泥于冥冥者则曰：'天与人实刺异，霆震于畜木，未尝在罪；春滋乎堇荼，未尝择善。跖、蹻焉而遂，孔、颜焉而厄，是茫乎无有宰者。'故自然之说胜焉。"（《刘禹锡集·天论》）

刘禹锡否定神秘的"阴骘之说"，但也并非无条件地赞成"自然之说"，而认为天与人"交相胜，还相用"："天，有形之大者也；人，动物之尤者也。天之能，人固不能也；人之能，天亦有所不能也。故余曰：天与人交相胜耳。其说曰：天之道在生植，其用在强弱；人之道在法制，其用在是非。""天之所能者，生万物也；人之所能者，治万物也。"(《刘禹锡集·天论》)刘禹锡还通过举例说明,"一日之途,天与人交相胜",其"胜"并非战胜,而是指天、人各有优长,各擅胜场;且人们以道德和法制为主要内容的文明规则,又高出于自然界以强凌弱的生存竞争。如其所言:"是非存焉,虽在野,人理胜也;是非亡焉,虽在邦,天理胜也。然则天非务胜乎人者也。何哉?人不宰,则归乎天也。人诚务胜乎天者也。何哉?天无私,故人可务乎胜也。"(《刘禹锡集·天论》)在天道、天理的基础上讲人道、人理,即在利用自然功用的基础上,发展生产,实行法制,这就能治理好人类社会。总之,人作为"倮虫之长,为智最大,能执人理,与天交胜,用天之利,立人之纪"(《刘禹锡集·天论》)。这可以说是从认识论和价值论双重视角所开显的天人关系。后来严复译著《天演论》,主张"天行"与"人治"的区分与整合,就继承、发扬了自荀子到刘禹锡的天人既相分又互补,而人类文明又优于万物自然的重要思想。显然,人类文明"优"于万物自然的判断,是以"人"观之,但从人类文明源于万物自然,离不开万物自然,更不能替代万物自然,且就自然地理及生物的多样化有助于文化的多样化而言,它们之间是一种相互开放、相互转化和循环往复的关系。

刘禹锡还认为,"天理"与"人理"亦有区别。"天理"即自然万物之理,是有力者占先;"人理"即人生社会准则，是有德者居先。人类既有自然属性，又有社会属性，所以人类本身也有一个"天理"与"人理"谁胜过谁的问题。在社会安定时期，有公认的是非标准，赏罚分明，人生的准则发生效力，这就是"人理胜"；而在社会混乱时期，是非不分，赏罚不明，社会的道德与法制失去效力，这时，有力者占先的自然法则就会支配人类社会生活，就是"天理"胜过"人理"。天理一旦胜过人理，社会就要大乱，人类就要沦为禽兽。

那么，如何避免这一可悲境况的发生呢？刘禹锡认为，这里的关键在于，人们能否信守理性和坚持是非观念，社会能否保障是非准则的施行：是非存焉，虽在荒郊野外，人理胜也；是非亡焉，虽在家国城邦，天理胜也。

由此可见，刘禹锡不仅认识到人类及其社会生活的二重性，而且初步认识到人能够通过自己现实的活动而与自然界发生物质和能量的相互作用、相互制约，认识到人们自觉地坚持道德与法制等规范的重要作用，这确实是对荀学在思想理论上的继承和很大的发展。

公元805年，王叔文、王伾等庶族地主代表，在唐顺宗的支持下发起了一场政治革新运动。柳宗元和刘禹锡积极参加了这场运动，并且成为其中的核心人物。他们推行了一系列有利于发展生产和比较符合民众利益的措施，打击了宦官、藩镇和贵族官僚等守旧势力。他们还计划剥夺宦官掌握的中央兵权,"摄天下之财赋兵力而尽归之朝廷"(王鸣盛《十七史商榷》),以形成一个中央集权得到强化的新的政治局面。但由于这场革新运动的社会基础薄弱,宦官勾结藩镇和权贵联合反扑,革新运动只进行了五个多月就以失败告终。柳宗元、刘禹锡和其他参与革新运动的重要成员均遭镇压和贬谪。柳宗元、刘禹锡这种维护中央集权、坚持革新的立场,与荀子当年的思想与政治取向,也是一脉相承的。

唐代学者杨倞,特别推崇荀子,认为荀子是中兴孔门、传承道统的圣者。他依据经刘向整理的《孙卿新书》,不仅把过去的《孙卿书》《孙卿新书》重新命名为《荀子》,使之与《孟子》《庄子》比肩,第一个全面系统地作出注释,并仿照《论语》体例,对《荀子》的篇章次序重新加以调整,意在表明荀学才是孔子之学的真传。其《荀子序》,针对韩愈道统观中所谓"轲之死,(道)不得其传焉"(《原道》)的论断,首先阐述"道"的传承问题,指出时至战国,"孔氏之道几乎息矣",幸而有"孟轲阐其前,荀卿振其后",使圣人之道得以传承。谓:"观其立言指事,根极理要,敷陈往古,掎挈当世,拨乱兴理,易于反掌,真名世之士、王者之师。又其书亦所以羽翼六经,增光孔氏,非徒诸子之言也。盖周公制作之,仲尼祖述之,荀、孟赞成之,所以胶固王道,至深至备,虽春秋之四夷交侵,战国之三纲弛绝,斯道竟不坠矣。"评价可谓极高。

(5)荀学命运的转折

荀子及其学说历史地位的中落,是在大儒韩愈手里开其端的。

有"文起八代之衰,而道济天下之溺"(苏轼《潮州韩文公庙碑》)美名的韩愈,崇仰孔孟,但他也曾高度赞扬荀子。韩愈才智高超,见解不俗,但屡遭贬斥,郁郁不得志,他便仿效汉代东方朔《答客难》和扬雄《解嘲》文作《进学解》,作自我解嘲式的辩答,表达怀才不遇的怨愤。其中有言:

> 孟轲好辩,孔道以明,辙环天下,卒老于行。荀卿守正,大论是弘,逃谗于楚,废死兰陵。是二儒者,吐辞为经,举足为法,绝类离伦,优入圣域,其遇于世何如也?

意思说:孟子与人辩明了儒道,走遍了各国,结果无人用他,而在奔走中死去;荀子信守孔子之道,学术议论宏阔,为逃避谗言客居楚国,官职被废,死于兰陵。这两位大儒,言论成为经典,行为是后人效法的楷模,不同凡响,完全进入圣人的境界,但其遭遇又如何呢?韩愈的这番感慨,虽为咏人以寄情,但却反映了荀子在当时儒者心目中的地位之高,与孟子难分伯仲。

然而,韩愈在《读荀子》一文中对荀子的评语,却成了荀子在历史上的地位开始下降的契机。他说:始读孟子书,以为孔子之徒没,尊圣人者孟氏而已,晚得扬雄书,则知雄亦圣人之徒。及得荀卿书,于是又知有荀氏者也。考察其辞,似乎有些驳杂,而其要旨则与孔子很少相异。"孟氏醇乎醇者也,荀与扬大醇而小疵。"一句"大醇而小疵",拉开了荀子与孟子的距离。

韩愈为了对抗当时已经盛行的佛家学说,显示儒家是华夏正统,他提出了"道统"说,即儒家之道是中国固有文化思想之正统。这个"道统"说成为后人排拒荀子的理论依据。在《原道》一文中,韩愈这样写道:儒家之道由尧开始,尧传于舜,舜传于禹,禹传于汤,汤传于文、武、周公,再传于孔子,孔子传孟轲,轲死,道不得其传焉。荀子对于孔子儒学,则是"择焉而不精,语焉而不详"。

这样,儒家"道统"中便没有了荀子的地位。

与韩愈同时或年岁稍晚的唐代学者杨倞,特别推崇荀子,认为荀子是中兴孔门、传承道统的圣者,如前所述。然而,杨倞的社会地位不高,声名不显,甚至生平不见经传,至今近于无考,其影响力无法与韩愈相比。荀子声望的降低,更重要的原因在于,起源于黄河流域、兴盛于汉唐的中国农业文明及建立其上的君主制度,到了唐朝中期,已接近于历史的拐点。到了北宋皇朝,朝廷甚至对草原放牧民族的侵扰,都越来越难以招架。以外王事功为取向的荀子及其学说的历史作用,业已得到较充分的发挥,且由于不如孟子那样重视"内圣"方面,而难以为世人营建和提升精神世界,显得越来越不合时宜,以至于要被后来的许多理学家目为儒家的"异端"了。

2. 历史的变迁与荀学的沉浮

(1)"外王"事功路线的继续

到了北宋,孟子的地位已远高于荀子,但荀学的基本思想仍然作为儒学的重要组成部分,在社会生活中发挥着作用。

赵宋王朝沿袭唐制,其统治思想也仍是以儒家学说为主,吸收法家的某些观点,辅之以佛教、道教,兼收并蓄,讲究实用。

赵匡胤即位之初,即倡导儒学,尤其是推重儒家的"忠孝仁义",以之作为辨贤愚、别善恶、定是非的根本标准。教育科举用经学,取士选才用儒生。赵匡胤自己也勤学经书,善待名儒。他听从儒生王昭素"治世莫若爱民,养身莫若寡欲"的劝告,并将"爱民"和"寡欲"勒为座右铭,朝诵夕思,既以律己,又以之规范臣属。于是,读儒书、重儒生、行儒教，在赵宋蔚成风气；加之赵匡胤在太庙所立誓碑上刻有"不得杀士大夫及上书言事人"，宋朝后来的帝王亦不敢轻易背离，以至于宋朝迄今被一些学者视为文人境遇最好的朝代。

然而，帝制王朝的通病在于，新朝建立之初，鉴于前朝灭亡的教训，故帝王一般会最大限度地作出表率，勤政爱民，廉洁节俭，故政治还算清明，世风也算纯朴。但过了一代两代之后，便会大量出现官吏腐败、贫富悬殊、民不聊生甚至社会动荡的现象。这固然与时过境迁，继业守成的帝王及官僚们不再有朝代兴亡的切肤之感，思想懈怠，私欲膨胀有关，而根本的制度上的原因，仍然是帝制及其官僚政体。当这一政体如"利维坦"一般主宰着整个社会，那么，"家天下"及"打天下，坐天下"就必定成为"政治正确"乃至"天经地义"的道理。既然如此，帝王与官员们，把处身于其中的朝廷和官府，既涂抹上"神圣"和"道德"的色彩，又作为正当地享有"福禄"，为个人及家庭谋取利益的机构，也就毫不足怪了。即使帝王们知道"长治久安"的道理，那些读圣贤书出身的官员怀有"造福黎民"的抱负，也无法改变他们作为"食利"集团的整体性存在与取向。因而，前面提到的韩愈也会讲出如下名言："君者，出令者也；臣者，行君之令而致之民者也；民者，出粟米麻丝，作器皿，通货财，以事其上者也。君不出令，则失其所以为君；臣不行君之令而致之民，民不出粟米麻丝，作器皿，通货财，以事其上，则诛！"（韩愈《原道》）帝制中国"君、臣与民"三个等级上下之间的定位与作用，被韩愈一语道破，这既是对帝制中国政治现实的描绘，也被认为是完全正当合理的关系，所谓既为"事实描述"，亦是"价值评价"。这里完全没有事实与价值的区分，更没有朝廷是社会"必要的恶"，或官府的"公权力"应当受到整个社会监督和限制的意识。

历史地看，汉与魏晋，士族门阀势力强大，掌握大量资源，对政治和社会各方面，都能发挥很大作用，包括正面的和负面的。但他们的存在对皇权无疑构成了某种威胁，因而必定会受到朝廷直接或间接的提防和控制。加之社会长期的动荡不安、战争频繁，朝廷通过强化集权越来越有力地汲取资源，士族尤其是地方上的大士族逐渐衰落。而经过隋唐科举制的确立与完善，寒门子弟凭借科举而崛起，到宋朝已形成所谓平民社会，只不过在这个平民社会中，居于中心地位的是庞大的文官集团。由于宋朝实行的"推恩荫补"制，造成官员特别是大官僚的世袭，导致官员队伍越来越庞大，官员素质越来越低下，且带来朝廷的重大负担；并且，社会的、国家的需要包括基础性建设，地方豪族不再出资兴办，而全须朝廷承担，每年用于内政和军队防备等各方面的开支十分巨大，因而更要尽可能地汲取并占有社会资源,朝廷的主要途径则是加强对地方州郡财赋的征调。结果,既造成对百姓过度的盘剥,致使贫富悬殊,又带来冗官、冗兵、冗费等弊端。赵匡胤原来的幕僚赵普曾三度为相,用儒家经典决事定议,谓"半部《论语》治天下",却对每况愈下的社会局面,显得无能为力,"忠孝仁义"之说,对各级权势者并无多大规范和劝勉作用。北宋到第三代、第四代皇帝时,内忧外患的情况已十分严重。

宋仁宗不得不于庆历三年(1043),起用早就主张改革的范仲淹主持"庆历新政"。但新政开始不到一年,就在官僚权势集团的反对下夭折,范仲淹和支持新政的欧阳修、富弼诸人则均遭贬逐,北宋进一步陷入危机之中。

庆历进士出身的王安石,诗文俱佳,才智卓然,青年时期即有很大的学名,且个性纯粹刚正、不慕名利、不近酒色,而又忧国忧民、痛心时弊。他在任三司度支判官时向仁宗上万言书,要求变法,未被采纳。宋神宗继位后,为了挽救危机,摆脱内外交困的局面,决定变法,遂于熙宁二年(1069),擢用王安石为参知政事,旋迁宰相,主持变法。

王安石变法涉及政治、经济、军事、社会(改变风俗)与文化教育(改革科举)各方面,而主要在政治、经济与军事三方面展开,其初衷在于变祖宗成法为推行新政,缓和日趋尖锐的阶级和民族矛盾；经济上"民不加赋而国用饶"，不增百姓赋税而增朝廷收入；军事上既节省军事开支，又增强战斗力，以抵抗辽、夏的侵扰乃至解除其威胁，最终实现走出危机、富国强兵、巩固中央集权、保护大宋江山的目的。新法的具体内容主要有青苗法、市易法、均输法、方田均税法、募役法、保甲法、农田水利法等。这些新法措施是由国家发放贷款，防止官僚地主对自耕农以及中小地主在青黄不接时的高利贷盘剥；对土地数量，尤其是士绅地主的土地数量，要丈量核实，从法律上均平赋税，让多占田者多纳税，少田无田者减轻负担；在农村普遍推行互相救恤的基层组织，负责农闲时练兵、战时抽丁；国家的差役也按占田多寡肥瘠平均应差；等等。通过这些措施，抑制兼并，使庶民保其常产；使国家的赋税来源得以畅通，"收轻重敛散之权，归之公上"（《宋史·食货志》），"括郡县之利尽入于朝廷"（《宋史·儒林列传》）。

但这些新法旨在强化中央集权，并且主要采用行政权力加以实施，如在经济上强化朝廷聚敛财富的能力，用行政手段自上而下地加以掌控，因而要么设计时就存在根本缺陷，要么完全不具备相应的商业与金融理念与机构，要么在实际操作中为权势者提供了假公济私、搜刮民财的机会，结果造成对市场的行政干预，迫使州郡于常赋之外，"别作名色，巧取于民"（《全宋文·庚子应诏封事》），加重了百姓负担,带来许多负面效果和影响。总体上看,变法断续地推行了八年,在发展经济、抑制豪强兼并、减轻民众负担、加强统治秩序方面收到了一定的效果,使北宋政局一度好转;但由于变法触动了官僚权势集团的既得利益,民众所得益处有限,且出现大量的扰民、损民的情况,王安石又不会审时度势,或调整新法,或政治妥协,却不惜树敌而独行,特别是遭到以司马光为首的官僚势力的反对,宋神宗的动摇,王安石在熙宁七年(1074)和熙宁九年(1076)两度罢相,哲宗继位后,实权落在反对变法的太皇太后手里,司马光被擢为左相,发动"元祐更化",全部废止王安石新法,变法终告失败。那么,变法失败主要是"道"还是"术"哪个层面的问题?

王安石变法的指导思想是他的新学。新学将旧经学由章句之学转变为致用之学,在北宋发挥了很大作用。新学既上承老子的"道"和孟子的"仁政",也发展了荀学务实求是、因时制变的进步思想路线。尽管王安石一生服膺孟子而从未推崇荀子,还批评了荀子的性恶说和关于"礼"的见解,但王安石的新学与荀学的外王经世取向显然是一致的。只不过,在帝王大一统的中央集权的基本格局中,主张变法的指导思想与行政举措,究竟存在着什么样的问题,值得后人给予多方面的反思。

在天人观上,王安石主张"道"即"元气","元气""生物"。"道"有"本"有"末":"本者,出之自然,故不假乎人之力而万物以生也;末者,涉乎形器,故待人力而后万物以成也。"天人相分,天无言无为,无好无恶;人有言有为,顺天道而成形器。对于老子以无为用、讲"道"便要废礼乐刑政的思想,王安石持明确反对态度,他说:"无之所以为天下用者,以有礼乐刑政也。如其废毂辐于车,废礼乐刑政于天下,而坐求其无之为用也,则亦近于愚矣。"(《临川先生文集·老子》)

王安石从分别天人的思想出发,对天人感应、灾异迷信进行了尖锐批判。宋神宗时"灾异数见",反对变法的保守派攻击说:"旱由安石所致,去安石,天必雨。"王安石明谓:"水旱常数,尧、汤所不免","但当修人事以应之"。后来彗星出现,王安石上疏说:"盖天道远,先王虽有官占,而所信者人事而已。天文之变无穷,上下傅会,岂无偶合。"(《宋史·王安石传》)

"天文之变无穷,人事之变无已。"(《王安石文集·言星变不足变札子》)王安石认为一切事物都是运动变化的。"尚变者,天道也。"天道何以尚变?因为事物的基本属性是"有耦",即有对立面,对立面的相互矛盾导致运动变化。"耦之中又有耦焉,而万物之变遂至于无穷。"(《王安石文集·洪范传》)他由此而提出"新故相除"的观点,认为新生事物代替陈旧的东西是天与人共同的变化规律。

在社会历史观上，王安石主张效法尧舜之道，更强调"新故相除"。他明确指出：对于"先王"只应"法其意"而不应"法其政"，因为"二帝三王相去盖千有余载，一治一乱，其盛衰之时具矣。其所遭之变、所遇之势，亦各不同，其施设之方亦皆殊，而其为天下国家之意，本末先后，未尝不同也"。(《临川先生文集·上仁宗皇帝言事书》)

由此，王安石还指出：古之人以是为礼，而吾今必由之，是未必合于古之礼也；古之人以是为义，而吾今必由之，是未必合于古之义也。今人只知合于古人之迹，不知权时之变，是则所同者古人之迹，而所异者古人之实也，这是天下最大的祸害。因此，"归之太古，非愚则诬"(《临川先生文集·太古》)。

为了实行变法，王安石一反儒家的正统思想，极力推崇商鞅的社会改革精神。他说："今人未可非商鞅，商鞅能令政必行。"(《临川先生文集·商鞅》)他主张"约之以礼，裁之以法"(《临川先生文集·上仁宗皇帝言事书》)，认为治天下"非大明法度，不足以维持"(《临川先生文集·上时政疏》)。针对司马光代表守旧派发出的"祖宗之法，不可变也"(《宋史·司马光传》)的严厉呐喊，王安石毅然声称："天变不足畏，祖宗不足法，人言不足恤。"(《宋史·王安石传》)这一具有反潮流精神的惊世骇俗之言，不啻是对孔子"畏天命、畏大人、畏圣人之言"的直接批评，是以儒家、法家以及整个民族文化中富有革新精神的因素，对其中因循守旧、畏缩苟且意识的坚决抵制和反击。

在经济观上，王安石不赞成儒家将义利分立、重义轻利的正统观点，强调"理财"，认为"政事所以理财，理财乃所谓义也"（《临川先生文集·答曾公立书》），理财为方今之先急。王安石提出和制定的一系列新法改革措施的基本精神就是"理财"。王安石认为："善理财者，不加赋而国用足。"司马光则批评道："天下安有此理？天地所生财货百物，不在民，则在官，彼设法夺民，其害乃甚于加赋！"（《宋史·司马光传》）——基于自给自足的小农经济看问题，则司马光言之有理；王安石的观点，则须从根本上促进经济的分工合作，推进工商业和各类专业组织的发展，相应地改变"重农抑商"的政策，而这在立足于农业文明的中国帝制时代，几乎是做不到的。王安石称他的经济思想源于《周礼》，后人则认为"安石之意，本以宋当积弱之后，而欲济之以富强；又惧富强之说必为儒者所排击，于是附会经义以钳儒者之口，实非真信《周礼》为可行"（《四库全书总目提要》）。此说颇有道理。

其实，王安石的经济观点，主要采自北魏李安世力求抑制土地兼并的"均田"思想，北魏大臣李冲为了把农业人口与土地关系固定编组的邻里党三长制的思想，以及汉代桑弘羊为控制商业经济的平准思想，甚至也撷拾了王莽为垄断"市易"的"五均六筦"的一些举措；近则吸取了唐代刘晏的理财以"养民为先"和杨炎在赋税论中"以贫富为差"而不以"丁身为本"的主张,等等。正如朱熹所说,王安石是"合变时节"而提出新法改革方案的,但他基于儒家正统观念,也批评王安石舍义逐利,"流入于邪"。

从王安石的上述基本思想和政治主张中,完全可以说他既继承了孟子的"民本"和"仁政"观,也继承了荀子以来的注重事功和变法进取的重要思想传统,但问题在于,"家天下"的皇权专制从根本上压抑了社会活力,为"变法进取"提供的空间都是极其有限的。而至宋代,一方面,长王安石十二岁且与王安石有过交往的李觏,其社会思想和政治见解都非常接近王安石。

李觏的主要思想贡献是他的功利观和礼法观,这两种观点又是密切地联系在一起的。李觏在其《礼论》中指出"礼"起于人们对衣食的需要——"人之始生,饥渴存乎内,寒暑交乎外",于是就有"饮食衣服,宫室器皿",这就是"礼"之大本。"礼之初,顺人之性欲而为之节文者也。""顺人性欲"是根本,"节文"是形式,所以君臣、仁义、礼乐、刑政等,都不能贼害人的生存需要这一"大本"。所以他又说:"知礼者,生民之大也。乐得之而以成,政得之而以行,刑得之而以清,仁得之而不废,义得之而不诬,智得之而不惑,信得之而不渝。圣人之所以作,贤者之所以述,天子之所以正天下，诸侯之所以治其国，卿大夫士之所以守其位，庶人之所以保其生，无一物而不以礼也。穷天地，亘万世，不可须臾而去也。"

在李觏那里，正因为"礼"源自且要保障人的生命和生活，故礼作为社会的根本建制，具有至高的统摄作用，因而，在他看来，不合乎礼的、徒有其名的"仁""义""智""信"，都是虚伪的、虚妄的。他说："知乎仁、义、智、信之美而不知求之于礼。率私意，附邪说，荡然而不反，此失其本者也。故世有非礼之仁矣，有非礼之义矣，有非礼之智矣，有非礼之信矣，是皆失其本而然也"。他所列非礼之"仁""义""智""信"的种种表现，正是对后世君主表面上大讲"仁""义""智""信"，实际上荼毒百姓、侵害天下、为所欲为的恶劣行径的揭露。

可见，李觏并非无条件地推崇礼的至高无上性，而完全是基于人生存与发展的需要。所以，李觏认为，人的利、欲都是自然合理的："利可言乎？曰：人非利不生，曷为不可言？欲可言乎？曰：欲者人之情，曷为不可言？……不贪不淫而曰不可言，无乃贼人之生，反人之情。"李觏还据此批评了孟子的"何必曰利"，说哪里有只讲仁义不讲利的？西周汤武从七十里而发展到天下，利岂小哉？李觏还依据"为民立君"而非"为君养民"，抨击后世君主之以天下为私。可见，李觏既继承了儒学的"仁道""民本"

观念，又摒弃了孟子的迂阔玄虚，而发展了荀子注重社会制度和经世致用的思想路线。

然而，遗憾的是，王安石和李觏所代表的务实进取的思想传统，在王安石变法失败之后，就再也没有在赵宋王朝占据主导地位。

(2) 从"外王"向"内圣"的倾斜

几乎与王安石建构新学、推行变法同时，另外一支新的经学理论——理学，也孕育成熟并产生重大影响。

理学在其创始阶段，即表现出与王安石的新学迥然相异的思想和价值取向。

理学的开山祖师周敦颐淡泊名利，雅好山林，尤追慕欣赏"孔颜乐处"。他常令弟子程颢、程颐"寻孔、颜乐处，所乐何事"。周敦颐说："颜子'一箪食，一瓢饮，在陋巷，人不堪其忧，而不改其乐'。夫富贵，人所爱也。颜子不爱不求而乐乎贫者，独何心哉？天地间有至贵至富、可爱可求而异乎彼者，见其大而忘其小焉尔。见其大则心泰，心泰则无不足。"(《通书·颜子》)富贵是常人都追求的，但世上有比富贵更宝贵、更可爱的东西，这就是"大"，比起它来，世俗的富贵利达不过是"小"；人得到了这种"大"，不但可以忘却"小"，而且可以在内心实现一种高度的充实、平静和快乐。在周敦颐看来，颜回生活贫困不堪，内心却十分快乐，孔子对此也十分赞叹，原因即在于颜回达到了一种高远阔大的精神境界，完全超越了常人对于功名利禄的庸俗计较，而人生所应寻求的最高境界就是这种精神境界。理学鄙薄功利、崇尚精神的学术取向，由此得到奠定。

正是由于这种人生态度，所以周敦颐特别重视源自道教和《周易》的"太极""动静"思想。并认为，"太极动而生阳，动极而静，静而生阴"。"阳"体现为"诚"，"纯粹至善"。"诚"又是"五常之本，百行之源"，因而以"诚"为内容的人类本性亦是善的。但他又认为，人性由于受到物欲的诱惑、环境的影响，可以产生"刚柔善恶中""五性"。"刚恶""柔恶"固然不好，"刚善""柔善"也美中不足。"惟中也者，和也，中节也，天下之达道也，圣人之事也。"要达到"中"这个做人的标准，就要"去欲"，"无欲故静"，"无欲，则静虚动直"。(《通书·圣学》)周敦颐的存"诚""去欲"的伦理观、人性论，对程朱理学也产生了重要影响。

在北宋，在哲学上能够重建孔孟之道而与荀学不乏一致之处的，是大哲学家张载。然而，张载的哲学进路也显示出与荀学的不同取向，如张载在自然观上持气一元论。他认为："太虚无形，气之本体"，"太虚不能无气，气不能不聚而为万物，万物不能不散而为太虚"。并说："天地之气，虽聚散攻取百涂，然其为理也顺而不妄。"(《正蒙·

太和》)坚持了世界的物质统一性和规律性。

值得重思的是张载广义的认识论和心学思想。

张载不仅认为"有物则有感",认识来源于"内外之合",而且提出"大其心"的命题。"大心"就是尽心、扩展心,亦即超越人的感官局限,充分发挥意识的能动作用,思考、想象和直觉的作用,从而将外部世界的一切、宇宙的一切,都收拢于自己的思想中、胸怀中。所以,他宣称:"大其心则能体天下之物","视天下无一物非我"。(《正蒙·大心》)其实,这样的"大其心",主要就不是讲一种认识论,而成了一种境界说,即一种胸怀天下、物我贯通的高远阔大的人生境界。张载所提出的"民吾同胞,物吾与也"的著名论点以及他所表示的"为天地立心,为生民立道,为去圣继绝学,为万世开太平"的职志,正是这种人生境界的集中表达。

张载认为,人要达到这种人生境界,超越个人的利害穷达,从宇宙的高度理解自己的道德义务,还必须加强修养。他认为,人既内在地赋有良善的"天地之性",又会外感而生愚恶的"气质之性",要改变愚恶的气质之性而保持良善的天地之性,就必须自我发掘,培养"天德良知"。张载从人"心"的能动性、主导性与全方位的指向性出发,提出"心统性情""心能尽性",亦即"大其心则能体天下之物"。他因而特别推崇"圣贤之心",如其所言:"世人之心,止于闻见之狭。圣人尽性,不以见闻梏其心,其视天下无一物非我,孟子谓尽心则知性知天以此。天大无外,故有外之心不足以合天心。"(《正蒙•大心》)孟子的性善论和荀子的性朴说,被张载改造融合,而最后则是传承和光大孟子的"万物皆备于我"及其"良知良能"说。

概言之,张载的哲学由外在宇宙论,经过"天人合一"而走向内在伦理学,与周敦颐可谓殊途同归。这一由客观外向转为主观内向的致思变化,恰似从荀子的思想取向返回到孟子的思想取向。在哲学思维层面上,扬孟而贬荀的走势在此埋下了伏线。

(3)扬孟贬荀的程朱理学

使理学走向成熟并发挥较大社会影响的,是程颢、程颐和朱熹,对荀子的学说大加贬斥并极力反对王安石变法的理学家,也是二程和朱熹。

程颢、程颐远承孟子,近师周敦颐和张载,融会道家、佛家的某些思想要素,使理学得到了极大的发展。

程颢"自家体贴出来"的"天理"二字,是理学的最高范畴。所谓"天理",是说作为人类社会准则的"理",也是自然宇宙的法则,像天一样"不为尧存,不为桀亡"。理统摄一切,但又毕竟是人的发现发明,所以它源于人性,甚至就是纯正的人性:"性即是理,理则自尧、舜至于涂人一也。才禀于气,气有清浊,禀其清者为贤,禀其浊者为愚。"(《程氏遗书》第十八)其实,这是把极为丰富又充斥着矛盾的人性给予二重化,即化为"天理"之"性"和"气质"之"性"了。

由天理之性的"至善"和气质之性的有善有恶,二程进一步得出保持人性中纯然天理而归于至善的途径,那就是"去欲"和"识仁"。二程认为:"甚矣,欲之害人也。人之为不善,欲诱之也。诱之而弗知,则至于天理灭而不知反。"(《程氏遗书》第二十五)去欲与识仁是否定与肯定两个方面的统一。"仁者浑然与物同体,义、礼、知、信皆仁也。识得此理,以诚敬存之而已。不须防检,不须穷索。……此道与物无对,大不足以名之,天地之用,皆我之用。孟子言'万物皆备于我',须反身而诚,乃为大乐。"(《程氏遗书》第二)

既要扬孟,就须贬荀。程颐说道:韩愈谓"'荀、扬大醇小疵',则非也。荀子极偏驳,只一句性恶,大本已失"。(《程氏遗书》第十九》)并认为:"孟子言人性善是也,虽荀、扬亦不知性。孟子所以独出诸儒者,以能明性也。性无不善,而有不善者才也。"(《程氏遗书》第十八)他还说:"荀卿才高学陋,以礼为伪,以性为恶,不见圣贤……圣人之道,至卿不传。"(《程氏外书》第十)

二程的理学与王安石的新学,一主内在修养,一主外在事功，思想取向既不同，政治见解亦相异。二程加入司马光为首的阵营，激烈地反对王安石的新党与新法，既有所见，也有偏狭之处。程颢宣称：今异教之害，释氏却未消理会，大患者却是介甫（王安石）之学，今日却要先整顿。(《程氏遗书》第二）并于熙宁元年（1068）上疏说："今人执私见，家为异说，支离经训，无复统一，道之不明、不行，乃在于此。"(《二程文集》卷二）

然而，程颢未料到的是，熙宁二年（1069），神宗即起用王安石变法，为了推行变法，王安石也决心改变"学术不一"的状况。于是宋朝政府第一次统一经术的举措，首当其冲的受害者就包括二程的理学。其后，伴随着党派的倾轧和政治的反复，理学的处境虽时有好转，但大部分时间处在被压制的状态。直到经过朱熹等人的努力，理学才为众多士人所接受，成为一个影响巨大的学派，并终于在南宋后期赢得统治地位，成为官方正统的学说。

朱熹是理学的集大成者，他继承和发挥了二程的思想，建立了一个相当庞大完整的理论体系。朱熹认为："天地之间，有理有气。理也者，形而上之道也，生物之本也；气也者，形而下之器也，生物之具也。是以人物之生，必禀此理，然后有性；必禀此气，然后有形。"(《晦庵先生朱文公文集》卷五十八）但"理终为主"，推本溯源，在天地万物之先，"则须说先有是理"。(《朱子语类》卷一）

理即为气之本、气之先，也为事之本、事之先。他说："未有这事，先有这理。如未有君臣，已先有君臣之理；未有父子，已先有父子之理。"（《朱子语类》卷九十五）人禀"理"才能生，禀"气"方有形。人禀理而生的性是"天命之性"，纯粹至善；以理气杂之的性是"气质之性"，有善有恶。与此相应，人心还有"人心"与"道心"的区别："只是这一个心，知觉从耳目之欲上去，便是人心；知觉从义理上去，便是道心。"（《朱子语类》卷七十八）人心是人的感情欲念，它是混乱危险的；道心则是人的道德意识，它是纯洁高尚的。因此，只有常使道心处于主导地位，支配人的一切思想行动，并规范引导人心，使其中合于天理的复归于道心，不合天理的"人欲"统统除掉，人才能由危而安，无过不及。朱熹认为，人们学习和道德修养的目的就是要存天理、灭人欲："须是革尽人欲，复尽天理，方始是学。"（《朱子语类》卷十三）

朱熹明确地意识到理学与荀学以及王安石新学的对立，所以他说："荀、扬不惟说性不是，从头到底皆不识。……韩退之（韩愈）谓荀、扬'大醇而小疵'。伊川（程颐）曰：'韩子责人甚恕。'自今观之，他不是责人恕，乃是看人不破。"并说："荀卿则全是申韩，观《成相》一篇可见。……然其要，卒归于明法制，执赏罚而已。""世人说坑焚之祸起于荀卿。荀卿著书立言，何尝教人焚书坑儒？只是观它无所顾藉，敢为异论，则其末流便有坑焚之理。"(《朱子语类》卷一百三十七)朱熹并将荀子的人为之"伪"，解释为"虚伪""诈伪"，荀子在朱熹那里，几乎一无是处。

朱熹对王安石亦多有抨击，他虽然未说王安石与荀子一脉相承，但从其批评王安石废孔孟之说、先儒之道而讲功利重法度来看，他显然将王安石划到荀子的路线上了。

朱熹谓"世人说坑焚之祸起于荀卿"，持此说的世人中，大文豪苏东坡可谓是代表。他攻击荀子不遗余力，几到无理的地步，前面已陈述，此不赘言。

在北宋和南宋，也有人公开赞扬荀子，如与朱熹同时的唐仲友就认为：荀子独尊儒家礼义，以仁义论兵，以儒术讲富，以道德之威释强，其旨义与孟子一般无二。(见王先谦《荀子集解》)但持这种看法的，毕竟为数不多。

宋仁宗时，孔子的第四十五代孙孔道辅在孔庙中立孟子、荀子、扬雄、王通、韩愈"五贤堂"，"像而祠之"；宋神宗元丰年间，官方也曾为荀子设过神位，但只有短暂的一段时间。以后把孔孟视为儒学正统，把荀子看作儒学的异端，逐渐成为宋代士人和官员的共识和定论。这确实是一个非常值得分析的现象。

观宋儒尤其是理学家对荀子的抨击，一方面集中于荀子的性恶论，另一方面集中于荀子的法治观点。就这两个方面而言，荀子较之孟子，确乎算不得"醇儒"。

荀子之重法，思想渊源主要是早期法家。孔子的学说中，也有关于法与刑的论述。但秦汉之后，儒学独尊，而法家遭贬，统治者虽然实际上多任法任刑，但为了掩饰与缓和社会矛盾，却要在表面上大讲仁义。于是，儒家似乎不再与法沾边。与孟子大讲仁政相比，荀子的重法就显得格外刺眼，以至于朱熹竟说《荀子·成相》篇"全是申韩"。

荀子的性恶论则的确存在着逻辑上的矛盾。我们前面已指出这个问题。对这个问题，王充已有所觉察，所以他说荀子"未为得实"，而主张性之善恶，系后天习染使然。王安石则指出，荀子所谓"陶人化土而为埴，埴岂土之性也哉"（《王安石文集·原性》）的论点并不确当。陶人不以木为埴而以土为埴，说明土有埴之性。因而，人性后天的变化也不能说与其本性全不相干。王安石认为，人性包含着后来为善为恶的萌芽或禀赋，善恶一旦发于外而见于行，即是人的各种情。

理学家则认为，人性本于天，天即理，性亦即理。而"理"既是自然宇宙的普遍法则，又是人类社会的当然原则。天人一理，所以人性必然是善的。至于人之情，则禀受于气，气有清浊，所以人就有了善恶。只有讲究养心养气，才能排拒浊气，摒绝邪恶，使固有之善得以保持并发扬。理学家的这种基本看法，确乎比荀子的性恶说更能自圆其说，也更符合孔子"性相近，习相远"以及孟子人有"善端"并须涵养的观点,符合中华民族在血缘宗法关系中形成、在历史文化中得到强化的善良心理和喜剧意识。

然而,荀子的上述"问题",之所以在宋代招致理学家的激烈反对并与孟子被奉为"亚圣"形成巨大反差,却是有着深刻的社会历史原因和思想文化缘由的。

（4）扬孟而贬荀的历史原因

前面已经指出,孟子、荀子与孔子的关系确有不同。进而言之,可以说,孟子与孔子在价值取向和思维方式上要更为接近。

孔子认为其道一以贯之。其实,他的学说既有统一性,又包含着不同的思想倾向,加之意蕴的丰富和体系的博大,所以就为后人留下了相当大的选择和发挥余地。孟子和荀子都是从孔子的仁学出发,但承继孔子的侧重点则并不相同,所以其发展方向也就有了差异。

首先,孟子较多地继承了孔子政治态度上的保守性。如主张法先王,肯定世袭制,反对急剧的社会变革。荀子则较多地继承了孔子政治思想的适应性。他赞成先王,但更主张法后王；赞成等级制,但反对世袭制；要求结束天下大乱,但支持社会变革。

其次,孟子侧重发展了孔子"为仁由己"所体现的人的精神主体性。如认为人内心固有"仁义礼智""四端","尽心"就是"知性""知天",讲究"反身而诚"的内省修养,倡导"大丈夫"气概,以至于提出"万物皆备于我"。荀子则发展了孔子"发乎情,止乎礼"所体现的外在社会规范导向。荀子认为人放纵自己的性情就会为恶,因而必须给予师法之化和礼义之导;只有自觉地接受教化并长期修养才能成为君子,才会有独立的人格和坚定的意志。

最后,孟子侧重从"内圣"方面发展了孔子的经世思想。从孔子所注重的诚意、正心出发,孟子提出了修身、齐家、治国、平天下的伦理政治路线;认为儒者应当仁民爱物,推己及人;穷则独善其身,达则兼济天下。统治者则要实施仁政和王道。为君若不仁不义,臣下就可以取而代之。认为民为贵,君为轻。荀子则从"外王"方面发展了孔子的经世思想。他强调人对外物的利用和对自然的治理,强调以礼法使人群有等级职分的区别和安定有序的局面。荀子也要求统治者平政爱民,并且重视生产,节用裕民。他也认为君为民设、道高于君,但同时又认为至高无上的君主是民众的本原。

孟子与荀子,可以说是各有短长、瑕瑜互见。从总体而言,孟子与孔子思想中的保守性、内向性、理想性,关系较为密切,荀子与孔子思想中的适应性、外向性、现实性,则更为接近。我们在前面还指出:中国古代社会的基础是农业自然经济以及血缘宗法关系,在这个基础上形成了君主和官僚自上而下的统治。中国社会的这种结构具有相当强的原始性、封闭性、稳定性，由此导致整个社会极易形成尚古的意识、保守的心态和主客内外一体的认识与价值取向。因此，中国人既有重实际而黜玄想的特点，又容易产生天人合一、天下一家的大同理想。中国古代社会家国一体、伦理与政治高度结合，使得社会内部的矛盾、对立，在相当大的程度上得以平衡、掩饰和缓和。

由孔子创立的以仁为经、以礼为纬的儒学，正是扎根在这种社会土壤之中的。它既以思想文化的形式反映和表征着这种社会土壤的性质和结构，又维系和强化着它的存在。确如董仲舒所言，"天不变，道亦不变"（《汉书·董仲舒传》）。只要小农经济和宗法关系不变，等级隶属关系和君主专制就不会变，儒学也势必要在中华民族的意识形态中占据主导地位。

但是，一成不变、铁板一块的情况毕竟是不存在的。中国社会即使进入天下一统的秦汉之后，也在发生着变化。由统治阶级的横征暴敛、奢侈腐败以及君主专断和朝臣弄权所引发的社会震荡乃至改朝换代，更是形成大大小小的不同周期。这种情况，不仅使得整个儒学的历史地位和社会作用会发生一定的变化，而且，儒学中的这一方面或那一方面，也势必会有抑扬升降，儒学中的保守性和适应性，内向性和外向性，理想性和现实性，全民性和阶级性，民主性和专制性的内在差异，也会显著扩大，甚至导致儒学的分裂、变形。孔孟一系的儒学和孔荀一系的儒学之花分两枝，二水中分，以及它们在中国古代社会所经历的不同命运，正是由此所决定。

我们且来分析一下宋代的社会情况。

从现实的社会情势方面看，中央集权的郡县制社会，到了晚唐，已经开始步入中后期。形成于秦汉并持续了一千多年的社会经济和政治制度，其优越性和生命力已经得到相当充分的施展和发挥，并开始呈现递减和萎缩的态势。统治集团凭借传统的"治国之道"与"安国之策"，已难以达到繁荣经济、裕民强国的目的。但是为了维持统治和社会秩序，他们除了把人民束缚在土地之上和纲常关系之中，又别无选择。于是，统治阶级原来奋发进取、建功立业的精神严重失落，取而代之的是因循守成的惰性。

然而，他们的贪欲却并未减弱，腐败也更加严重，由此引发的社会矛盾也越来越尖锐，这反过来又威胁着他们的统治。统治阶级由此而陷入难以自我解脱的恶性循环之中。晚唐及五代的政治腐败、民不聊生、战乱不止、社会动荡，不仅说明统治阶级安邦治国的能力越来越弱，而且表明汉唐盛世再也难以重现了。

宋朝的开国皇帝赵匡胤认为，晚唐五代所以"战斗不息,国家不安"，是因为"节镇太重,君弱臣强"。（司马光《涑水记闻》）所以，他一建立大宋王朝，即采取统一和集权措施。强干弱枝，削减地方的权力和大臣的权限，分散宰相的权柄，将政权、财权、军权真正集于君主一人，大大强化了君主独断专擅的体制。这种做法，从当时来看，固然有利于国家的统一和社会的稳定，有利于民众的生息和经济的恢复，但它同时也束缚了各级官员的手足，妨害了政府功能的发挥，降低了从中央到地方的行政效率，使整个统治机器运转不灵。

对于一个庞大的帝国来说，事实上是不能由君主一人来统治的。君主的专擅，要么会因为个人能力的有限和好恶的不定，使政事顾此失彼，政令朝颁夕改，引起社会混乱；要么培植亲信作为助手，从而造成一种凌驾于官僚机构之上的特殊势力，结果使国家和君主反受其害。总之，君主专擅，到头来只能适得其反，走向反面。

君主专擅的祸患，在赵匡胤手里已经埋下，而当时尚未显露。赵匡胤虽然强化集权，但他毕竟是创业而不是守业的皇帝，所以他既重视对臣属和百姓的政治思想控制，又重视经济军事等各方面的事功，可谓是"内圣"与"外王"并举，因而赢得宋朝初期的相对安定与繁荣。

但是，好景不长，赵宋王朝开国几十年之后，统治集团便养成因循守成的惰性，而冗兵冗官、土地兼并等社会问题日趋严重，民穷国弱、内忧外患的局面逐渐形成。统治者固然希望尽快挽救颓局，振兴国家，但是选择外王事功的路线，变法图强，还是走内圣修身的路线，重整纪纲，他们却委决不下。仁宗、神宗先后用范仲淹、王安石变法，一度显示出敢于面对现实、除弊兴利的胆略。但是在统治阶级已经普遍形成因循守成意识的情况下，变法改革毕竟如逆水行舟，阻力重重，大有风险；而一旦触及并损害统治阶级中这一部分人或那一部分人的利益，则更要招致激烈反对，变法之举就更显得冒天下之大不韪。而在信守孔孟道统，讲"人心""道心"的儒士看来，变法理财、强化法制的措施也有违于圣人以仁义教化天下的宗旨。凡此种种，便决定了统治者最终要抛弃变法，由外王事功的取向折向内圣修身之途，指望通过儒家义理的宣传教化，使臣民修身养性、正心诚意、忠君爱国，从而达到收拾人心、重整纪纲、安民兴邦的目的。

统治者希望臣忠、民顺，儒生和儒生出身的官僚则同时要求君明。而无论是臣忠、民顺，还是君明，都需要人们用儒家的伦理道德来居敬涵养，存理去欲。于是，历史的情势和现实的需要，便把孟子的"内圣"之学推举到世人面前，承续并发扬光大了孟子内圣路线的程朱理学，也因此在经历了思想讨伐、朋党倾轧的坎坷波折之后，终于成为在南宋占据统治地位的学说。

程朱理学和后来的陆王心学，一是弘扬客观之"理"，一是阐发主观之"心",但都推崇孟子,就是因为孟子所讲的"四心""四德""良知良能"以及由内而外的思想取向,都是对人的精神世界的道德营建。而道德对于人的精神世界的营建,在孟子的这些后学们看来,具有根本的意义。

二程和朱熹就先后指出,君臣上下,朝野内外,一旦在思想观念上做到用儒家的纲常义理自我规范,则因贪心私欲、不忠不孝、不仁不义、奸猾诈伪所引起的吏治腐败、豪强兼并、世风颓废、国家贫弱,就可以从根本上得到治理,富国强兵、收复失地也就指日可待。朱熹一再申明理学不是"为人之学"而是"为己之学",即端正自己的学问。他在《白鹿洞书院揭示》中这样说明理学教育纲领:"父子有亲,君臣有义,夫妇有别,长幼有序,朋友有信。右五教之目,尧舜使契("契",传说中商的始祖,曾助禹治水有功,被舜任为司徒,掌管教化)为司徒,敬敷五教,即此是也。学者学此而已。"(《晦庵先生朱文公文集》卷七十四)宋孝宗在位近三十年,因循苟且,无所建树,朱熹认为他这是因为修养的功夫不够,"天理有所未纯,人欲有所未尽",以致"一念之顷,公私邪正、是非得失之机,交战于其中"。他建议宋孝宗"自今以往,一念之顷必谨而察之:此为天理耶,人欲耶?"(《宋史·朱熹传》)

正因为程朱把一切都归结为义理心性,所以尽管他们也主张因时制宜、变革更张,挽救封建统治,却从根本上反对王安石的变法思想和举措。二程认为:"治道亦有从本而言,亦有从事而言。从本而言,惟从格君心之非,正心以正朝廷,正朝廷以正百官。若从事而言,不救则已,若须救之,必须变。"(《程氏遗书》第十五)王安石变法舍本求末,"设令由此侥幸,事小有成,而兴利之臣日进,尚德之风浸衰,尤非朝廷之福"(《二程文集》卷二),"天下之事,革之不得其道,则反致弊害"(《伊川易传》卷四)。

朱熹也说:"天下事有大根本,有小根本。正君心是大本。""天下事当从本理会,不可从事上理会。"(《朱子语类》卷一百零八)他指责王安石说:"(安石)若真有意于古,则格君之本,亲贤之务,养民之政,善俗之方,凡古之所谓当先而宜急者,曷为不少留意,而独于财利兵刑为汲汲耶?大本不正,名是实非,先后之宜,又皆倒置,以是稽古,徒益乱耳。"(《晦庵先生朱文公文集》卷七十)

由此可见,程朱与王安石的分歧,的确是"源头"的差异。而这个"源头",一为内圣,一为外王;一是孟子的取向,一是荀子的取向。其实,王安石的思想"源头"有孟有荀,但在仅仅秉承孟子思想取向的程朱看来,他却是阳孟而阴荀或形孟而实荀的。理学家之贬黜荀子及荀学,学理上的原因固然不可忽视,但更为根本的,却是思想路线有异。而被理学家发扬光大了的"内圣"的思想路线,之所以在宋朝成为统治者认定的"正统"并为后世的统治者所认同，则是中国封建社会走入下坡路这一历史大趋势所使然。

再从观念的思想理论方面看。魏晋以后，道教有了很大发展，佛教亦在中国南北盛行开来，隋唐两朝，佛教的声势甚至一度压倒儒学。但儒、道、佛在价值观和思维方式上的冲突，也有相通相合之处，这样三者便逐渐形成互斥互补、相拒相融的复杂关系。为了恢复儒学在历史上的独尊地位，儒家的后学作了很大努力，韩愈等人的倡儒排佛，更有开山之功，但他们在思想理论上并未取得足以对抗和取代佛学的系统建树。儒学传统中本来就缺少像佛学那样高深奥妙、细密严谨的思辨理论体系，对佛学一味进行外在批判，当然就不能真正战胜佛学。

摆在宋儒面前的任务，是不仅达到与佛、道对话而且高于佛、道的水平。这就要吸收和改造佛、道的哲理慧思，并与儒家富有精神性和思辨性的因素相结合，重建儒学。而孟子关于心性的见解及其内圣的取向，便自然被宋儒所看重，擢升重释，并置于理论的形上学本体地位。

在理学家手里，儒学确实成为充满思辨性并有较严密逻辑的唯"理"唯"心"之学，重新获得了世人的服膺，占领了意识形态的中心舞台。理学家程颢和程颐认为，他们作为孟子的继承者，把孟子以后中断了一千四百年之久的儒学传统真正承接起来了。这并非是妄言诳语。

可以说，社会的人以及人的社会生活，本身就是由精神和物质、道德和功利、理想与现实、形上与形下等二重性所构成的，只要一个方面是断然不行的。儒家既讲义理又讲事功，既重内圣又重外王，所以才能被中国古代社会各个阶级和集团的人们最大限度地认同和接受。儒家总体上的这个特点，孟子与荀子同样具备。只不过，孟子更看重义理与内圣，荀子更重视事功与外王。但就是这个差别，导致了汉唐时期荀子的实际作用超过孟子，而宋明时期孟子的地位远在荀子之上的历史景观。

（5）理学与荀学的异中之"同"

然而，荀学也好，理学也好，毕竟都是维护封建社会秩序的学说，因此，它们不可能没有相通之处和共同之点。对于"礼"的一致地推重，就是理学与荀学的相通之处和共同之点。可以说，正是通过理学家的周密论证和极力强调，封建礼教才得以正式形成。理学攻击荀子的性恶说和法制观，似乎特重"仁义道德"，但它对"理"与"礼"的肯定和"人欲"的否定，却使它走到了"以理（礼）杀人"的地步。当"礼"越来越丧失进步性时，理学却大倡礼教，这不啻是对先儒礼法观的恶性发展。

理学的开山祖师周敦颐首先将"礼"与"理"联系并

等同起来。他说:"礼,理也;乐,和也。阴阳理而后和。君君、臣臣、父父、子子、兄兄、弟弟、夫夫、妇妇,万物各得其理然后和,故礼先而乐后。"(《通书·礼乐》)

张载也说:礼是天地之德、天下之道。"天之生物便有尊卑大小之象,人顺之而已,此所以为礼也。""欲养民当自井田始,治民则教化刑罚俱不出于礼外。"(《张载集·经学理窟》)

反对王安石变法的司马光更是极力推崇"礼乐"教化。他说:"礼之为物大矣!用之于身,则动静有法而百行备焉;用之于家,则内外有别而九族睦焉;用之于乡,则长幼有伦而俗化美焉;用之于国,则君臣有叙而政治成焉;用之于天下,则诸侯顺服而纪纲正焉。"(《资治通鉴》卷十一)总之,"礼,纪纲是也"(《资治通鉴》卷一)。

在王安石那里,礼并非至高的纪纲,"礼乐刑政"合起来,才是圣人的"必制四术"。(《王安石文集·老子》)他说:"盖治所不能及,然后教;教所不能化,然后礼;礼所不能服,然后政;政所不能正,然后刑;刑所不能胜,则有事焉。刑之而能胜,则无事矣。"(《周官新义》卷二)司马光与王安石的重要分歧之一,就是司马光偏重于礼乐和人治,而王安石在礼乐、人治之外,强调法度、刑名。所以他们在学术思想乃至政治上的分歧,仍是儒家内部任人伦还是任法治。他们两人确如司马光所说,"趣向虽殊,大归则同"(《续资治通鉴长编拾补》),所操之术虽有异,但处世的根基以及经世的目的,又是相同的。

二程上承其师周敦颐,也认为"天理"落实在社会领域,就是纲常等级之"礼"。程颐说:"视听言动非理不为即是礼,礼即是理也。"(《程氏遗书》第十五)又说:"礼,人之所履也。为卦,天上泽下。天而在上,泽而处下,上下之分,尊卑之义,理之当也,礼之本也,常履之道也,故为履。"(《二程集·周易程氏传》)朱熹也说:"宇宙之间,一理而已。天得之而为天,地得之而为地,而凡生于天地之间者,又各得之以为性。其张之为三纲,其纪之为五常,盖皆此理之流行,无所适而不在"(《晦庵先生朱文公文集》卷七十),而"三纲五常,礼之大体,三代相继,皆因之而不能变"(《四书章句集注·论语集注·为政第二》)。

宋儒关于"礼"的上述言论,实际上是由孔子和荀子所确立的重礼思想传统在宋朝的延续。程朱将"礼"提升为"天理",给予形上的根据和天的神圣性,这固然是因袭董仲舒(朱熹称扬董仲舒为"醇儒"),但其思想源头,却是孔子与荀子。

理学家们"以天理灭人欲"的主张,也可以从思想史的角度上溯到荀子的以"礼""化性起伪"。而所异者,不过是对荀子"化性起伪"观点的恶性发展而已。程颐所谓"饿死事极小,失节事极大"(《程氏遗书》第二十二)、"灭私欲则天理明"(《程氏遗书》第二十四），朱熹所谓"人之一心，天理存，则人欲亡；人欲胜，则天理灭"(《朱子语类》卷十三）等以"理"与"礼"来否定人的欲情的主张，较之荀子的性恶说和礼法观，可谓是大有过之而无不及。

荀子虽然主张人要按照师法礼义"化性起伪"，却是要区分出等级名分，并据此而使人们各就其位，各得其利，即所谓"养人之欲，给人之求"(《荀子·礼论》)，而决非否定人们求生存、求发展的欲望和需要。荀子说得明白："有欲无欲，异类也，生死也，非治乱也。""心之所可中理，则欲虽多，奚伤于治？"(《荀子·正名》)程朱则走向极端，将理(礼)与欲完全对立起来，并要以理灭欲，实则背离了荀子强调礼的初衷。

清代著名思想家戴震从反封建以及封建礼教的立场出发，指出宋儒"以理杀人"，"甚于申韩"，可谓一针见血。他还说："荀子之所谓礼义，即宋儒之所谓理；荀子之所谓性，即宋儒之所谓气质。""宋儒立说……似异于荀子而实同也。"(《孟子字义疏证》)戴震看到程朱所论"理"与"气质"的关系和荀子关于以礼化性的观点，有着思想方法和价值观念上的一致之处，这是他的深刻之处。但说宋儒之说与荀子"似异而实同"，则不免有些简单化。因为正如我们上面所分析的，宋儒"以理灭欲"的主张，只能说是对荀子以礼化性的观点的恶性发展。

我们在前面指出，人的客观世界与主观世界、社会群体与自我个体、物质活动与道德践履，本来是由一而二、由二而一的。顾此失彼，甚至是此非彼，就会使人本身和人的社会生活片面化、异化。宋代理学家通过张扬孟子的"心性"形上学，重光了儒家的义理和人文精神，对于中国古代哲学史、思想史乃至整个民族的历史而言，无疑具有重要的意义。但是，理学家将人的心性与社会规范的普遍性提升为天理，而对具体现实的功利、法度则极其轻视，其末流更陷入无视事功、绝情弃欲的歧途，背离了经世致用的宗旨，妨害了世人对现世幸福的追求和对天下大事、国家兴亡的担当，则无疑是一沉痛教训。它说明，把现实的社会人生完全形上化、抽象化，所谓的"理"学就会陷入非理性化。

对于后世理学家，有人批评他们平时高言心性之说，临事却茫然不知所措，一心只求空幻虚无之理，与当世之务却疏离不知，是中肯的。而"无事袖手谈心性，临危一死报君王"，更是人们对理学家腐儒形象的传神刻画和绝妙讽刺。

（6）功利思想的张扬

正是针对朱熹等人但求务心而不求务事的空疏清谈，南宋的叶适、陈亮高举起儒家经世致用的旗帜，倡言以社会的实际效用作为衡量学术的标准,要求学问与事功、义与利的统一,严厉批评了承续孟子心性说的朱熹、陆九渊等一批理学家。

叶适作为儒家后学,自然肯定仁、义的重要性,但他认为仁、义必须落实在功利上,正如道必须表现在物上,"物之所在,道则在焉"(《习学记言》卷四十七),否则,仁、义就成为没有实际内容的空话。他说:"'仁人正谊不谋利,明道不计功',此语初看极好,细看全疏阔。古人以利与人而不自居其功,故道义光明。后世儒者行仲舒之论,既无功利,则道义者乃无用之虚语尔。"(《习学记言》卷二十三)

叶适深刻地指出:孔子言心,孟子言性,于是理学家们"专以心性为宗主",结果,"虚意多,实力少,测知广,凝聚狭,而尧舜以来内外交相成之道废矣"。(《习学记言》卷十四)叶适认为,理学家的错误固然主要由他们自己造成,但被理学家目为"亚圣"的孟子也有他的问题:"古之圣贤无独指心者,至孟子始有尽心知性、心官贱耳目之说。"(《习学记言》卷四十四)并且他指出,"曾子之学,以身为本"(《习学记言》卷四十九),亦不合孔子一贯之旨,"于大道多遗略";"言孔子传曾子,曾子传子思,必有谬误"。(《宋元学案·水心学案上》)理学家所尊崇的"道统"神话,于是被戳破。叶适由此而与孔孟至程朱的"内圣"路线划清了界限。叶適对荀子的某些论点也有批评,但其关注国家民族之功利的立场,却是与荀学高度一致的。

略长叶適数岁的陈亮针对南宋内忧外患的严重情势,严厉地批评了空谈天理而否定人欲,只讲内省而疏于世事,对民族耻辱和社会危机麻木不仁、拱手无为的理学家,鲜明地提出了务求实效的功利思想。他一生为此著书立说,上皇帝书,慷慨陈词,指责投降派,却因而屡遭打击,三次下狱。

陈亮这样写道:"世之学者,玩心于无形之表,以为卓然而有见。……安知所谓文理密察之道,泛乎中流,无所底止,犹自谓其有得,岂不可哀也哉?"(《龙川集》卷十九)陈亮与朱熹曾多次展开"王霸""义利"之辩。公元1185年,陈亮与朱熹面晤,此后三年,他们多次通信,往复驳难。

陈亮认为:"自孟、荀论义利王霸,汉、唐诸儒未能深明其说。本朝伊洛诸公,辩析天理人欲,而王霸义利之说于是大明。然谓三代以道治天下,汉、唐以智力把持天下,其说固已不能使人心服;而近世诸儒,遂谓三代专以天理行,汉、唐专以人欲行,其间有与天理暗合者,是以亦能久长。信斯言也,千五百年之间,天地亦是架漏过时,而人心亦是牵补度日,万物何以阜蕃,而道何以常存乎?"陈亮接着说道:"汉、唐之君本领非不洪大开廓,故能以其国与天地并立,而人物赖以生息。"(《龙川集》卷二十)这确乎是颇有分量的反诘和争辩。

陈亮所谓"近世诸儒",其代表就是朱熹。朱熹按照其天理是义,人欲是利,二者不可并立的观点,认为历史在夏、商、周三代以上行的是天理,三代以后行的是人欲,因而今不如昔,历史退化。陈亮讽刺道,如果这样的话,则三代以后的一千五百余年内,天下不过是勉强支撑,世人也不过是敷衍度日。其实,汉唐的业绩"洪大开廓",汉唐可"与天地并立,而人物赖以生息"。因此,汉唐在天理方面虽然做得不够充分,但并不比三代逊色。他嘲笑朱熹"一生辛勤于尧舜相传之心法,不能点铁成金,而不免以银为铁,使千五百年之间成一大空阙"(《龙川集》卷二十)。他坚决反对朱熹"不作三代以下人物"的复古主义口号,明确指出,古今异宜,圣贤之事不可尽以为法,但有救时之志,除乱之功,则其所为虽不尽合义理,亦不妨自为一世英雄。(《陈亮集》卷二十八)

陈亮认为人性就是人的物质生活需要,也就是人欲。天理与人欲不可分,义、利二者也不矛盾,因为义就在于最大限度地满足百姓所需的利;霸道与王道也没有本质区别,因为统治者要顺应人的利欲进行治理,"执赏罚以驱天下"的"霸术"正本于"王道"。(《陈亮集》卷四)荀子倡"王道",但认为"霸道"也有相当大的功用。陈亮则意识到统治者的"王道"与"霸道"本于一源,这是陈亮对荀子王霸义利观的发展。

3. 荀学在明朝的地位与影响

(1) 虽被罢祀,仍起作用

理学在明朝仍然是最高统治者钦定的官方学说、儒学正统。然而,在统治阶级手里,儒家的民主性和进步性已丧失殆尽,而专制性和伪善性却愈益突出了。作为帝制中国根本性规范的礼教进一步强化,而隆礼的荀学则愈加衰落。

中国君主专制社会进入明朝,其政治和经济制度已开始显示出腐朽性。统治集团在外王事功方面越来越无所作为,而自私和苟且的社会本能却越来越显著。君主唯一关心的"国家大事",是自己一姓一家的统治的延续,因而,与此相应,如何在政治上和思想上牢牢地控制住臣民,也不能不成为君主必须重视并加以解决的头等重要问题。

明太祖朱元璋在做皇帝期间的所作所为,概括起来不外两件事:一是加强对臣民的政治法律控制,一是加强对臣民的思想意识控制。前者表现为对宰相一职的废除和政务由皇帝总揽,表现为对元老功臣的杀戮和数兴文字狱;后者则表现为推崇程朱理学,利用佛、道并大搞神道设教。

史载，朱元璋对朱熹所编的"四书"特别看重，一再推举。但他读到《孟子》中"民为贵，社稷次之，君为轻"和"君之视臣如土芥，则臣视君如寇仇"一类话时，便大怒道：这老头儿要是活到现在非严惩不可。随即下令从孔庙中把孟子的牌位撤掉，并下诏说"有谏者以大不敬论"。刑部尚书钱唐抗旨上疏，朱元璋问他是否畏死，钱唐大义凛然地说："臣为孟轲死，死有余荣。"朱元璋"鉴其诚恳"，未治其罪，不久又恢复了孟子在孔庙中的配享。(《明史·钱唐传》)恢复孟子的配享，是要继续利用孟子所讲的"正心诚意""仁义道德"，来教化和约束臣民。而朱元璋对孟子配享罢而又复的举动，则反映出帝王对儒家学说的矛盾心态和儒学自身的矛盾。

对儒学中"非君"的言论和儒家对君主说三道四颇为不满的，不仅是朱元璋，明、清两朝的皇帝表示过这种不满且史有记载的，也为数不少。在皇帝的眼里，即使是被捧为"至圣"和"亚圣"的孔子、孟子，也不过是臣民。既然是臣民，就应当谨守君臣之礼，不能越出做臣民的本分，对君主指手画脚，更不应当妄言"民贵君轻""道高于君"，甚至说出要废掉、杀掉暴君这一类鼓动"犯上作乱"的话。儒家学说中既有这一类"不利"于君主的言论和思想，也有"有利"于君主统治的言论和思想。因此，明朝以及清朝的最高统治者特别重视对儒学解释权的垄断和对儒家人物的抑扬褒贬，以求在充分利用儒学维护封建统治的同时，消解其中的民本观念和进步思想。

我们看到，孟子在明朝的配享罢而复置，荀子则在明朝嘉靖九年（1530）被罢祀，被逐出孔庙。后来虽有人上疏要求为荀子设立牌位，但孔庙中再也没有荀子的一席之地。明、清两朝，承续孟子的程朱理学和陆王心学都有很大影响，这固然是最高统治者贬黜荀子的一个原因，但更为根本的原因，当是荀子具有"非君"和"非孝"倾向的言论和思想于君主专制的国体颇为不利，因而不能见容于君主。

我们知道，荀子虽然主张隆礼、重法、尊君，而这些都是历代君主欣赏并在实际上大力贯彻落实的。但荀子也提出"从道不从君"的观点，甚至推崇信陵君的"抗君之命，窃君之重，反君之事，以安国之危"的做法，并且认为如果杀掉暴君更有利于天下的话，则最值得称道："夺然后义，杀然后仁，上下易位然后贞，功参天地，泽被生民。"《荀子·臣道》篇中所称道的这种"为臣之道"，显然是帝王们所不能容忍的。

荀子还将"从道不从君"与"从义不从父"相提并论，认为"入孝出弟，人之小行也；上顺下笃，人之中行也；从道不从君，从义不从父，人之大行也"（《荀子·子道》）。荀子的这些言论，简直是"非君""非忠""非孝"，与宋朝以来统治者所大力倡导的以"忠""孝"为核心的封建礼教完全相悖。加之荀子强调天人相分，反对鬼神迷信的唯物主义立场，也十分不利于自称"受命于天"的"天子"们借天命鬼神加强其统治。于是，最高统治者便利用理学家对荀子的攻击，拿荀子开刀，将其逐出儒家正宗、官家祭祀的行列。

然而，这并不意味着荀学已经没有任何社会地位，其实，它对于统治集团中的诸多君臣，仍然有相当大的影响。荀学中隆礼、重法、尊君的论点固不待言，其效法后王、与时俱进的思想，也被一些有眼光的人所重视。明朝政治家张居正就是值得一提的这类人物。

明万历年间的首辅张居正很赞赏荀子"法后王"的思想。他说："执事发策，考荀、孟之异论，稽国家之旧章，审沿革之所宜，求综核之实效。愚尝伏而思之：夫法制无常，近民为要；古今异势，便俗为宜。孟子曰：'遵先王之法而过者，未之有也。'此欲法先王矣。荀卿曰：'略法先王，而足乱世术；不知法后王而一制度，是俗儒者也。'此欲法后王矣。两者互异，而荀为近焉。何也？法无古今，惟其时之所宜，与民之所安耳。时宜之，民安之，虽庸众之所建立，不可废也。戾于时，拂于民，虽圣哲之所创造，可无从也。后王之法，其民之耳而目之也久矣。久则有司之籍详，而众人之智熟，道之而易从，令之而易喻。故曰

法后王便也。"(《张太岳集》卷十六)

正是根据这一原则,张居正任首辅不久,即鉴于明朝当时军政败坏、财政破产、农民起义此伏彼起的严重危机,审时度势,逐步展开了经济、军事等方面的重大改革。他在政治上整顿吏治,裁汰冗官冗员,选拔戚继光等有才能的文臣武将担任要职,使各项政令有效地得到推行;在军事上加强边防要塞,积极练兵备战,抵御鞑靼贵族的侵掠;在经济上下令清丈全国土地,实行赋税改革,后来又推行"一条鞭法",把力役的部分合并田赋征收,一律交纳银两。他还派水利专家浚治黄淮,解除多年水患,使淮运各河的交通运输得以恢复,对农业生产和南北经济交流起到了积极作用。

张居正的这些改革举措,一度恢复和发展了明代的社会经济,缓和了当时的阶级矛盾。而张居正之敢于发动改革并因而成为著名政治家,与他接受并实践荀子的进步思想,是分不开的。

明朝虽有万历年间的改革,但毕竟将近末世,任何人都回天无力了。张居正刚刚于万历十年(1582)病死,便遭到权贵的攻讦,尽削其官职,籍没其家产,家族受迫害。明神宗万历皇帝成年亲政后,不理朝政,贪婪荒淫,大事营建,横征暴敛,致使财政年年亏空,土地高度集中,人民流离失所,社会矛盾激化,终于铸成了明王朝崩溃的局面。

（2）摒弃流俗，便获真见

荀学对明朝的文人也有相当影响。

明朝初期，世人的思想还受着程朱理学的严重束缚。富于创造精神的王阳明首先向程朱理学发难，他反对程朱所讲的"心外之理""即物穷理"，而认为"心外无理""心即是理"，对程朱理学造成了很大的冲击。王阳明的言论和思想也富有气势，充满活力，摆脱了程朱理学派的经院习气，在一定程度上解放了人们的思想。借助王阳明心学兴起时对传统思想形成的冲击，人们对宋儒尊孟贬荀的"传统"观点也提出了挑战。

知名文人归有光指出：战国诸子著书立说，惑乱天下人的视听，唯有荀子洞明孔子之道，而与孟子并驾齐驱。荀子书体富有文采，它引物联类，铺陈夸张，所以其中难免有一些瑕疵，但就荀子学说的精义而论，则孟子也不能超过，然而到宋儒那里却大加贬黜，令当今世人不复知有荀子，实在可悲。归有光感慨道："悲夫！学者之于古人之书，能不惑于流俗而求自得于心者，盖少也。"（《震川先生集》卷一）说荀子独明孔子之道，这未免有些过甚其词，但这一看法毕竟是归有光读古人书而自得于心，毫不受流俗迷惑的结果。

在明代，对荀子大力推崇而又发展了荀学务实求是的思想取向的，是著名思想家李贽。

李贽，号卓吾。中年时做过国子监博士，还曾任过刑部员外郎、云南姚安知府。因不满官场黑暗，五十四岁时愤而辞官，移居湖北麻城芝佛院，专门从事著述和讲学。李贽有胆有识，他评人论世，不是依据流俗和权威，而是依据事实，依据儒家"经世致用"这一基本原则。

李贽针对理学家鼓吹的存理灭欲的说教，响亮地提出："穿衣吃饭，即是人伦物理。"当时的道学家耿定向"开口谈学，便说尔为自己，我为他人；尔为自私，我欲利他"，而实际上则是读书求科第，居官求尊显，一心只在自己身家利益，无半分为别人谋。(《焚书》卷一) 李贽将其视为"小人儒"(《藏书》卷四十)，指责他"口谈道德而心存高官"(《焚书》卷二)，"反不如市井小夫，身履是事，口便说是事"(《焚书》卷一)。李贽认为程朱也多有"胡说"，不配称作"德业儒臣"，只配列入"行业儒臣"和"文学儒臣"。

李贽不仅抨击了宋明的理学家，还尖锐批评了董仲舒声言不计功谋利，又大讲灾异的自相矛盾。他指出："夫欲明灾异，是欲计利而避害也。今既不肯计功谋利矣，而欲明灾异者何也？既欲明灾异以求免于害，而又谓仁人不计利，谓越无一仁又何也？"李贽进而明确指出："天下曷尝有不计功谋利之人哉！若不是真实知其有利益于我，可以成吾之大功，则乌用正义明道为耶？"(《焚书》卷五)

难能可贵的是，李贽还敢于破除对孔孟的迷信，反对以孔子的是非为是非。他说："（汉、唐、宋）中间千百余年而独无是非者，岂其人无是非哉？咸以孔子之是非为是非，故未尝有是非耳。""夫是非之争也，如岁时然，昼夜更迭，不相一也。昨日是而今日非矣，今日非而后日又是矣。虽使孔夫子复生于今，又不知作如何非是也，而可遽以定本行罚赏哉？"（《藏书·世纪列传总目前论》）

李贽以此说明，每一代人都应当从自己所处的社会现实出发，得出独立的见解；依傍古人，迷信古书，只能导致无是非可言。"天生一人自有一人之用，不待取给于孔子而后足也"，"又何必专学孔子而后为正脉也"。（《焚书》卷一）李贽以此否定了所谓的"圣教"和"道统"说。相应地，他也否定了宋儒对荀子似已成"定论"的看法，给予荀子高度的评价。

在《藏书·德业儒臣》中，李贽将荀子列为"德业儒臣"之首，而孟子则次之。李贽还作《荀卿》以颂扬荀子："荀与孟同时，其才俱美，其文更雄杰，其用之更通达而不迂。不晓当时何以独抑荀而扬孟轲也。中间亦尊周孔，然非俗所以尊者，亦排墨子，亦非十二子，然亦非世俗之所以排所以非者，故曰荀孟。"（《藏书》卷三十二）孟子和荀子，李贽之所以更赞赏荀子，是因为李贽认为荀子更重视外王事功，更具有务实和进取的思想品格。尽管这种外王事功的取向和务实进取的品格，已经被明朝的统治阶级所丢弃，但是在李贽一类的进步思想家那里，在下层民众那里，仍然被继承和发扬着。

（3）理性精神，乱世重光

明朝末期，理学大盛天下，其所承继的内圣路线的片面性也被推向极端。"道问学"的程朱派日趋空疏，衰微不振；"尊德性"的陆王派极其风靡，却流于禅释。而当时的社会危机日益深重，农民起义如火如荼，市民反抗斗争不断兴起；由君主专断所导致的朋党倾轧愈演愈烈，朝廷之中阉党猖獗，自上而下更加腐朽黑暗。崇祯皇帝虽然有所整肃，力图中兴，但由于他刚愎自用，多疑善变，更由于他未能遏止皇室、官僚对土地的巧取豪夺，未能减轻广大农民苛重的赋役，内忧外患的社会形势有增无已，明王朝终于为李自成的农民起义所推翻。

明朝灭亡，作为社会意识形态的理学难辞其咎。"空谈误国"一语，就是当时人们对理学引导士人和官僚盛谈玄虚之恶果的沉痛总结。而"空谈误国"一语，在明末清初成为相当多富有学识又了解现实的人们的共识。说明他们已经清楚地意识到，思孟和程朱陆王所代表的内圣心性之学，已经丧失了理性的光辉和积极的社会意义，走到了尽头；而只有把孟子和荀子所代表的儒家内圣修身和外王事功两种取向结合起来，并给予发展、落实，才能为灾难深重的社会开辟出一条希望之路。而当时特别值得倡导和发扬的，则是注重外王事功的思维方式和价值取向。

黄宗羲、顾炎武、王夫之、傅山、李颙、颜元等明末清初的一批思想家，就是诸多虽然处在较低社会地位或处于被压抑境况，但却富有学识了解现实的士大夫和知识分子的突出代表。这一批思想家力倡具有批判和求实的理性精神的经世致用之学，主张义和利、道和功、学和用的统一，并认为做到这一点的儒士，才是"真儒"而非"迂儒"。显然，这些思想家所提倡的这种新思想、新学风，与荀学的历史影响是分不开的。

诚然，正如儒、道、法以及魏晋时期盛行中国的佛教，在长期的往复驳难、竞长争高、互斥互补、筛选淘汰的历史过程中，已经融合为多样而又统一的中国古代思想文化的洪流一样，荀学及其思想取向也早已汇入这个洪流之中，并非独立地发挥着单一的社会作用。

历史表明，越是随着时间的推移，过去的理论或学说的承续关系和学派分野，越是会变得模糊不清，因而也越是难以单独地发挥作用，其历史影响越是会具有复合性、复杂性。同时，原有的思想资源只有激发出人们新的思想智慧并被人们赋予新的内涵，才能焕发出新的生命，继续发挥作用或起到原来所不曾起到的新的作用。荀学、整个儒学乃至全部中国古代思想文化，都是如此。

而这并不意味着在中国思想文化的洪流中，一切差异和矛盾都消失了。不，它们仍然有着渊源不同的多重取向、多种传统，相互间保持着一定的张力。如果说所谓的"孔孟道统"是中国君主制社会儒家思想"主流"的话，那么孔荀一系注重外王事功、务实进取的路线，却成了儒家思想的"支流"。尽管上述"主流"和"支流"并非泾渭分明，而往往是相互渗透和彼此贯通的，但仍然可以把它们相对地区分开来。

孔荀一系的外王事功、务实进取的路线成了儒家思想的"支流"，这本身已经令人感到可悲。而这一历史地形成的思想传统在中国传统社会末期阶段的继续，又只能以中华民族蒙受巨大的灾难、付出惨重的牺牲作为代价，作为必要条件，则只能让人扼腕叹息了。

下面，我们就来看一看黄宗羲、王夫之、颜元与孔、孟、荀以来的中国儒学、中国传统思想文化的关系。

由于家学渊源和家世的原因，黄宗羲年轻时就是一位入世精神颇强的士子。黄宗羲自幼饱读经书，后来又遍读史书。他虽然久习程朱陆王，但强烈的救世意识和对封建君主专制腐败的深切认识，却使他极其厌恶只知空谈义理的迂儒。他说道："道无定体，学贵适用。奈何今之人执一以为道，使学道与事功判为两途。"（《南雷文定五集》

卷三）"自仁义与事功分途，于是言仁义者陆沉泥腐……岂知古今无无事功之仁义。"（《南雷文定四集》卷三）据此，他还将原儒与宋儒加以对比，指出："儒者之学，经纬天地，而后世乃以语录为究竟，仅附答问一二条于伊、洛门下，便厕儒者之列，假其名以欺世。"（《南雷文定后集》卷三）

黄宗羲为了做成真正能够"经世应务"的学问，他经史兼治，并特别注意联系历史实际，研究其中关于治国平天下的理论，系统而深入地探讨历史的兴衰得失。他一生著述宏富。在《明儒学案发凡》一文中，他这样说道："学问之道，以各人自用得着者为真；凡倚门傍户、依样葫芦者，非流俗之士，则经生之业也。此编所列，有一偏之见，有相反之论，学者于其不同处，正宜着眼理会，所谓一本而万殊也。以水济水，岂是学问！"

正是根据这种学术思想，黄宗羲在其《明夷待访录》中，不空谈义理性命、天理人欲，而是针对社会现实问题，从政治、经济、法律、教育、军事等诸多方面，总结历史经验教训，提出改革社会弊病的具体方案，构想未来社会的蓝图。在这部著作中，黄宗羲尖锐地揭露、猛烈地抨击了君主专制尤其是明代极端专制的罪恶，提出限制君权的多种措施，力求改变"君为主，天下为客"的专制政治制度。

黄宗羲在中国历史上第一次提出"首有治法，后有治人"的命题，第一次提出"工商皆本"的主张，第一次要求使学校成为具有监督和咨询功能的议会式机构。从黄宗羲的论著中，我们虽然只能看到他对孟子的赞扬而看不到他对荀子的推崇——因为孟子关于民贵君轻、暴君可以推翻的思想言论相当鲜明，而荀子"从道不从君"的论点则淹没在他的尊君的大量论述中。但尽管如此，我们仍然能够从黄宗羲所力倡求实和独创的学风及其论著的精神实质中，感觉到荀学所代表的理性精神和进取态度对他的深刻影响，以及他对这一思想传统的弘扬光大。

王夫之的一生也是饱经忧患。青年时代，目睹明王朝风雨飘摇的局势，他立志改革社会；抗清失败后，他和黄宗羲一样致力于学术探讨，想通过对中华民族两千年学术思想的总结，为未来的民族复兴奠定理论基础，培育、呼唤出能够兴邦治国、经天纬地的"英雄豪杰"。

王夫之在思想理论上的贡献，在于他一方面通过对宋明理学的分析批判，对其加以扬弃；另一方面，他又高扬了中国富有传统的历史意识，并把它提升到不以人的意志为转移的普遍性高度。而这两方面的结合，使他的理论体系达到了儒学所一贯向往的"内圣外王"的珠联璧合。

王夫之以氤氲之气总揽宇宙，以当下永恒、变化日新为宇宙的存在方式；以天下唯器、道在器中结合形上与形下；以即物以穷理、能必符其所统一主观与客观；以行先知后、知以行为功说明认识和实践；以人欲之大公，即天理之至正，礼亦寓于人欲表明理（礼）与欲的关系；以珍惜生命、重视仁义对待社会人生；以禽兽只能任天而人则可相天造命解释天人关系；以古今异道、理势合一说明历史的演化趋势……所有这些承先启后、推陈出新的思想观点，确实足以表明王夫之所言"六经责我开生面"，其言不虚。

尽管由于主观和客观的原因，王夫之的思想观念仍然未能越出传统意识形态的范围和孔孟儒学正统，他对人治法治、纲常礼教的认识，甚至没有达到黄宗羲所达到的时代水准，但他和黄宗羲一样，也自觉不自觉地呈现出矫正和重建儒学传统的思想倾向。

颜元也是由原来服膺程朱陆王转变为反对宋明理学的思想家。注重躬行践履的"实学"，就是由颜元和他的学生加以确立的。

清初，满族统治者为了巩固其统治地位，笼络汉族知识分子，大力提倡宋明理学，以程颐、朱熹配祀孔庙。因此，宋明理学在社会上仍有很高的地位和很大的影响。颜元通过自己的实践经验和学术研究，认识到宋明理学重理轻事、尚义贱利的危害，因而展开了对宋明理学的激烈批判，并在批判中形成了自己的"实学"理论，发展了荀学所培育的实用理性。

颜元坚决反对程朱"理在事先"的天理说。指出天下没有"无理之气",也没有"无气之理","理即气之理"。同样,人若无"气质之性","理"亦无所依附,而成为"无作用之虚理"。(《颜元集·存性编》)于是,"存天理,灭人欲"的说教被从根本上否定。

颜元尖锐批判朱熹教人死读书的害处,指出死读经书"分毫无益于社稷生民"(《颜元集·四书正误》),而"救弊之道,在实学,不在空言"(《颜元集·存学编》)。实学即各种关系国计民生的实际知识。对于实际知识的学习,"讲之功有限,习之功无已"(《颜元集·存学编》)。关键是"向习行上做工夫"(《颜元集·颜习斋先生言行录》)。

颜元还针对理学家推崇备至的董仲舒"正其谊不谋其利,明其道不计其功"的信条,提出"正其谊以谋其利,明其道而计其功"(《颜元集·四书正误》)。后来,他更以"垦荒,均田,兴水利""举人材,正大经,兴礼乐"(《颜元集·颜习斋先生年谱》)的经济和政治主张,明确地表示了他对外王事功这一思想路线的继承和贯彻。

(4)薪须火燃,火凭薪传

"谁谓古今殊,异代可同调。"(谢灵运《七里濑》)明清之际的思想家们与先儒所奠定的儒学"经世致用"的宗旨,可谓同调;而与上至荀子,下至陈亮、叶适的务实精神,更如薪火相传,历久弥新。

火燃薪，薪传火。文本中的思想理论都是寂然而处的，但活生生地跃动着的生活实践，却需要有思想理论来为自己解弊除弊，拓荒引路。一旦在文中沉寂无声的思想理论经由人们解读，与人们勃动着的生命活动相互契合，相互激发，它们双方的价值与蕴含于其中的可能，便会得到开掘与实现。梁启超评黄宗羲、顾炎武、朱之瑜、王夫之思想的历史作用的一段话，正可以说明这个道理：

> 凡大思想家所留下的话，虽或在当时不发生效力，然而那话灌输到国民的"下意识"里头，碰着机缘，便会复活，而且其力极猛。清初几位大师——实即残明遗老——黄梨洲、顾亭林、朱舜水、王船山……之流，他们许多话，在过去二百多年间，大家熟视无睹，到这时忽然像电气一般把许多青年的心弦震得直跳。他们所提倡的"经世致用之学"，其具体的理论，虽然许多不适用，然而那种精神是"超汉学""超宋学"的，能令学者对于二百多年的汉宋门户得一种解放，大胆的独求其是。他们曾痛论八股科举之汩没人才，到这时候读起来觉得句句亲切有味，引起一班人要和这件束缚思想、锢蚀人心的恶制度拼命。他们反抗满洲的壮烈行动和言论，到这时因为在满洲朝廷手上丢尽中国人的脸，国人正在要推勘他的责任，读了先辈的书，蓦地把二百年麻木过去的民族意识觉醒转来。他们有

些人曾对于君主专制暴威作大胆的批评,到这时拿外国政体来比较一番,觉得句句都餍心切理,因此从事于推翻几千年旧政体的猛烈运动。总而言之,最近三十年思想界之变迁,虽波澜一日比一日壮阔,内容一日比一日复杂,而最初的原动力,我敢用一句话来包举他,是残明遗献思想之复活。(《中国近三百年学术史》)

可见,只要切合人们现实生活及其实践的要求,前人的思想理论尤其是那些超越时代的精神,是不会死亡的。如果它们的现实意义仅在于它们成了人们批判扬弃的对象,那说明它们许多方面已经有碍于、有害于人们的生活实践了。因而其片面性和局限性便暴露出来,而历史的列车正要从这种片面性和局限性所投下的阴影中飞奔而出;如果它们确实成了只配放在博物馆里的历史陈迹,那就说明它们的思想营养已经差不多被后人完全吸收了,而历史已经前进得那么远,远到前人的思想理论根本无法绳度、无从想象的地步。而后人回首远眺前人的这种思想理论,也犹如"孤帆远影碧空尽",已然"烟涛微茫信难求"了。只有那些以"考古"为职业并有志趣的人,才会将其作为追溯和研究的对象。

而以此验之于荀学,则在黄宗羲、王夫之之后的有清一朝，荀学和整个儒家学说一样，正处于其片面性和局限性仍在暴露，人们试图根据它们在现实生活中的作用与影响，给予认真地评价和取舍的阶段。

4. 封建末世下的荀学

（1）借助荀学，挽救颓局

从清初到清末，中国帝制社会经历了它衰落腐朽的末期，终于走到了历史的尽头。尽管它由于将游牧文化与中原农耕文明加以结合，并开始借助西洋器物，也曾经再度登上事功的高峰，光艳一时，但毕竟是大限将至以前的回光返照了。

在这个时期，儒学在社会生活尤其是国家政治生活中，继续发挥着巨大的作用。而随着宋明理学的逐渐衰落，人们对荀子及其学说的研究和评价也呈现出活跃的多元的局面。这里既有站在儒家立场而对荀学的肯定和赞赏，也有对荀学认真细致的考证辨析，更有站在反对礼教和君主专制的时代高度上对荀学的分析批判或重新解释，从而表明在帝制中国行将解体、西方思潮蜂拥而来的情势下，学术思想界的分化以及各种思想观点的相互冲撞、竞长争高。

我们先来看世人对荀学的肯定和赞赏。清朝相当多的儒士甚至君臣对荀学表示了好感，有的更给予高度评价。

宋明时期那种荀学的某些实际作用与其地位名声迥然相反的情况,此时得到改变。

史家钱大昕在批判宋明理学时,褒扬荀学。他在其《跋荀子》一文中说道:仲尼身后,儒家以孟、荀为最醇。宋儒非议荀子的《性恶》,而我以为孟子言性善,是要人尽心尽性于为善;荀子言性恶,则是要人变化其性而勤勉于善。他们二人的说法虽然不同,但教人为善的意思却是一个。钱大昕还认为:宋儒言性,虽上承孟子,但把人性分为义理之性与气质之性两部分,却是兼取孟子与荀子观点的体现。至于教人以改变气质之性为首要任务,则实际上是偷用荀子化性起伪之说。(见王先谦《荀子集解》)在钱大昕看来,孟子、荀子乃至于宋儒,在关于人性的理论及其立论的宗旨上,是没有本质区别的。

或许正是沿着钱氏的这一认识取向,清朝后期一些站在统治阶级立场上的学者,又将荀子的礼法观与封建礼教纲常联系起来,企图证明礼教不仅源于孔子,也源于荀子,并以荀子礼法观的理论合理性为礼教辩护。

清代经学家凌廷堪在他的《荀卿颂》中就说:战国之士,守圣人之道者,孟、荀二人而已。夫孟氏言仁,必申之以义;荀子言仁,必推本于礼。推本于礼者,就是为天下人设规矩、立范式,这与圣人节制人的性情的旨义,树威仪以规范民生的原理,是相近的。由此可知,荀子之学

并不违忤圣人之道。后人尊孟而抑荀，实在是自外于礼法。（见《校礼堂文集》卷十）

在凌廷堪生活的年代，乾隆皇帝已为荀子的"有治人无治法"拍案称绝："有治人无治法，诚探本之论也，大哉王言！诚千古治平之大法也。"在黄宗羲早已提出"有治法而后有治人"（《明夷待访录·原法》）这一体现法治高于人治思想的命题之后，清朝的帝王仍然推崇荀子"有治人无治法"的观点，这一方面表明帝王永远不可能赞同"法"高于自己的威权，而必定坚持君主专制；另一方面亦说明，荀子"人治高于法治"的思想，在中国传统社会的影响是多么地深远。

在乾隆年间及其前后，一些经学家如钮树玉、严可均、姚谌、皮锡瑞等人都盛赞荀子"传经之功"，并将荀子与孟子等量齐观。严可均特作《荀子当从祀议》，姚谌特作《拟上荀卿子从祀议》，上疏最高统治者，要求在孔庙中为荀子立牌位，供人尊奉。不言而喻，这些人所看重于荀子的，是荀学对孔子学说的继承，是既讲仁义道德，又重礼法刑政的内圣外王之道，是要借助一切可以借助的思想理论资源，将君主制社会的专制统治秩序维持下去。

（2）考订注解，梳理辨析

清朝不少学者和思想家，摒除前人成见和旧说，对《荀子》一书及其思想观点给予了认真的学术研究和理论分析。

这种情况，又表现为两个方面：

其一，一大批学者认真地整理和注解《荀子》，为更深入地研究提供了可信的资料。这其中有谢墉的《荀子校》、卢文弨的《荀子笺校》，刘台拱的《荀子补注》郝懿行的《荀子补注》、王念孙的《读荀子杂志》、朱骏声的《荀子校评》、俞樾的《荀子平议》和《荀子诗说》等。

王先谦总汇诸家校注，纂成《荀子集解》一书，颇有影响。汪中的《荀子通论》，则是将前人有关荀子事迹考订的成果作了详细分析后写的。汪中认为："荀卿之学，出于孔氏，而尤有功于诸经。"他引证了大量材料，证明《毛诗》《鲁诗》《左氏春秋》《穀梁春秋》等的传授皆与荀子有关，秦汉时许多著名的儒家经生，都是荀子的弟子或再传弟子。故"盖自七十子之徒既殁，汉诸儒未兴，中更战国、暴秦之乱，六艺之传赖以不绝者，荀卿也。周公作之，孔子述之，荀卿子传之，其揆一也"。周公、孔子、荀子奉行的是一个道术，一条原则。汪中此言，从一个特定角度否定了宋儒关于"道统心传"的成说以及孟子的承传地位，把荀子的地位放在孟子之上。

其二，一批学者和思想家跳出前人对荀子及其学说往往只作简单的是非褒贬的窠臼，联系历史条件和社会需要，联系整个儒家及其作用对荀学作了相当深入的理论分析，提出了一些颇有见地的看法。

对宋明理学作出深刻批判的思想家傅山在其《荀子评注》中写道:"《荀子》三十二篇,不全儒家者言,而习称为儒者,不细读其书也。有儒之一端焉,是其辞之复而啴者也。但其精挚处,则即与儒远。"他还说:"《性恶》一篇,立义甚高。"这里虽然没有明确荀子的归属,但却认为荀学中属于儒学的论述,往往"复而啴",亦即重复拉杂,而精辟深湛之处,却与儒家相距甚远。傅山的这一看法,其独到之处在于,前人多以为《荀子》中偏离儒学的部分是错谬和浅陋的,而傅山却给予充分肯定,并上承王充,对《性恶》篇给予高度评价。

提出"六经皆史"的章学诚摆脱门户之见,正确地指出荀子主要承继阐扬儒学的"礼",孟子则长于"诗""书",途径不同,而同归于道;并认为荀子非孟子之说,犹如子张难子夏之交,属于"术同而趣异者"。(《章氏遗书》)他还指出:荀子言性恶,借以说明圣人为人化性起伪,伪即人为。荀卿之意在于谓人不可恃其天质,学问必靠人为,并不是虚妄欺罔之伪。而之罪荀卿者,以为荀卿诬蔑圣人虚伪行骗,这是不知古人之语义,而胡乱加以猜度。(《文史通义·说林》)

对荀学既给予重视利用,又给予创造性转化的近代思想家,首推启蒙思想家严复。他译述的达尔文主义"进化论",与他在翻译穆勒《论自由》时强调的"群学"与"群己权界",都吸取并转化了荀子的思想,他特别称道荀子"以善为伪,彼非真伪之伪,盖谓人为以别于性者而已。后儒改之,失荀旨矣"(《天演论·群治》)。严复在介绍斯宾塞的社会学时,以"群学"名之,还援引荀子关于"人能群"的观点,说斯宾塞"大阐人伦之事,帜其学曰群学。群学者何?荀卿子有言:人之所以异于禽兽者,以其能群也"。严复可以说是第一位从现代社会学和社会科学的视角,解读和转化荀子社会思想的近代思想家。

严复认为孔子以后,孟子是"传微言之学者",荀子则是"传大义之言者",而"先秦两汉皆兰陵(荀子)之学,而非孔子之宗子也"。(《论八股存亡之关系》)孔子的"微言""大义"是联系在一起的,孟子和荀子各得其一;秦汉之时荀子的实际地位高于孟子,且所传之学与孔子的学说已有所不同。严复的这一观点是相当有道理的。

康有为是近代最大的尊孔派,他站在所谓"孔教"的立场上,认为孔子之学是"大同"思想,而荀学仅得"小康"之道。小康与大同虽然相连,但与大同又有相当大的差距。因为大同是人人平等、社会差别消失的"共和"社会,而小康则是尚有等级差别的"君主立宪"社会。康有为认为荀子仅得"小康"之道,是说荀子的学说既讲民本又讲尊君,既讲仁义又讲等级名分,所以不是孔子所向往的大同世界。

但康有为以此自喻，说自己也是"其志虽在大同，而其事只在小康"(《孔子改制考》)，这说明他基于历史进化的阶段性，对荀学也是给予相当肯定的。

（3）维新志士对荀学的批判

站在反对君主专制、反对专制礼教的立场上批判荀学的，在清朝当首推戴震。

戴震早年曾是程朱理学的积极维护者，至晚年则成为程朱理学的勇猛反对者。这个转变，一是由于他所经历的颠沛流离的坎坷生活和对帝制社会腐朽黑暗不断加深的认识，再则是因为他所受到的黄宗羲、颜元的影响以及他对包括从先秦《周易》、荀子到北宋张载的唯物主义思想的继承。戴震晚年"发狂打破宋儒家中太极图"，在本体论、认识论、理欲观、道德观等各方面展开了对程朱理学的猛烈批判。为了挖出程朱理学的思想根源，戴震将矛头直指荀子的礼法观和性恶说。他这样说道："荀子之所谓礼义，即宋儒之所谓理；荀子之所谓性，即宋儒之所谓气质"；"宋儒立说，似同于孟子而实异，似异于荀子而实同也"。(《孟子字义疏证》)

我们在前面已指出，程朱理学的理欲观和荀子"化性起伪"的观点，确有相通或一致之处。荀子讲以礼化性，宋儒讲以理正人气质，都是要用君主专制的社会规范来约束、改造人的性情；并且，这里面都体现了理与性（情）对立、理高于性（情）和以理驭性（情）的思维方式和价值取向。

但是，第一，上述思维方式和价值取向，在孔子和孟子那里，也是很明显的。认为宋儒之说似同于孟子而实异，这是欠妥的。第二，荀子的以礼化性，既有以礼节性之意，还有以礼饰情之意。荀子并不认为人们正当的性情可以堵塞、可以灭绝。宋儒也承认人的正当欲望和需要，但却否定这欲望和需要的改善，特别是将"天理"与"人欲"对立的逻辑，则势必指向以"理"（礼）灭"性"（欲、情）的极端。戴震说他们"以理杀人"（《孟子字义疏证》），并不为过，但说宋儒之说似异于荀子而实同，就未免有些言过其实了。

其实，戴震在批判程朱理学时虽然也批评了荀子，但他并未否定荀子。针对仅仅把荀子的思想视作与老庄等人的思想一样的观点，戴震批评道："老聃、庄周、告子、释氏，以自然为宗，不知性之区别而徒贵其神，去其情欲之能害是者即以为已足，与圣贤之由博学、审问、慎思、明辨以求牖于明者异。是故断之为异说，不得同于荀子也。"荀子"卓然异于老聃、庄周、告子而为圣人之徒。"（《孟子字义疏证》）可见，戴震对荀子的基本评价还是相当高的。

具有比较明确的资产阶级革命思想的梁启超对荀子及

其学说的看法，较之戴震则大大地发展了，甚至不免矫枉过正，这就是梁启超与谭嗣同、夏曾佑等一道发起的晚清"排荀"运动。

梁启超从反对君主专制及宗法性的礼教的立场和需要出发，袭用其师康有为的办法将孔子打扮成一个带有资产阶级维新色彩的圣者，从而为自己的变法之举张目。然而，孔子及其学说又分明为历代皇朝所膜拜，如何说明这一矛盾的现象呢？梁启超只好一方面说孔子的儒学被统治者利用作了招牌，一方面再找一个有别于孔子而又"混迹"于儒家的人为此负责。于是，在梁启超眼里，荀子便成了儒家营垒中鼓吹专制和礼教的始作俑者，如其所言："清儒所做的'汉学'，自命为'荀学'，我们要把当时垄断学界的汉学打倒，便用'禽贼禽王'的手段去打他们的老祖宗。——荀子，到底打倒没有呢，且不管。但……我们主观上认为已经打倒了。"（《饮冰室文集》卷七十五）

梁启超甚至一言以蔽之曰："自秦汉以后，政治学术，皆出于荀子。"（《饮冰室文集》卷二十八）"汉代经师，不问为今文家、古文家，皆出荀卿，（汪中说），二千年间，宗派屡变，壹皆盘旋荀学肘下；孟学绝而孔学亦衰。"鉴此，梁启超"于是专以绌荀申孟为标帜"。（《清代学术概论》）

诚然，梁启超之"绌荀"并非专任个人好恶，他从《荀子》中找到四条"证据"作为批判的靶子，谓《荀子》全书，

提其纲领,凡有四大端",即四条最显著的证据,分别是:

> 一尊君权。其徒李斯传其宗旨,行之于秦,为定法制。自汉以后,君相因而损益之。二千年所行,实秦制也。此为荀子政治之派。
>
> 二排异说。《荀子》有《非十二子》篇,专以攘斥异说为事。汉初传经之儒,皆出荀子,故袭用其法,日以门户水火为事。
>
> 三谨礼仪。荀子之学,不讲大义,而惟以礼仪为重,束身寡过,拘牵小节。自宋以后,儒者皆蹈袭之。
>
> 四重考据。荀子之学,专以名物制度训诂为重。汉兴,群经皆其所传,断断考据,寖成马融、郑康成一派,至本朝(清)而大受其毒。此三者为荀子学问之派。由是观之,二千年政治,既皆出荀子矣。而所谓学术者,不外汉学、宋学两大派,而实皆出于荀子。然则二千年来,只能谓为荀学世界,不能谓之为孔学世界也。(《饮冰室文集》卷二十八)

梁启超的这一看法,显然并非专任情感,而是有一定论据和分析的。荀子的礼法观、政治观,对中国帝王统治及其政治运作,其实际的影响确实很大。说统治阶级的阳儒阴法、王霸并用、尊君卑臣、推重礼教的治国之道,与荀学有相当大的关系,并不为过。

梁启超对于荀子"有治人无治法"的评价，也是很有见地的。他说："荀卿有治人无治法一言，误尽天下。遂使吾中华数千年，国为无法之国，民为无法之民，并立法部而无之。""彼祖述荀卿之说者曰，但得其人可矣，何必断断于立法。不知一人之时代甚短，而法则甚长；一人之范围甚狭，而法则甚广；恃人而不恃法者，其人亡则其政息焉。法之能立，贤智者固能神明于法以增公益，愚不肖者亦束缚，于法以无大尤。"（《饮冰室文集》卷二十）他还说："当我国法治主义之兴，萌芽于春秋之初，而大盛于战国之末，其时与之对峙者有四，曰放任主义，曰人治主义，曰礼治主义，曰势治主义，而四者皆不足以救时弊，于是法治主义应运而兴焉。"（《饮冰室文集》卷八）

梁启超接受西方先进的政治法律学说，从而看出荀子"有治人无治法"的根本问题，并能超越儒家的是非标准，肯定法家的某种进步历史作用，其意义非常重大，它意味着在中国近代那个风起云涌、天崩地解的时代，帝王专制的意识形态要从整体上被突破和否定了。尽管梁启超把君主专制的产生和延续归咎于荀学是"大题而小做"了。

在关于荀子的问题上，与梁启超的看法一致而持更激烈反对态度的，是维新志士谭嗣同。

"抑君权、伸民权"，变君主专制为"君民共主"的议院制政体，是当时维新人士共同的奋斗目标。谭嗣同反对君主专制的态度较之康、梁的改良主义，可谓决绝而彻底。因此，对于维护君主专制的思想理论，他的批判也更为猛烈和犀利。纵览自秦至清的中国历史和学术，谭嗣同以高屋建瓴的气概，将其见解浓缩为这样一句话："二千年来之政，秦政也，皆大盗也；二千年来之学，荀学也，皆乡愿也。惟大盗利用乡愿，惟乡愿工媚大盗。"（《仁学》卷一）"乡愿"是孔子所讥刺的乡里中言行不符、欺世盗名的人，这里指荀子及其学说同于流俗、合于污世，而又善于文过饰非、取媚于人。

荀子及其学说为何遭到如此评价？就因为荀学"法后王，尊君统"，"工媚"专制君主。（《仁学》卷一）和梁启超一样，谭嗣同否定荀学的根本原因即在于它最讲"尊君""隆礼"。并且，谭嗣同也致力于把孔子与荀子区别开来。所不同的是，谭嗣同认为孔学与孔教也有根本区别，孔学是孔子创立的"仁通"学说，孔教则是冒孔子之名的纲常礼教。孔教的创立者不是孔子而是荀子："方孔之初立教也，黜古学，改今制，废君统，倡民主，变不平等为平等。"而至荀子，则"尽亡其精意，而泥其粗迹，反授君主以莫大无限之权，使得挟持一孔教以制天下"。（《仁学》卷一）谭嗣同从反省和抨击帝王专制祸国殃民、宗法性的礼教扼杀人性这一点出发，对荀学作出的评价，自有其正确、深刻的一面。

在帝制社会，礼教与君主已被视为"中国所以为中国"的"大本大源"，谭嗣同等维新志士不仅斥责其使民族和国家招致惨祸烈毒，而且将批判的锋芒直指其赖以维系的思想理论，由先秦的荀学而及于"两宋南北诸大儒之学派"，将帝制社会政治的上层建筑与思想的上层建筑关联起来，一并给予冲决和打击，其胆其识均值得嘉许。

谭嗣同以荀学和被清代所推崇的理学为批判对象，说明他对不易为世人识破的儒学之维护君主统治的性质，已有相当深入的认识。这既高明于前人站在儒家立场上指斥法家，也不同于儒学内部的所谓"正统"派之指斥荀子。诚然，谭嗣同也未能跳出"尊孔"的传统，他把孔子说成是富有创造精神、主张"仁通"的先师，这既是思想溯源，也是基于时代发展需要的新诠释，可以说是理论上的创新，不过也有仿效康有为以孔子"托古改制"来为变法辩护的谋略。但可以肯定的是，谭嗣同力图将孔子与在帝制社会成为官学的儒学或孔教区分开来，从而将孔子确立为中国古代文化的重要奠基人和华夏民族的象征，这既传承和光大了本民族的文化血脉，又维护了民族认同，值得称道。但他由此将一切罪过归咎于荀学，荀学同样具有的一般文化和族类的意义，也就势必被忽略。

诚然，在这一点上，谭嗣同不同流俗的过人胆识也体现出来，他曾经说道：荀子"倡法后王而尊君统，务反孟子民主之说,嗣同尝斥为乡愿矣。然荀卿究天人之际,多发前人所未发,上可补孟子之阙,下则衍为王仲任之一派,此其可非乎?"(《谭嗣同集·致唐才常》)可见,谭嗣同对荀学还是有所肯定的,只不过为了革除君主专制的需要,他必须重点批判荀学"尊君""隆礼"的思想,使社会得到震动,人民受到启蒙。对此我们不可不察。

(4)革命巨子对荀学的褒扬

身为资产阶级革命家而不反对荀子且加以推崇的,也不乏人。章太炎就是其突出的代表,在1899年辑订的《訄书》中,开篇就是《尊荀第一》,后来虽然变成《原学第一》《订孔第二》,但仍然认为荀子的学问超过孔子,如其所言:"荀卿以积伪俟化治身,以隆礼合群治天下。不过三代,以绝殊瑰;不贰后王,以綦文理。"(《訄书·订孔第二》)章太炎自称少时遭世衰微,不忘经国,寻求政术,历览前史,独于荀卿谓不可易。所操儒术,以"孙卿为崇"。章太炎少师俞樾,俞樾赞赏荀子,特别赞同荀子的"性恶"说,章太炎无疑也受到其师的影响。章太炎还说,荀子、颜元是中国历史上的"大儒",而颜元也比不上荀子对理性思维的重视。

章太炎吸取荀子经验主义认识论"缘天官"的思想,结合近代自然科学知识,论证感觉的源泉在客观世界。还

吸取荀子"大共名"的逻辑思想，证明理性认识高于感性认识。（见《訄书》）

在人性论上，章太炎赞同荀况"人性恶"的观点，并结合中国当时所处的国际环境而认为："荀卿之时，所见不出禹域，七雄相争，民如草芥，然尚不如近世帝国主义之甚。""帝国主义则寝食不忘者，常在劫杀，虽磨牙吮血，赤地千里，而以为义所当然。"（《太炎文录·别录》卷三《五无论》）

章太炎还常将荀子与法家联系起来，一并加以称颂。在《诸子学略说》中，他认为凡法家必与儒家、纵横家相反对，"惟荀卿以儒家大师，而法家韩、李为其弟子，则以荀卿本意，在杀《诗》《书》，固与他儒有别"。他还正面称许过法家管仲、商鞅、韩非等人，甚至称许过似乎早已被定为"暴君"、钉在耻辱柱上的秦始皇。章太炎认为，商鞅被诬二千年，世人以为夺民权、纵君主，皆商鞅法家为之倡，这是大惑于淫说。商鞅变法，是以刑维护其法，而非以刑为法之本。商鞅之法，足以救时除弊、济世利民。（《商鞅》）即使后世儒者所行之术也多与法家相近，可知儒者之道亦不能摒弃法家。（见《訄言·儒法》）章太炎说，从法家来看，秦始皇守法甚严，刑罚、用人皆然，一吏而不妄杀。君主独贵，政亦独制；虽然独制，却能依法而达到公平。弃法而任人，虽为圣贤，也不能无所不知。"秦

制本商鞅，其君亦世守法"；"卒亡其国者，非法之罪也"。（《秦政记》）

章太炎虽竭力为法家"翻案"，但他最为看重的仍是儒家大师荀子。这是因为在他看来，荀子既秉承儒学精粹，又能摒弃孔孟侈言仁义道德和尚古复古的意识。在当时社会大变革时期，以理性的态度和进取的精神对待人生社会，以化性起伪修身，以明分使群治世，以一尊圣王、弘扬文明引导历史前进。思想上、政治上是否进步且是否能救世济民、经世致用，是章太炎臧否人物、褒贬学派的基本尺度，这显然也是荀学所主张的。

章太炎和谭嗣同一样斥责孔教。他说，孔教的最大污点是使人不脱富贵利禄的思想。自汉武帝专尊孔教以来，热衷于富贵利禄的人，总是日多一日。我们今日想要实行革命，提倡民权，若夹杂一点富贵利禄之心，就像微虫霉菌，可以残害全身。所以孔教是断不可用的。

与谭嗣同迥异的是，章太炎认为孔教的创立者不是荀子而就是孔子本人。他说：孔子之教，惟在趋时，其行义从时而变。所谓中庸，实无异于乡愿。所谓中庸者，是国愿也，有甚于乡愿者也。孔子讥乡愿，而不讥国愿，其湛心利禄又可知也。儒之君子，时伸时绌，惟期便于行事，道德和理想都不求其是。他还说：儒家者流，热衷趋利，故未有不兼纵横者。便辞利口，覆邦乱家，非孔子、子贡为之倡耶？（见《诸子学略说》）尽管如此，章太炎亦未完全抹煞孔子的功绩。他认为孔子重视人事而摒弃神怪之说，使贵族垄断的教育走向民间，是卓绝千古之功。可惜包括后来的科举、学校，亦是以利禄富贵为引导，使人热衷为此而竞进奔走。

章太炎有"经学大师""国学泰斗"之誉，他因排满而历尽磨难，更为革命者所敬仰，有"革命巨子"之称。因此，章太炎之批孔和尊荀，就颇有分量和影响。后来所爆发的"打倒孔家店"运动以及许多人将荀子视为法家的先驱而予以肯定，与章太炎的影响和启迪有很大的关系。

（5）众说纷纭，事出有因

观清末民初的思想家们对荀子及其学说的态度，可以看出他们由于把握了历史脉搏、呼吸到时代气息，而已经从传统的是非标准和思想樊篱中摆脱出来，并能够多少联系荀学的历史背景和社会作用而对荀学加以褒贬和取舍。而无论是"褒"和"取"，还是"贬"和"舍"，都是与当时反帝制的时代潮流相一致的，并且成为后来全面地否定帝制时代的经济关系、政治制度和意识形态的一个不可缺少的环节。

稍感可惜的是，由于近代中国救亡任务的迫切，学者们尚不能优容而冷静地全面研究、批评荀子其人和《荀子》

其书，而往往是从自己的政治观点和政治需要出发，抓住荀子的某一方面率而立论，以至于形成莫衷一是、不惮偏颇与极端的思想局面。到了"五四"时期，情况更是如此。即使同属反君主专制营垒中的人士，有人把荀子当作专制主义的思想代表加以反对，有人觉得荀子不如孔孟更富民本思想而对其轻视，也有人热情赞扬荀子的批孟行动，更有人充分肯定荀子"法后王"的思想和"天人相分""制天命而用之"的观点。

如胡适虽然批判荀学是"专制的一尊主义""极端短见的功用主义"（《中国哲学史大纲》上卷），但是也肯定了荀学在天人关系中彰显人的力量与作用；吴虞认为荀子尊君权、讲等级，故"最为君主所凭借所利用"（《吴虞文录》卷下），然而其迥异于孔子天命观的"天人相分"和"戡天"的学说，其"卓识超过自来儒家所主张一步"（《吴虞文续录》卷下）；郭沫若称他"本来是不大喜欢荀子"而"比较推崇孔子和孟轲"，"因为他们的思想在各家中是比较富于人民本位的色彩。荀子已经渐从这种中心思想脱离"（《十批判书》），但也认可荀子不仅"集了儒家的大成"，"集了百家的大成"，"吸取了百家的精华"，还通过文本的辨析为荀子作了一定的辩护。

当代学者对于荀学的研究多有推进和创获，我们前面已列举了多位学者的观点，下面再转述两位学者较有代性的观点,举例说明。

劳思光在其《新编中国哲学史》第一卷第六章专论"荀子与儒学之歧途",对荀子持激烈批判态度,其明言立足思孟一系之立场,然而,事实上,劳思光对荀子的评论,既有从"心性"哲学出发的,也有即使超出心性道德,亦有其理据的,此即荀子推崇圣人君主而必定导致的权威主义。他写道:"就荀子之学未能顺孟子之路以扩大重德哲学而言,是为儒学之歧途。而尤应注意者是此一学说之归宿。荀子倡性恶而言师法,盘旋冲突,终堕入权威主义,遂生法家,大悖儒学之义。"又云:"荀子学说之基源问题可说是为'如何建立一成就礼义之客观轨道',盖荀子之价值哲学,于主体殊无所见,故其精神落在客观秩序上。然以主体之义不显,所言之'客观化'亦无根。"(劳思光《新编中国哲学史》)笔者认为这一评价存在某些偏颇,因为荀子在利用自然、成就人格和建成良性社会秩序方面,是极为看重人的主观能动性之发挥的,其问题在于他在重视士人君子担当的人文教化任务的同时,把圣贤与普通民众作了过于悬殊的两分,而尤为严重的则是将政治权能与文明礼义都集中于君主一人,而强化了君主"至高无上"的专制制度。

方东美在《中国哲学精神及其发展》一书中,则充分肯定了荀子的人学思想,他说:"荀子虽据经验观察而言性恶，然亦未尝不曾进而肯定：经由不断之教化努力与修养陶冶之工夫，人人皆可以成就伟大之人格。在原始儒家之中，荀子似是唯一生就厌闻所谓悉从价值中心之观点而侈谈天道者；反而诠表一套对天道之价值中性观，视自然界但为被造所生之自然界（Natura Naturata），借以创说人智胜天，征服自然，所见竟与西方科学家同调。惟其如此，荀子故能完全摆脱天或自然之一切无谓而不必要之纠缠，从而重新树立人之优越性，如平地拔起，壁立千仞。"（《中国哲学精神及其发展》上，中华书局 2012 年，第 113 页）。今天，我们已用生态观念重新看待人类与自然界的关系，但就当时而言，荀子强调人的自主性主导人世之生活状况，其正面的意义是非同小可的。

在关于荀子的问题上呈现出的这种各有所见、各取所需的现象，在关于孔子的评价上也有突出的表现。这种现象在当时既难以避免，又有它特殊的意义：通过这种各有所见、各取所需的评价，前人思想理论的多重性、复杂性、矛盾性得以暴露；这样，人们才能知道这些思想理论中，哪些内容仍然有一定的价值或能继续满足某种社会需要，哪些内容已经过时因而成为无用乃至有害之物，哪些方面可以通过创造性转换而展示新的理论可能。

显然，只有经过这种"百家争鸣"的多元阶段，一种比较正确和全面的共识才能最终达致。并且，正是由于当时的人们感受着严峻而又重大的时代变迁和历史任务，所以他们对前人、对传统的思想文化的认识，才往往比较独到和深刻，尽管这种独到和深刻中，也夹杂着并不乏片面或武断的主观情绪。

不言而喻，近代以来，特别是在20世纪上半期，承担着启蒙和救亡双重任务的中国近代思想家们，对包括孔子、孟子和荀子在内的中国儒学和整个传统思想文化，多半取批判和否定的态度，这与他们对中国君主专制社会所取的革命立场是分不开的。他们在当时更多地看到的，是这些传统思想文化的意识形态性质，亦即其对君主专制制度的维护作用、对人民大众的思想束缚和毒害，以及它们与将要来临的新社会的对立。这是完全可以理解的，也是有着不容否定的正确性的，但毕竟有不足之处。在新政权建立之后相当长的一段时间，由于持续了传统革命的形式与观念，受"阶级斗争为纲"及极左思潮影响，结果，传统思想文化与来自西方的思想文化的主流，都被贴上"封、资、修"的标签，加以扫荡。只有当这些传统思想文化不再是社会中占统治地位的意识形态时，人们才能比较客观而全面地评价它们的是非功过，也才能把它们当作一笔可以以类相传的宝贵的思想文化遗产，加以研究、借鉴和创造性转换。

六 结语

1. 历史是割不断的

中国的历史进入近现代,荀学连同整个儒学和整个中国传统思想文化一起,受到了前所未有的巨大冲击。随着帝制社会的经济基础、宗法关系和上层建筑的土崩瓦解,儒学在相当大的程度上失掉了赖以生存的土壤,再也不能作为社会中占统治地位的意识形态发挥支配作用了。《荀子》和其他中国古代典籍一样,不再作为帝制时代统治阶级的思想武库而是作为中国古代文化的载体,作为先民创造的思想文化财富,在人们文化知识的教育和学习中,占有一席之地。

中华人民共和国成立之后,《荀子》一书的某些篇章段落,被作为中国语言文学的组成部分加以讲授;《荀子》

其书和荀子其人,则是中国思想史、中国哲学史和中国历史的一个重要研究对象。

但是,到了"文化大革命"时期,由于中国政治上的极左路线恶性发作,极左思潮甚嚣尘上,中国古代的思想文化和国外的思想文化,大都陷入灭顶之灾,被虚无主义作为"封、资、修"的"黑货"加以全盘否定。由于江青一伙在政治上作祟,在中国大地上又上演了一大幕"评法批儒"的闹剧,《荀子》其书和荀子其人,奇迹般地被抬了出来,大肆宣扬,红极一时,成为人人都要学习、都应敬仰的"大法家",得到了在两千余年的君主专制社会都未曾得到的"殊荣"。

按照"文化大革命"时期的"理论",法家是"革命的""进步的",而儒家则是"反动的""倒退的",在先秦是如此,在后来的整个中国历史上也都是如此。这样,谁如果位列法家,谁就会得到肯定和尊崇;谁如果被划到儒家,谁就会被批倒批臭,并再被踏上一只脚,永世不得翻身。而《荀子》一书有异于孔孟的言论,有重法的思想,荀子又培养出两位大法家,于是便被钦定为法家的先驱,被宣传得家喻户晓,人人皆知。"四人帮"利用古人而上演的这幕闹剧,并没有什么学术或文化价值。他们关心的也不是学术和文化,而是利用古人打倒他们的政治对手。

现实的政治斗争利用古人古书,古人古书当然不能为此承担什么责任。然而,《荀子》其书和荀子其人直到20世纪70年代,还仍然随着某种政治斗争、政治需要而浮沉、而荣辱。这也足可以表明,由于荀子致力于为统一的君主制社会绘制蓝图,所以其学说的确具有较强的政治性,既然在政治方面发挥较大的影响,那就势必会随着政治情势的变化而变化。

同时,上述现象也说明,历史是割不断的。历史上的那些根深蒂固的构成历史传统的东西,不是以这种面貌出现,就会以那种面貌出现。而"文化大革命"中"评法批儒"的闹剧,不过是极左政治强行让历史和古人为其服务。历史如果不能被人们以合乎历史本来面目和历史发展逻辑的形式给予解释和利用,作为历史之延续的现在和未来,就会受到历史的嘲弄、报复。例如,荀学中所贯彻的理性的务实的精神,如果被阉割或者像在"文革"中那样被"拔高"为革命的政治情结,它就会让人们尝到非理性和唱高调的苦头。

但是,时代毕竟不同了。荀学以及整个儒学都很难再以独立的形态存在于现代社会的意识形态之中。因此,它在君主制社会所遭遇的那种浮沉不定的命运,早就该结束了。对它的科学研究、公允评价和正确取舍,也早已成为学术界的任务,成为我国精神文明建设不可缺少的条件和内容之一。

而十年"文革"和后来改革开放的实践,已经以反正两方面的教训和经验向我们昭示:荀学务实求是的理性精神和进取有为的人生取向,既是历史地留传下来不可割断的宝贵传统,又值得我们在扬弃的同时,进一步给予创造性转换和创新性发展。

2. 荀学的六大作用与影响

关于以孔子所开创的整个儒家的思想理论,笔者认为,李大钊先生有一段话并不过时,依然有重大的参考价值:

> 孔子于其生存时代之社会,确足为其社会之中枢,确足为其时代之圣哲,其说亦确足以代表其社会其时代之道德。(《李大钊文集(上)》)

> 孔子的学说所以能支配中国人心有二千余年的原故,不是他的学说本身具有绝大的权威,永久不变的真理,配作中国人的"万世师表",因他是适应中国二千余年来未曾变动的农业经济组织反映出来的产物,因他是中国大家族制度上的表层构造,因为经济上有他的基础。(《李大钊文集(下)》)

无论中国传统社会如何变化,自汉武帝"推明孔氏""独尊儒术"以来,直到清王朝灭亡,孔子"至圣先师""万世师表"的地位都未曾发生根本动摇,儒学也基本上保持了官学的正统地位。但作为孔子两位主要继承者的孟子和荀子,作为儒学内部两大主要派别的孟子的内圣之学和荀子的外王之学,则如春兰秋菊,只能各行其时了。

前面我们已经分析说明,中国专制社会以唐末五代(梁唐晋汉周)为界,可大致分为"上升"和"下降"两大历史阶段。在"上升"阶段,统治阶级虎虎有生气,有很强的外向进取性,君主制下的传统农业社会,也保持了总体上的发展势头,所以,注重外王事功的荀学受到推崇,荀学对社会的各个方面都起到很大作用;在"下降"阶段,统治阶级越来越因循苟且,表现出内向收敛甚至无所作为的性格,传统农业社会也在总体上呈现出停滞和萎缩的态势。明清两朝,特别是中国南方,商品经济有了较大的发展,但在官商、官工的统辖之下,其发展受到各种阻碍和干扰,相当畸形,根本不可能转换为以市场机制与法治为基础和保障的市场经济。当此之时,注重内圣修身的孟子的学说于是应运而起,大行其道,荀学则渐入沉寂。清朝中后期的一些学者和君臣,即使对荀子赞扬有加,试图在继续尊崇孔孟的同时弘扬荀学,以达到有效地维护君主专制社会长治久安的目的,但无奈传统社会的"气数"已尽,"大限"将至,任何人、任何学说都无能为力了。

荀学的社会历史作用和影响,与其荣辱参半的命运大体一致,也有一些不同之处。本书主要从后人对荀子及其学说的了解、评价和取舍的角度，论述了荀学的社会历史作用和影响。为了使读者有一个更为清晰和系统的认识，这里特作总结如下。

《荀子》一书是荀子为中国君主制社会绘制的蓝图，是中国农业文明及其社会的奠基之作。它任儒以杂，礼法并举；尊君爱民，义利兼取；既重事功，又讲道德；既崇先王，更法后王；重视教化，尤倡文明；戡天役物，应天顺人：对后来中国传统社会的作用与影响巨大而深远。

第一，《荀子》中的仁道和民本思想，既与孔孟的学说一起发挥作用，又对儒学被历史地定格于"行仁"和"亲民"这两点作出了重大贡献。秦亡汉兴，统治阶级接受历史教训，开始倡"仁义"，修"德治"，独尊儒术。自汉以降，这更成为统治者不可不承袭的传统，就首先得力于荀子的传人对荀学的推重。自汉至清，就为君者而言，尽管他们"内多欲"，但仍要"外施仁义"。如李世民、赵匡胤一类较有眼光者，确实经常不忘限制自己的私欲，体恤黎民百姓之困苦。《荀子》中"君者，舟也；庶人者，水也。水则载舟，水则覆舟"的格言，确实对他们具有很大的警示作用。就为臣者而言，尽管都要谋取个人的功名利禄，但他们同时也希望行仁政和善治，让自己治下的百姓安居乐业。深受儒家思想熏陶的清官，更力求为官一任，造福一方；为民作主，为民请命。

第二,《荀子》一书的礼法观和孔子关于礼的论述一起,奠定了中国传统社会重礼义、重等级、讲名分、讲规矩的传统。由于荀学的传播,加之实践的经验,对于礼的明分使群、求定息争的功能,学者和统治者逐渐有了明确的认识。汉唐之后,礼不仅被公认为社会的"纪纲",并且礼入于法而法依于礼,礼治与法治汇为一流。《四库全书总目》著录《唐律疏义》云:"唐律一准乎礼,以为出入得古今之平,故宋世多采用之,元时断狱亦每引为据。明洪武初命儒臣同刑官进讲唐律,后命刘惟谦等详定明律,其篇目一准于唐。"礼治又演为礼教,施之于家,则正父子、定夫妇、序长幼;施之于国,则分君臣、明尊卑、别贵贱。纲常礼教的形成,与荀子之"隆礼",也有一定的思想关系。这既有力地维护了传统社会的伦理与政治秩序,又严重地束缚了世人思想意识的自由和个人的独立自主。

第三,《荀子》讲"尊君",法家更讲"君尊臣卑"。但秦亡之后,法家的主张虽然仍是统治者须臾不离的法宝,名声却不佳。于是,《荀子》中关于尊君、隆君的言论,便成为帝制中国君主专制的重要理论依据。自董仲舒提出"王道之三纲,可求于天"(《春秋繁露·基义》),"君为臣纲"作为三纲之第一纲就成为天经地义之理。荀子对君权虽然提出了限制,如"从道不从君",还强调丞相人选的重要,但其"圣王是圣人和君主合一""有治人无治法"的观点,又在理论上为君主的定于一尊与个人独裁提供了依据和辩护,强化了中国式的"政教合一",不仅无法实现儒家"道统"主导"政统"的理想,也不可能让"法"具有真正的独立性和普遍性。这不能不说是荀学的一重大弊端。当然,即使没有荀子的"尊君"之说,帝王们也要制造出尊君的舆论,并势必要形成帝王专擅的趋势。

第四,《荀子》中的"性朴"与"性恶"说,在中国传统社会并非主流性看法,支配人们的人性观的是孟子的"性善"说,但"性恶"说中包含人有容易"作恶"的本能以及人须规范改造的思想,则为后人所继承利用。自董仲舒、韩愈至程朱陆王提出的"性三品"说、"理欲"说,其中都隐然可见荀子"以礼化性""以心制欲""以礼养情"的思想观念。可以说,古代中国社会的客观伦理精神之形成和确立,荀子的"性恶"说和"化性起伪"的主张是起到了重大的引导和塑造作用的。此外,它对于人们全面而深入地研究、把握人性,认识和对待社会人生,也具有很大的启迪意义。但从中国传统政治统治的权术来看,充分利用人性的弱点和缺陷,对民众恩威并用乃至欺骗与蒙蔽,从而加以操控,与荀子的人性论也有相当的关系。

第五,《荀子》一书关于"天人相分""制天命而用之""顺天道任人事"以及反对鬼怪迷信,揭露神道设教的论述,不仅成为后世"戡天役物""人定胜天"这一观念或信念的思想源头之一，成为后人抵制谶纬迷信、佛道神学的理论武器，而且为中华民族主体性意识和实用理性的生成与发展，起到了重大的助推作用。自董仲舒取法阴阳倡"天人感应"说，一方面"天人合一"的思想观念得到强化，另一方面助长了帝王假天命鬼神维护自己统治的做法。但在天人关系中，占主导地位的看法是人为主体、事在人为；而有神论或泛神论的迷信思想虽然颇为流行，但人们并不把它作为为人处世、安身立命的依据，信仰神鬼怪异而走火入魔者，毕竟是短时期的和某些群体的现象。不是佛道而是儒学始终作为中国传统社会的"正统"之说，荀学理性精神对后世的影响显然有大功焉。

第六，《荀子》一书既大讲"仁""义""德""贤""王"，又大谈"财""利""力""能""霸"，并且，强调君主能否做到"尚贤使能""裕民富国""兼利天下"，是他们是否"隆礼义""成圣王"的标准。荀学的这种注重外王事功的取向，是中华民族务实事、重实力、讲实绩这一思想传统的酵母，是对孔孟一系内圣修身之学的重要补充和有力制衡。因此，自汉至清，统治阶级大都是文武并举、王霸兼用的。明智的政治家也都是既讲政治，又抓经济；在推行道德教化的同时，也不讳言理财致富。当内圣修身的思想取向在中国传统社会占上风时，坐而论道、空谈义理成为许多人的风尚，在这种社会情势下，由荀学所孕育的理性的、务实的精神传统仍然发挥着作用，教育并引导着一批又一批的仁人志士，去澄清非理性的迷雾，去拨正历史的航向。纵观中国的历史，不难发现，当理性的、务实的精神严重削弱之日，也正是中国古代社会陷入危机之时；而随着理性的、务实的精神得到恢复和弘扬，传统中国社会才能转危为安，步入正轨。

诚然，在农耕文明基础上形成的帝制中国社会，理性的、务实的精神是不可能得到彻底贯彻的，因为社会的土壤总是在孕育着理性的、务实的精神的同时，大量地滋生着非理性的、虚幻的甚至迷信的意识，并且使它们处于相互渗透、难以分解的状态。因此，国人的思想态度从前者滑向后者，并不困难；中国历史上每到政治腐败、社会动荡时期，各种怪力乱神、装神弄鬼的现象就会层出不穷，甚至打着宗教的旗号造反起义，产生巨大的社会影响力。这是非常值得重视的社会文化现象。而国人之缺乏关于超验宗教和科学的信念，以"天人合一""物我两忘"为最高的道德和审美境界，也就确乎是顺理成章之事了。

应当承认，荀子的思想学说并未能超越这种民族的历史的局限性。对表现为天象、天功、天职在内的"天道"，荀子不赞成穷根究底地考察和探究；对"人道"，荀子最为重视的，也是群体和个人在群体中的身份地位。这表明荀子思想的触角未能深深地伸入到生活经验和实际功用的另一面。他对天人和社会问题的解决，也只能囿于经验和实用构筑成的樊篱。这样，从一定意义上说，他的思想学说就仍然缺少怀疑、批判、超越和穿透一切的内在力量，也难以充分地揭示天人和社会问题的极端复杂性和多种可能性。可以说，正是由于荀学理性的、务实的精神不彻底而又缺少形上的超越性和全面的辩证性，所以它才难以抗拒和战胜非理性的、虚妄而神秘的"迷信"，甚至一再被后者取而代之。这当然不只是荀学的不足，也反映了整个儒学的不足。而无论如何,由荀学参与塑造的中国人的"实用理性",总是超越不了日常社会生活的视野,难以实现"理论理性"和"实践理性"、"工具价值"和"终极价值"的分殊和各自相对独立的发展,不能不说是国人往往始于"实用"而终于"非实用"的重要原因之一。

3. 余论

荀学对中国传统社会和中华民族的作用与影响，远不止我们在本书中着重阐发的上述六个方面。除了这六大方面,《荀学》一书关于教育、学习、修养、人生、人才、臣道、吏治、农工、商贸、理财、兵事、文学、艺术、逻辑、风俗等问题的论述，在中国历史上也广有影响，有些论述的影响还相当大，至今我们也不难感觉到它的存在。故此，下面再有所选择地给予介绍。

就教育而言，荀子对于中华民族尊儒重教、尊师重道这一传统的形成，其功劳不下于孔子。《荀子》一书对教师重要性的大量论述，尤其是他的"国将兴，必贵师而重傅"、"国将衰，必贱师而轻傅"，以及"天地者，生之本也；先祖者，类之本也；君师者，治之本也"的论断，已成为警世之通言、喻世之明言、醒世之恒言。"天、地、君、亲、师"这一为历朝历代所尊崇，宋代以降更是被社会顶礼膜拜的五大宗主，就是由荀子首先相提并论、一体推重的。荀子关于教育与学习的目的、内容、方法的论述，与孔子的有关言论一起，为中国君主制社会两千余年的教育事业，定下了基本的框架，确立了基本的走向。

荀子的教育思想，在汉代便得到了落实。汉武帝独尊儒术之后，"六经"成为文人学子的必读书，并在以孝廉、贤良文学、秀才为主要科目的察举取士中，作为重要考核内容；朝廷中更设置了经学博士。魏晋南北朝时期，儒学地位动摇，由察举制度发展而来的九品中正制，选取原则也出现混乱，曹操"唯才是举"，曹丕则侧重"声望"，至晋则一方面以"家世"为重，另一方面也推崇儒家特别是礼教。隋废此制，改行科举；唐朝则使科举制得以确立和完善，儒家经典及其注疏，成为教学和取士的基本依据。至此，荀子以"礼"教人、以"经"取士的基本主张，可谓是得到完全实现。

荀子当年从培养既合乎儒家标准又能治国安邦的"贤""能"之才出发，对于才智给予了较高的重视，但所强调的仍然是道德人格。荀子和孔子这种一致的教育思想，也对科举教育产生了决定性影响。愈是到君主制社会晚期，科举教育便愈是轻视智育，重视德育；强调接受，反对怀疑；学习内容教条且有害，考试形式更空洞而死板，以至于使得孔子、荀子和后世教育家大量颇有价值的教学见解，窒息于其中。因此，科举教育到了明清，已基本上无助于培养、选拔贤能之士，且进一步成为统治者钳制人心、推行奴化教育的重要工具。

当然，这是业已腐朽的君主制结出的恶果，而不能简单地归咎于孔子和荀子的教育思想。

就文艺而言，荀子继承并大大地推展了孔子的文学艺术思想，他关于诗、文、音乐、舞蹈等文学艺术形式的起源、性质、功用的大量论述，尤其是他提出的"《诗》言是，其志也"，为文要"白其志义"，音乐应当成为"美善相乐"的"礼乐"等论点，对后世的文学艺术理论、美学思想及创作实践，发生了重大而深远的影响，在启示、引导世人关注文艺陶冶性情、娱乐身心、美化生活、升华精神的一般人文功能的同时，确立起文艺为政治和道德教化服务这一基本原则。

正是本之于孔子和荀子，西汉的《毛诗序》称："诗者,志之所之也。在心为志,发言为诗。情动于中而形于言,言之不足,故嗟叹之。嗟叹之不足,故永歌之。永歌之不足,不知手之舞之,足之蹈之也。"并谓:"正得失,动天地,感鬼神,莫近于诗。先王以是经夫妇,成孝敬,厚人伦,美教化,移风俗。"到刘勰的《文心雕龙》,则提出"征圣""宗经"的纲领,所谓"唯文章之用,实经典枝条;五礼资之以成,六典因之致用,君臣所以炳焕,军国所以昭明,详其本原,莫非经典"。

再到宋代的周敦颐,则明确提出"文所以载道也"(《通书·文辞》)的口号。"文以载道",言简意赅地表达了孔子和荀子关于文艺为政治和道德教化服务的思想,从而成为传统社会世所公认的不刊之论。这一论断及其所体现的思想,使人们对文学艺术作品的接受与评价,总是将内容置于形式之上,重内容更甚于重形式;并促使文学艺术家注意政治立场和道德修养,即所谓"先器识而后文艺"(《旧唐书·文苑上》)。这一取向,既有积极意义,又有消极作用。以统治阶级的政治是非为文艺的思想标准,忽视文学艺术本身特殊的性质和规律,就是最为明显的消极甚至十分有害的作用。

尤其值得一提的是荀子音乐美学思想的作用与影响。由于荀子在音乐特征、审美感受、社会功能、审美准则等方面,道前人所未道,使儒家音乐理论臻于成熟,因此在中国艺术思想史特别是中国音乐美学史上占有重要地位。

《荀子》的《乐论》，作为中国历史上第一篇完整的音乐美学思想专论，对以后两千余年的音乐美学思想产生了深刻影响。

《礼记·乐记》和《史记·乐书》几乎成段成段地摘录了《乐论》；刘勰的《文心雕龙》则在摘录的同时，给予强调和发挥，既进一步明确了先王制礼乐是为了教化百姓、敦化风俗的论点，又深入细致地阐发了音乐等艺术形式的审美特征。唐史学家杜佑的《通典·乐序》、武则天下令编纂的《乐书要录》、白居易的《沿革礼乐》、欧阳修的《国学试策三道·第二道》、周敦颐的《通书·乐上》、沈括的《梦溪笔谈》，都承袭、发挥了荀子的音乐美学思想。北宋陈旸撰写的《乐书》凡二百卷，前九十五卷为对包括《乐记》在内的儒家典籍中有关音乐文字的辑录、训义和阐释；后一百零五卷论述了律吕五声、历代乐章、乐舞、杂乐、百戏等，既传播了儒家的音乐思想，又推动了各种音乐形式的研究和发展。明代琴家徐上瀛的《溪山琴况》，赞扬音乐的"清微淡远""孤高岑寂"，欣赏能够使听乐者游思缥缈、娱乐之心不知何去的淡和之乐，除了体现道家旨趣，从中亦可看出荀子音乐美学思想的影响。

由于中国传统社会的文人、音乐家以及君主在音乐理论和实践方面都深受孔子和荀子音乐观的影响，于是，久而久之，中华民族便形成了不求审美客体的艺术发展，但求审美主体的道德和艺术鉴赏，崇尚淡和，贬斥淫声的审美心理。无论对包括理论与实践、器乐声乐在内的音乐的发展，还是对中华民族思想艺术水平的提高，都是既有利又有弊的。

就农工、商贸、理财而论，《荀子》一书有关这方面问题的论述，构成了荀学外王事功的重要内容，与孔孟儒家和管商法家有关思想一起，成为中国君主制社会统治集团和儒生士人治国安邦、发展经济、兴利除弊、评论时局的重要思想资源。中国传统社会既讲"重本抑末"，又重视官府主导下的工商业经营与国家财赋，如自汉代的"盐铁官营""平准均输"等工商业的经营管理，到后来王安石变法与张居正变法的有关政策，都能看到荀学的影子。官府主导经济活动，特别是对工商业的经营活动加以垄断或指令，短期来看固然会增加国家收入，却难以持久，并且必定带来一系列问题，如与民争利、官商勾结、扭曲市场、巧取豪夺等等。而实际上这都是马克思所批评的"行政权力支配社会"的表现和结果，不仅破坏了经济的正常竞争与运行，而且桎梏了整个社会的水平式分化，压制了民间社会的发育及自组织能力。而这关乎整个传统社会的基本结构与根本制度，如果没有内外部足够的压力与动能，没有明确的社会转型的主导意识，这种行政权力支配社会的局面，是不会结束的。

就兵事而论，《荀子》一书中关于战争的性质与目的、战略战术、将帅职能、治军原则等论述，形成了相当完备的符合儒家宗旨的军事战争观。尽管指导中国传统社会军事战争实践的，主要是兵家的思想理论，但荀子关于兴"仁人之兵"以"禁暴除害""善附民者，是乃善用兵者""令行禁止"，以及"以德兼人"方能"坚凝"的观点，也起到了一定的作用。(《荀子·议兵》)汉代之后的兵书以及武人和文人之论兵，也大都注意吸取体现了儒家宗旨的荀子的兵事思想。

总之，《荀子》一书对于后来的帝制中国或君主专制社会之形成与发展，对于中华民族精神性格之塑造以及中国古代思想文化之建构，都发挥了巨大作用，产生了深远影响。当然，这些作用与影响，有直接的也有间接的，有具体的也有抽象的；而从性质上看，有积极的也有消极的，有正面的也有负面的。我们的分析阐述还不尽全面，也难免有不当之处。但从以上所述，我们还是可以对《荀子》在中国历史上的作用与影响，形成有理据支持的基本了解和认识。

再版后记

　　处于当今这样一个信息爆炸、符码泛滥、语言膨胀的时代，人们对书本文字及其所表达的内容，似乎正在失去求知的欲望，失去阅读的兴趣。然而，人的物质需要愈是得到满足，精神的欲求也就愈加旺盛。于是，在许多人那里，就会出现两种现象：一是漫无目的地浏览各类资讯，以求打发时间，填充无聊与空虚；二是寻找那些最能吸引人的眼球或刺激人的官能的东西，让自己处于兴奋或快乐之中。其实，如果这些东西缺乏思想与知识的内涵，那么，它们的效果是一样的，即对人们意识的影响停留在感性的情绪的方面，其作用极为表浅，且转瞬即逝，难以持久，不可能真正深入人心，让人的精神世界得到充实与提升。

　　如果我们将目光投向两千多年前的那个被德国现代学者雅斯贝尔斯所称许的"轴心时代"，静下心来阅读那时的著名学者和思想家的作品,特别是那些被后人赞誉为经典的作品,情况就完全不同了。古人的论述是那么言简意赅、要言不烦,直接把我们引向事情本身,即他们对宇宙人生的原发性思考和富有洞察力的领悟。即使一落文字便为言筌,一为言筌即生歧义,但是只要用心去思考和领悟,我们就既能够体会到蕴含于其中的智慧与觉悟,又会感受到跃然纸上的酣畅淋漓的生命元气。向先哲学习,与前贤对话,我们自己的聪明才智、精神与人格,也会在不知不觉中得到开显,受到熏陶,在变得丰厚的同时,更加灵动和富有生机。

由于笔者所患神经衰弱和植物神经功能紊乱,近年时好时坏,本书修订只能间断进行;加之时间限制,修订并未令笔者满意,也只好在此向读者表示歉意。好在相关书籍颇多,读者可参照阅读,从而获得关于《荀子》与中国传统文化较全面的认识。批判性地研究和阅读,应当成为当代学者与读者共同的研究和学习态度,让我们以此共勉。

2024 年 3 月 26 日记于海南三亚